Christoph Voos

Betriebswirtschaft und Recht in der mündlichen Steuerberaterprüfung 2023/2024

3. Auflage

2023
HDS-Verlag
Weil im Schönbuch

HDS

Verlag

Bibliografische Information der Deutschen Nationalbibliothek
Die Deutsche Nationalbibliothek verzeichnet diese Publikation
in der Deutschen Nationalbibliografie; detaillierte bibliografische Daten
sind im Internet über http://dnb.de abrufbar.

Gedruckt auf säure- und chlorfreiem, alterungsbeständigem Papier

ISBN: 978-3-95554-872-8

© 2023 HDS-Verlag
www.hds-verlag.de
info@hds-verlag.de

Einbandgestaltung und Layout: Peter Marwitz – etherial.de
Druck und Bindung: Mazowieckie Centrum Poligrafii

Printed in Poland
2023

HDS-Verlag Weil im Schönbuch

Der Autor

Prof. Dr. rer. pol. **Christoph Voos**, Diplom-Kaufmann, Wirtschaftsprüfer, Steuerberater und Fachberater für Internationales Steuerrecht. Partner der GTB Gesellschaft für Treuhand und Beratung mbH Wirtschaftsprüfungsgesellschaft, Krefeld. Professor für Allgemeine Betriebswirtschaftslehre, insb. Wirtschaftsprüfung und betriebliche Steuerlehre an der Hochschule Düsseldorf. Ehemaliges Mitglied der Prüfungskommission für das Steuerberaterexamen (2014–2022) sowie Mitglied der Prüfungskommission für das Wirtschaftsprüferexamen (2008 bis heute). Herr Prof. Dr. Voos ist zusätzlich als „Zertifizierter Berater für Steuerstrafrecht (FernUniversität in Hagen)" anerkannt.

Vorwort zur 3. Auflage

Diese dritte Auflage geht – nach der Corona-Pandemie – mit einem „strengeren" Zeitplan in den Druck. Ergebnis ist ein früheres Redaktionsende im Sommer 2023. Einige Kapitel wurden punktuell überarbeitet (z. B. zur Nachhaltigkeitsberichterstattung) und – soweit erforderlich – an den aktuellen Rechtsstand angepasst.

Weiterhin fließen in dieses Vorbereitungslehrbuch die langjährigen Erfahrungen und damit „die Höhen" als auch „die Tiefen" als Prüfer im Wirtschaftsprüfer- und Steuerbera-terexamen, als Praktiker (Wirtschaftsprüfer, Steuerberater und Fachberater für Interna-tionales Steuerrecht) sowie als Professor für Allgemeine Betriebswirtschaftslehre, insb. Wirtschaftsprüfung und betriebswirtschaftliche Steuerlehre der Hochschule Düsseldorf University of Applied Sciences, Düsseldorf, ein.

Erneut habe ich dem Verlag dieses Buches für die konstruktive und angenehme Zusam-menarbeit zu danken. Gleiches gilt für alle Personen, die „das Gelingen" dieser dritten Auflage unterstützt haben.

Aus Gründen der besseren Lesbarkeit wird (weiterhin) auf die gleichzeitige Verwendung der Sprachformen männlich, weiblich und divers (m/w/d) verzichtet. Sämtliche Perso-nenbezeichnungen gelten gleichermaßen für alle Geschlechter.

Ich wünsche weiterhin allen Anwendern dieses Buches für ihre letzte Hürde zum bestan-denen „Steuerberater" viel Erfolg, ein stets präsentes Wissen, wohlwollende Prüfer, eine gute Prüfungsatmosphäre sowie die nötige „Portion Glück".

Im August 2023 **Christoph Voos**

Inhaltsverzeichnis

1. Ausgewählte Prüfungsthemen im Überblick sowie in Fragen und Antworten

„Betriebswirtschaft" und „Recht" gehören nicht zu Ihren „**favorites**"? Mal abwarten!

Gemäß § 3 Abs. 1 Nr. 1 StBerG sind Steuerberater unbeschränkt zur geschäftsmäßigen Hilfeleistung in Steuersachen befugt. Im Ergebnis sind sie damit ein Organ der Steuerrechtspflege.

Das Steuerberatungsgesetz umschreibt in § 33 StBerG die Tätigkeit von Steuerberatern wie folgt:

- Beratung und Vertretung in Steuersachen,
- Hilfeleistung bei der Erfüllung der steuerlichen Pflichten,
- Hilfeleistung in Steuerstrafsachen und in Bußgeldsachen wegen einer Steuerordnungswidrigkeit Hilfeleistung bei der Erfüllung von Buchführungspflichten, die aufgrund von Steuergesetzen bestehen,
- die Aufstellung von Abschlüssen, die für die Besteuerung von Bedeutung sind, und
- deren steuerrechtliche Beurteilung.

Das klingt im ersten Moment so, als ob „Betriebswirtschaft" und „Recht" eine untergeordnete Bedeutung für Ihre Tätigkeit als Steuerberater haben. Glück gehabt?

Vor ca. zwanzig Jahren wurde allerdings in der von der Bundessteuerberaterkammer (BStBK) im Februar 2003 herausgegebenen Schrift **„Anforderungsprofil des Steuerberaters. Empfehlungen zur theoretischen und praktischen Grundausbildung"** auf Seite 4 empfohlen:

„Das Steuerberaterexamen besteht aus einem schriftlichen Teil mit drei Klausurarbeiten und einer mündlichen Prüfung. Dabei soll für den mündlichen Teil die auf jeden Bewerber entfallende Prüfungszeit von 90 Minuten nicht überschritten werden.

Dem gewandelten Berufsbild des Steuerberaters **und der wachsenden Bedeutung einer qualifizierten betriebswirtschaftlichen Beratung** muss im Steuerberaterexamen ausreichend Rechnung getragen werden. **Für den Bereich Betriebswirtschaft ist deshalb eine vierte Klausur vorzusehen."**

Im nachfolgenden stellt die Bundessteuerberaterkammer auf Seite 4 und 6 fest:

„Das Anforderungsprofil legt in Form von Empfehlungen diejenigen Kenntnisse und Fertigkeiten fest, über die ein Steuerberater nach erfolgreichem Abschluss seiner Ausbildung, also bei Beginn seiner beruflichen Tätigkeit, verfügen sollte."

„Das Anforderungsprofil betont neben der rechtlichen die betriebswirtschaftliche Ausbildung."

Das Problem bzw. der Handlungsrahmen, die Ausbildung für Steuerberater insbesondere im Bereich „Recht" und „Betriebswirtschaftslehre" zu schärfen ist daher nicht neu.

Offensichtlich waren bereits vor ca. zwanzig Jahren wohl fundierte Überlegungen vorhanden, die (schriftlichen) Prüfungsinhalte ähnlich wie im Wirtschaftsprüferexamen um eine Klausur „Betriebswirtschaftslehre" und womöglich auch um eine Klausur „Recht" zu erweitern. **Hierzu ist es zwar (bis heute) nicht gekommen, allerdings existiert hierzu bereits die Rechtsgrundlage!**

Mit anderen Worten „Betriebswirtschaftslehre" und „Recht" könnten ohne Gesetzesänderung problemlos in den schriftlichen Aufsichtsarbeiten geprüft werden. Nach § 16 Abs. 2 DVStB gilt Folgendes:

„Zwei Aufsichtsarbeiten sind den Prüfungsgebieten nach § 37 Abs. 3 Nr. 1 bis 4 des Gesetzes und eine Aufsichtsarbeit den Gebieten der Buchführung und des Bilanzwesens zu entnehmen. **Die Aufsichtsarbeiten** können sich daneben jeweils auch auf andere Prüfungsgebiete erstrecken."

Andere Prüfungsgebiete im Sinne des § 37 Abs. 3 StBerG sind:
* Steuerliches Verfahrensrecht sowie Steuerstraf- und Steuerordnungswidrigkeitenrecht,
* Steuern vom Einkommen und Ertrag,
* Bewertungsrecht, Erbschaftsteuer und Grundsteuer,
* Verbrauch- und Verkehrsteuern, Grundzüge des Zollrechts,
* Handelsrecht sowie Grundzüge des Bürgerlichen Rechts, des Gesellschaftsrechts, des Insolvenzrechts und des **Rechts der Europäischen Union,**
* **Betriebswirtschaft und Rechnungswesen,**
* Volkswirtschaft,
* **Berufsrecht.**

Nochmals: Sämtliche der in der mündlichen Prüfung und in diesem Vorbereitungsbuch adressierten Themen könnten ohne jegliche Gesetzesänderung auch in den schriftlichen Aufsichtsarbeiten geprüft werden.

Auf Seite 6 führt die Bundessteuerberaterkammer weiter aus:

„Ausbildungsziele in diesem Bereich sind:
* das **Urteilsvermögen** in wirtschaftlichen Fragen für die ökonomische Gewichtung von Normen und Handlungsmöglichkeiten **zu schulen** und
* die zweckmäßige Anwendung wirtschaftswissenschaftlicher **Methoden und Verfahren zur Lösung eines bestimmten Beratungsauftrages zu erlernen.**

Die Darstellung der Anforderungen an die theoretische Grundausbildung ist primär auf die universitären Studiengänge der Betriebswirtschaftslehre, der Volkswirtschaftslehre bzw. der Ökonomie und der Rechtswissenschaft bezogen. **Die betreffenden Kenntnisse müssen aber auch bei jedem anderen Zugang zum Steuerberaterberuf in der jeweiligen Tätigkeit oder durch zusätzliche Maßnahmen erworben werden.**

Das Anforderungsprofil beschreibt im Folgenden die Grundzüge der theoretischen Wissensgebiete, die ein Steuerberater **unabhängig von seiner konkreten Vorbildung** für seine berufliche Tätigkeit benötigt und die er insoweit – zumindest in wesentlichen Teilen – im Steuerberaterexamen nachweisen muss. Je nach Studiengang und Struktur der Studienfächer steht an den Hochschulen für die relevanten Hauptgebiete der Rechtswissenschaft, speziell des Steuerrechts, sowie für die Betriebswirtschaftliche Steuerlehre nur ein begrenzter Zeitrahmen zur Verfügung."

Auf Seite 7 konkretisiert sie die Aussagen wie folgt:

„Da in diesem Anforderungsprofil aber nur ein allgemeines und in gewisser Weise idealtypisches Bild gezeichnet werden kann, **müssen die Bewerber fehlende Gebiete bzw. fehlende Intensität im Einzelfall bis zur Steuerberaterprüfung durch Eigenstudium oder Kursbesuche ergänzen.**

Dieser Ergänzungsbedarf gilt einerseits für Absolventen wirtschaftswissenschaftlicher Studiengänge in den genannten Teilen der Rechtswissenschaft und anderen für Absolventen des rechtswissenschaftlichen Studiums in den dargestellten Aspekten der Wirtschaftswissenschaften."

Auf den Seiten 7 bis 10 spricht die Bundessteuerberaterkammer einige Empfehlungen aus, die allerdings nicht nur aus ihrer eigenen Feder stammen, sondern das gemeinsame Ergebnis der BStBK und der Kommission „Betriebswirtschaftliche Steuerlehre", d.h. einer wissenschaftlichen Kommission ist, die vom Verband der Hochschullehrer für Betriebswirtschaft e.V. („VHB") gebildet wird. Aus den vorstehenden Gremien wurde die Fachkommission zur Erarbeitung eines Anforderungsprofils des Steuerberaters gebildet. Deren Ergebnisse stellen sich im Einzelnen wie folgt dar:

„I. Rechtswissenschaft

Die theoretische Grundausbildung soll sich nach den oben abgeleiteten Aufgaben und angesprochenen Zulassungsvoraussetzungen insbesondere auf folgende Bereiche des deutschen Rechts, speziell des deutschen Steuerrechts, den Grundzügen des Internationalen Steuerrechts sowie auf das Recht der Europäischen Gemeinschaft erstrecken:

1. Allgemeine Rechtsgebiete

a) Bürgerliches Recht

- Allgemeiner Teil, insbesondere Rechtssubjekte, Rechtsgeschäfte, Fristen, Termine, Verjährung.
- Recht der Schuldverhältnisse, insbesondere Allgemeines und Besonderes Schuldrecht.
- Sachenrecht, insbesondere Eigentum, Besitz, Grundpfandrechte, sonstige Nutzungs- und Sicherungsrechte (vor allem Nießbrauch).
- Familienrecht, insbesondere eheliches Güterrecht, Unterhaltsrecht, Betreuungsrecht.
- Erbrecht, insbesondere Erbfolge, Erbenhaftung, Testament, Erbvertrag, Vermächtnis, Pflichtteil, Erbverzicht, Testamentsvollstreckung.

b) Handelsrecht, Wechsel- und Scheckrecht

- Handelsrecht, insbesondere Recht der Kaufleute, Prokura, Handlungsvollmacht, Firmenrecht, allgemeine Rechnungslegungsvorschriften.
- Wechselrecht und Scheckrecht.

c) Gesellschaftsrecht

- Recht der Gesellschaften nach Bürgerlichem Recht und Handelsrecht, insbesondere hinsichtlich Gründung und Beteiligung, Veräußerung, Verschmelzung und Umwandlung, Auseinandersetzung und Abwicklung, Gesellschaftsformen des EU-Rechts.
- Spezielle Rechnungslegungsvorschriften der Gesellschaften und Unternehmenszusammenschlüsse.

d) Grundzüge des Insolvenzrechts

e) Grundzüge des Verwaltungs-, Arbeits- und Sozialversicherungsrechts

f) Recht der Europäischen Gemeinschaft

2. Allgemeines Steuerrecht, insbesondere Verfahrensrecht

- Abgabenordnung.
- Finanzgerichtsordnung.

3. Steuerartenrecht

a) Ertragsteuerrecht

- Einkommensteuerrecht.
- Körperschaftsteuerrecht.
- Gewerbeertragsteuerrecht.
- Umwandlungssteuerrecht.

b) Substanzsteuerrecht

- Bewertungsrecht.

- Grundsteuerrecht.
- Erbschaft- und Schenkungsteuerrecht.

c) Verkehrssteuerrecht
- Umsatzsteuerrecht.
- Grunderwerbsteuerrecht.

d) Recht der Verbrauchsteuern und Grundzüge des Zollrechts

4. Systematik und Grundzüge des Internationalen Steuerrechts
- Regelungen des allgemeinen deutschen Steuerrechts zu internationalen Sachverhalten einschließlich international bedeutsamer Rechtsinstitute.
- Außensteuer- und Auslandsinvestmentgesetz.
- Recht der Doppelbesteuerungsabkommen.
- EU-Binnenmarktregelungen.

5. Recht der Steuerordnungswidrigkeiten und Steuerstrafrecht

6. Berufsrecht der Steuerberater

II. Betriebswirtschaftslehre

1. Allgemeine Betriebswirtschaftslehre und Betriebswirtschaftliche Steuerlehre
Soweit die steuerrechtlichen Kenntnisse nicht in einem entsprechenden rechtswissenschaftlichen Studienabschnitt erworben werden können, müssen sie im Rahmen des Teilgebiets der Betriebswirtschaftlichen Steuerlehre als Voraussetzung für die Steuerwirkungs- bzw. Steuergestaltungslehre angeboten bzw. erworben werden.

a) Allgemeine Grundlagen, Methodik und Verfahren
- Unternehmerische Ziele in Theorie und Praxis.
- Grundzüge von Beschaffung, Produktion, Absatz, Organisation, Personalwesen, Unternehmensführung.
- Unternehmensplanung, Investitionsrechnung, Finanzierung und allgemeine Optimierungsverfahren.

b) Rechnungswesen einschließlich steuerlicher Gewinnermittlung
- Funktionen und methodische Grundlagen des Rechnungswesens.
- Handelsrechtlicher Jahresabschluss (Bilanzansatz, Bewertung, Ausweis, Berichterstattungs- und Offenlegungspflichten, Bilanztheorie und -analyse).
- Handelsrechtliche und gesellschaftsrechtliche Sonderbilanzen.
- Steuerliche Gewinn- und Überschussermittlung.
- Steuerliche Sonder- und Ergänzungsbilanzen.
- Handelsrechtliche und steuerliche Rechnungslegungspolitik.
- Kostenrechnung, kurzfristige Erfolgsrechnung.

- Unternehmensbewertung.

c) **Steuerwirkungsanalyse**
- Allgemeine Steuerwirkungsanalyse und Steuergestaltungslehre.
- Steuerbelastungsrechnungen und Ableitung von Steuerwirkungsfunktionen.
- Anwendung der Planungsmethoden auf Fallgestaltungen (siehe auch d)).

d) **Betriebliche Entscheidungen unter Berücksichtigung nationaler und internationaler Rahmenbedingungen**
- Standortwahl.
- Rechtsformwahl.
- Investitionsplanung.
- Finanzierungsplanung.
- Weitere Entscheidungsbereiche.

2. **Datenverarbeitung**

3. **Prüfungswesen**
a) **Grundlagen des Prüfungswesens.**
b) **Prüfungsgrundsätze.**
c) **Prüfungstechnik und Prüfungsplanung.**
d) **Handelsrechtliche Jahresabschlussprüfung einschließlich Prüfungsbericht-erstattung.**
e) **Sonderprüfungen.**"

Vor dem Hintergrund der o.g. Ausführungen müssten eigentlich alle angesprochenen Themen Inhalt dieses Vorbereitungsbuches sein, da die Themen (mindestens) so aktuell wie damals sind. Der Anspruch dieses Buches ist allerdings ein anderer.

Dieses Buch konzentriert sich in dieser Auflage auf Themen, die:
- häufig Bestandteil der mündlichen Prüfung sind und
- häufig falsch oder unzureichend beantwortet werden.

Folgende Themenbereiche sind daher Bestandteil dieses Vorbereitungsbuchs auf die mündliche Steuerberaterprüfung.

Aus dem Kanon der o.g. Prüfungsthemen ist zunächst das „**Recht der Europäischen Gemeinschaft**" aus I. Rechtswissenschaften zu nennen. Hier zeigt sich seit Jahren bei den Kandidaten ein unveränderter (sehr) geringer Kenntnisstand. Offenbar werden u.a. die „garantierten Grundfreiheiten" der EU kommentarlos hingenommen bzw. sogar vorausgesetzt ohne zu hinterfragen, wie die Grundlagen und Wirkungsmechanismen innerhalb der EU sind und ohne zu wissen, **in welchen Bereichen das Recht der Europäischen Union Auswirkungen auf das nationale Steuerrecht hat(te)**. Als Prüfer lässt einen das manchmal „ratlos" zurück.

Wichtige (aktuelle) EU-Richtlinien im Steuerrecht wären etwa:

Indirekte Steuern:

(https://eur-lex.europa.eu/summary/chapter/2102.html)

- Richtlinie 2006/112/EG des Rates vom 28. November 2006 über das gemeinsame Mehrwertsteuersystem.

Direkte Steuern:

(https://eur-lex.europa.eu/summary/chapter/2101.html)

- Richtlinie 2003/49/EG des Rates vom 3. Juni 2003 über eine gemeinsame Steuerregelung für Zahlungen von Zinsen und Lizenzgebühren zwischen verbundenen Unternehmen verschiedener Mitgliedstaaten.
- Richtlinie 2011/96/EU des Rates vom 30. November 2011 über das gemeinsame Steuersystem der Mutter- und Tochtergesellschaften verschiedener Mitgliedstaaten.
- Richtlinie 2014/86/EU des Rates vom 8. Juli 2014 zur Änderung der Richtlinie 2011/96/EU über das gemeinsame Steuersystem der Mutter- und Tochtergesellschaften verschiedener Mitgliedstaaten.
- Richtlinie (EU) 2016/1164 des Rates vom 12. Juli 2016 mit Vorschriften zur Bekämpfung von Steuervermeidungspraktiken mit unmittelbaren Auswirkungen auf das Funktionieren des Binnenmarkts.
- Richtlinie (EU) 2017/1852 des Rates vom 10. Oktober 2017 über Verfahren zur Beilegung von Besteuerungsstreitigkeiten in der Europäischen Union.

Aus dem Kanon der o. g. Prüfungsthemen ist danach das „**Berufsrecht der Steuerberater**" aus I. Rechtswissenschaften zu nennen. Hier zeigt sich seit Jahren bei den Kandidaten beim Wissensstand eine Spannweite, die von einer „gewissen Müdigkeit" für das Thema bis hin zu einem „absoluten Unverständnis" reichen. Berufsrecht ist aber kein „lästiges" Prüfungsthema, **sondern bestimmt den Berufsalltag des Steuerberaters**.

So regelt das Steuerberatungsgesetz im ersten Teil „Vorschriften über die Hilfeleistung in Steuersachen" etwa **Fragen zur geschäftsmäßigen Hilfeleistung in Steuersachen (§§ 2–4)**, **zur Werbung (§ 8)**, **zur Vergütung (§§ 9, 9a)** oder **zur Verarbeitung personenbezogener Daten im Sinne der Datenschutz-Grundverordnung (§ 11)**.

Der zweite Teil, d.h. die Steuerberaterordnung, beantwortet Fragen zur **Berufsausübung (§§ 32–39a)**, zur **Bestellung (§§ 40–48)**, zur den Berufsausübungsgesellschaften (§§ 49–55h), zu (weiteren) beruflichen Zusammenschlüssen und zu den **Berufspflichten** bzw. **Berufsgrundsätzen (§ 57–71)**, wobei § 64 Abs. 1 StBerG die Vergütungsverordnung für Steuerberater, Steuerbevollmächtigte und Steuerberatungsgesellschaften) **(Steuerberatervergütungsverordnung – StBVV)** explizit einschließt. Die „**Berufsorganisation**" und die „**Berufsgerichtsbarkeit**" schließen den zweiten Teil inhaltlich ab.

Der dritte (und nicht wirklich prüfungsrelevante) Teil beschäftigt sich mit „Zwangsmitteln, Ordnungswidrigkeiten" und der vierte und letzte Teil mit den „Schlussvorschriften".

Darüber ist zu bedenken, dass gemäß § 89 Abs. 1 StBerG gegen einen Steuerberater, der seine Pflichten schuldhaft verletzt, eine berufsgerichtliche Maßnahme verhängt werden kann. Zu den berufsgerichtlichen Maßnahmen zählen (§ 90 StBerG):

- Warnung,
- Verweis,
- Geldbuße bis zu fünfzigtausend Euro,
- Berufsverbot für die Dauer von einem bis zu fünf Jahren,
- Ausschließung aus dem Beruf.

Bereits aus diesem Grunde empfiehlt es sich als (angehender) Berufsträger das Berufsrecht zu verstehen und anwenden zu können.

Im Bereich „II. Betriebswirtschaftslehre, 1. Allgemeine Betriebswirtschaftslehre und Betriebswirtschaftliche Steuerlehre" wird aus dem Themenkreis „a) Allgemeine Grundlagen, Methodik und Verfahren", die **„Investitionsrechnung"** und die **„Finanzierung"** in diesem Vorbereitungsbuch behandelt. Obgleich es sich bei den konstitutiven Entscheidungen, wie „Standortwahl" und „Rechtsformwahl" um „BWL-Standardthemen" handelt, werden diese in der mündlichen Steuerberaterprüfung kaum thematisiert, sodass sie keinen Eingang in dieses Vorbereitungsbuch gefunden haben.

Es ist bemerkenswert, dass die Kenntnisse im o.g. Bereich in der mündlichen Prüfung sehr gering ausgeprägt sind und das unabhängig von der Frage, ob „BWLer" oder „Volljuristen" die Steuerberaterprüfung ablegen. Offenbar wird selbst bei einem grundständigen BWL-Studium so „modular" gelernt, dass selbst derartige **„Basics"** nur zum Klausurtermin präsent sind. Fragen zur „Investitionsrechnung" und zur „Finanzierung" bestimmen allerdings – neben reinen steuerrechtlichen Aspekten – den Alltag des Steuerberaters. Einige Beispiele aus der Praxis mögen das verdeutlichen:

Beispiel:

Ein Mandant ruft Sie am Montag an. Er hat am Wochenende beim Fahrradfahren ein neues Auto beim Händler entdeckt, welches er als Firmenfahrzeug nutzen möchte. Er fragt Sie, ob er das Auto kaufen, leasen oder finanzieren soll. Was raten Sie Ihrem Mandanten?

Beispiel:

Ein Mandant will seine Produktionskapazitäten erweitern. Das Investitionsvolumen beträgt 1 Mio. €. Seine Bank hat ihm ein **„sale-and-lease-back"** vorgeschlagen. Ihr

Mandant möchte wissen, was das ist und welche steuerlichen Konsequenzen das hat. Ferner fragt er sich, wie das in der Bilanz dargestellt wird. Wie beraten Sie Ihren Mandanten?

Beispiel:

Der o.g. Mandant möchte nun doch lieber die o.g. Erweiterungsinvestition aus Eigenkapital finanzieren. Er fragt sich aber, ob eine „klassische" Kreditfinanzierung nicht doch „günstiger" wäre und wann die Investition amortisiert ist und was bei der Berechnung zu beachten ist. Was raten Sie Ihrem Mandanten?

Beispiel:

Zur Finanzierung seiner weiteren Wachstumsstrategie benötigt Ihr Mandant unstrittig 10 Mio. €. Er möchte aber nicht „die Banken reich machen" und lehnt daher eine Kreditfinanzierung von vornherein ab. Er fragt Sie daher nach alternativen Finanzierungsformen. Was raten Sie Ihrem Mandanten?

Die o.g. Beispiele sollten zeigen, dass diese Prüfungsthemen keineswegs nur für die mündliche Prüfung gelernt werden sollen, sondern dazu beitragen, das Anforderungsprofil eines Steuerberaters vollumfänglich zu erfüllen. Ihr Mandant möchte in diesem Bereich nicht nur die Aussage erhalten, wie „das" steuerlich zu behandeln ist, sondern was Sie ihm aus betriebswirtschaftlicher bzw. unternehmerischer Sicht raten.

Im Anschluss ist das Prüfungsgebiet „**b) Rechnungswesen einschließlich steuerlicher Gewinnermittlung**" zu nennen. Hier zeigt sich seit Jahren bei den Kandidaten – abgesehen von der steuerlichen Gewinn- und Überschussermittlung und den steuerlichen Sonder- und Ergänzungsbilanzen, die naturgemäß einen Schwerpunkt in der Vorbereitung auf das schriftliche Steuerberaterexamen bildet – ein geringes Verständnis für folgende Themen:

- Funktionen und methodische Grundlagen des Rechnungswesens,
- Handelsrechtlicher Jahresabschluss (Bilanzansatz, Bewertung, Ausweis, Berichterstattungs- und Offenlegungspflichten, Bilanztheorie und -analyse),
- Handelsrechtliche und gesellschaftsrechtliche Sonderbilanzen,
- Handelsrechtliche und steuerliche Rechnungslegungspolitik,
- Kostenrechnung, kurzfristige Erfolgsrechnung,
- Unternehmensbewertung.

Es ist erstaunlich, welchen geringen Kenntnisstand manche Kandidaten in Bezug auf den handelsrechtlichen Jahresabschluss haben. Manche unterscheiden noch nicht einmal zwischen **Handels- und Steuerbilanz**; es scheint dann so, als ob es die „alte Einheitsbilanz" noch gäbe. Unabhängig von unterschiedlichen Ansatz- und Bewertungsvorschriften in der Handels- und Steuerbilanz, ist manchen nicht einmal bewusst, dass der **Anhang** zum handelsrechtlichen Jahresabschluss gehört und der Jahresabschluss u. U. durch einen **Lagebericht ergänzt** wird. Auch die grobe Gliederung des dritten Buchs des Handelsgesetzbuchs, namentlich die „Handelsbücher", ist manchen Kandidaten nur unzureichend bekannt. Dass der erste Abschnitt für „Alle Kaufleute" gilt und der zweite Abschnitt „Ergänzende Vorschriften für Kapitalgesellschaften (Aktiengesellschaften, Kommanditgesellschaften auf Aktien und Gesellschaften mit beschränkter Haftung) sowie bestimmte Personenhandelsgesellschaften" enthält, ist vielen Kandidaten nicht ausreichend klar, wie die Erfahrungen aus mehrjährigen Prüfungsgesprächen zeigen.

Grundzüge der Bilanzanalyse muss der (angehende) Steuerberater auch beherrschen, um den Mandanten ganzheitlich beraten zu können, ansonsten läuft die häufig propagierte Aussage „Die DATEV-BWA als Einstieg in die betriebswirtschaftliche Beratung" ins Leere.

Auch beim Thema „**Offenlegung**" zeigen sich vielfach Schwächen. Manche Kandidaten sind der Ansicht, dass sie als Steuerberater für den Mandanten den Jahresabschluss gar nicht offenlegen müssen, was ein berufsrechtliches Thema wäre. Andere glauben, die Offenlegung ist mit der elektronischen Übermittlung von Bilanz und Gewinn- und Verlustrechnungen nach § 5b Abs. 1 EStG identisch, obwohl es sich bei Ersterem eben „nur" um ein handelsrechtliches Thema nach § 325 HGB handelt und auch der Adressat unterschiedlich ist. Auch andere (neuere) elektronische Übermittlungen, die der Mandant „gerne" vom Steuerberater ausführen lässt, sind den Kandidaten wenig geläufig.

(Handelsrechtliche) **Sonderbilanzen**, wie etwa die Liquidationsbilanz geraten zunehmend in den Fokus von „Bundesanzeiger" und „Finanzverwaltung". Während der „Bundesanzeiger" auf eine korrekte Liquidationsrechnungslegung drängt, ist bei der „Finanzverwaltung" seit Jahren ein Trend zu erkennen, dass die Einhaltung von § 11 KStG „Auflösung und Abwicklung (Liquidation)" einer Körperschaft genau geprüft wird und auch mit den auf der Publikationsplattform der Bundesanzeiger Verlag GmbH, Köln, veröffentlichten Informationen abgeglichen wird.

Kenntnisse im Bereich „**Kostenrechnung, kurzfristige Erfolgsrechnung**" sind ebenfalls für den angehenden Steuerberater wichtig, um z.B. das Vorratsvermögen im Rahmen der Jahresabschlusserstellung zutreffend bewerten zu können und um den Mandanten u.a. bei Entscheidungen hinsichtlich der Rentabilität seiner Geschäftstätigkeit beraten zu können. Leider schaut man als Prüfer mit einfachsten (sic!) Fragen zur Kostenarten-, Kostenstellen- und Kostenträgerrechnung häufig in ratlose Gesichter der Kandidaten.

Der (angehende) Steuerberater ist ferner gut beraten, fundierte Kenntnisse im Bereich „**Unternehmensbewertung**" zu erlangen. Häufig „gaukeln" hier im Handel erhältliche Berechnungstools dem Anwender vor, „nur ein paar Zahlen eingeben" zu müssen und schon ist ein Unternehmen bewertet. Wenn dann das Tool noch einen Bericht mit Textbausteinen ausgeben kann, in dem ausgeführt wird: „Vorstehende Unternehmensbewertung haben wir unter Beachtung der IDW Stellungnahme „**Grundsätze zur Durchführung von Unternehmensbewertungen (IDW S1)**" durchgeführt", ist erhöhte Vorsicht geboten, da hier im Zweifel ein Haftungsfall droht und gegen allgemeine Berufsgrundsätze verstoßen wurde.

In der Steuerberatungspraxis ist dieser Fall nicht selten, dass unreflektiert Berechnungstools zum Einsatz kommen, ohne sich auch nur ansatzweise mit den Grundsätzen des IDW S 1 beschäftigt zu haben. Daher sollten wenigstens grundlegende Kenntnisse der betriebswirtschaftlichen Unternehmensbewertung vorhanden sein. Es versteht sich von selbst, dass das steuerrechtliche vereinfachte Ertragswertverfahren (§§ 199–203 BewG) die Anforderungen des IDW S 1 auch nicht erfüllt.

Aufgrund der Konzeption der mündlichen Prüfung sind „Rechenaufgaben" oder „Fallstudien" selten, da sie sich nur bedingt für ein kurzes Prüfungsgespräch eignen. Im Ergebnis wird daher der Themenbereich „c) Steuerwirkungsanalyse" selten bis gar nicht geprüft. Aus dem Bereich „d) Betriebliche Entscheidungen unter Berücksichtigung nationaler und internationaler Rahmenbedingungen" werden hier die Bereiche „**Investitionsplanung**" und „**Finanzierungsplanung**" aufbauend auf der „**Investitionsrechnung**" und der „**Finanzierung**" (vgl. vorstehend) besprochen.

„**2. Datenverarbeitung**" („II. Betriebswirtschaftslehre") wird nur insoweit behandelt als es zum Verständnis des § 11 StBerG „**Verarbeitung personenbezogener Daten**" erforderlich ist. Gleichwohl könnte bzw. wird dieser Bereich in Zukunft an Bedeutung gewinnen, wenn z.B. Fragen zu „digitalen Prozessen", „digitaler Datenanalyse" oder zum „digitalen Datenaustausch zwischen Steuerberater, Mandant und der Finanzverwaltung" vermehrt in den Fokus gelangen und evtl. in den Prüfungskatalog des Steuerberaterexamens aufgenommen werden. Die nachfolgende Aussage der Bundessteuerkammer soll dies verdeutlichen:

„Der Berufstand der Steuerberater befindet sich derzeit wie viele andere Berufe in einem starken Umbruch, der sich direkt auf den Arbeitsalltag auswirkt. Die Erwartungen der Mandanten wandeln sich immer stärker und digitale Prozesse gewinnen immer mehr an Bedeutung. Die sog. „**Digital Natives**" sind die neue Unternehmergeneration, die auf digitale Geschäftsmodelle setzen und in Sachen Digitalisierung eine hohe Erwartungshaltung an ihren Steuerberater und die Finanzverwaltung haben."

(https://www.bstbk.de/de/themen/brennpunktthemen/digitalisierung)

Aus dem Bereich „**3. Prüfungswesen**" („II. Betriebswirtschaftslehre") werden nur die **Grundlagen des Prüfungswesens** behandelt, da die anderen Themen bereits (notwendige) Kenntnisse aus dem Wirtschaftsprüferexamen adressieren. Gleichwohl ist es für (angehende) Steuerberater ratsam, diese Grundlagen des Prüfungswesens zu kennen und einordnen zu können. Steuerberater sind grundsätzlich befugt Prüfungen durchzuführen, sofern es sich hierbei nicht um sog. Vorbehaltsaufgaben v.a. der Wirtschaftsprüfer handelt.

Zulässig sind z.B.:

* Freiwillige Jahresabschlussprüfungen,
* Gründungsprüfungen nach § 33 AktG,
* Prüfung einer Buchführung, einzelner Konten, einzelner Posten des Jahresabschlusses, eines Inventars, einer Überschussrechnung oder von Bescheinigungen i.S.v. § 36 StBVV,
* Rentabilitätsprüfungen.

Ferner sind sie sogar befugt folgende Tätigkeit auszuüben:

* Prüfung und Bestätigung von Vollständigkeitserklärungen gemäß § 11 VerpackG.

Daneben ist es wichtig, dass ein Steuerberater weiß, ab welchen Größenkriterien einer seiner Mandanten prüfungspflichtig wird und sich einer handelsrechtlichen Pflichtprüfung unterziehen muss. Mit diesen Vorüberlegungen macht es durchaus Sinn, dass sich dieses Vorbereitungsbuch in einem Kapitel den „Grundlagen des Prüfungswesens" widmet.

Im Ergebnis ist damit dieses Vorbereitungslehrbuch entstanden, welches folgende Bereiche adressiert:

* Ausgewählte Prüfungsthemen im Überblick sowie in Fragen und Antworten.
* Besonderheiten der mündlichen Prüfung.
* Grundlagen des betrieblichen Rechnungswesens.
* Externe Rechnungslegung nach HGB: Einzel- und Konzernabschluss.
* Internes Rechnungswesen.
* Investition, Finanzierung und Unternehmensbewertung.
* Grundlagen des Prüfungswesens.
* Berufsrecht und Europarecht.

2. Besonderheiten der mündlichen Prüfung

2.1 Die mündliche Prüfung: Factsheet und zeitlicher Ablauf

Factsheet:

- Durchfallquote 2022/2023 schriftliche Prüfung: 51,2 %.
- Durchfallquote 2022/2023 mündliche Prüfung: 7,5 %.
- Durchfallquote 2022/2023 gesamtes Examen: 54,9 %
  https://www.steuerberaterkammer-westfalen-lippe.de/fileadmin/user_upload/
  Relaunch_2016/02.Ausbildung.u.Berufsweg/03.Steuerberater/2023_Steuerbera-
  ter/2023_07_StB-Pruefung2022_Ergebnisse.pdf
  Bei der Durchfallquote 2022/2023 handelt es sich um eine „normale" Durchfallquote
  verglichen mit der historisch betrachtet sehr geringen Quote im Jahre 2021/2022.
- **Zulassung zur mündlichen Prüfung:** Gesamtnote im schriftlichen Teil mindestens
  4,5 (§ 25 Abs. 2 DVStB); Versand i.d.R. Mitte/Ende Januar zusammen mit den Ergeb-
  nissen der „Schriftlichen".
- **Ladung zur mündlichen Prüfung:** Mindestens zwei Wochen vorher (§ 26 Abs. 1
  DVStB); „Terminwünsche" seitens des Kandidaten werden grundsätzlich **nicht**
  berücksichtigt.
- **Zeitpunkt der mündlichen Prüfung:** i.d.R. Mitte Februar bis Mitte April.
- **Dauer der mündlichen Prüfung je Kandidat:** Maximal 90 Minuten (§ 26 Abs. 7
  DVStB).
- **Dauer der mündlichen Prüfung je Prüfungstermin:** i.d.R. maximal fünf Stunden
  bei fünf Kandidaten.
- **Gebühr mündliche Prüfung:** Es wird keine gesonderte Gebühr erhoben (§ 39 Abs. 2
  StBerG).
- **Inhalt der mündlichen Prüfung:** Kurzvortrag und sechs Prüfungsabschnitte (§ 26
  Abs. 3 DVStB).
- **Kurzvortrag:** Ca. zehnminütiger Vortrag. 30 Minuten Vorbereitungszeit. Drei Themen
  stehen zur Auswahl (§ 26 Abs. 6 DVStB).
- **Mündliche Prüfungsabschnitte:** Ein Mitglied des Prüfungsausschusses verantwor-
  tet jeweils einen der sechs Prüfungsabschnitte (§ 26 Abs. 3 Satz 3 DVStB). Der Vorsit-
  zende des Prüfungsausschusses ist berechtigt, jederzeit in die Prüfung einzugreifen
  (§ 26 Abs. 2 Satz 2 DVStB).
- **Ergebnis der Prüfung:** Der Prüfungsausschuss berät das Ergebnis unmittelbar im
  Anschluss an die mündliche Prüfung; die Prüfung ist bestanden, wenn die Gesamtnote des Steuerberaterexamens die Zahl 4,15 nicht übersteigt (§ 28 Abs. 1 Satz 1 und
  2 DVStB).

2.2 Gewichtung der mündlichen Prüfung und Erwartungshaltung der Prüfungskommission

Sie haben demnächst die mündliche Steuerberaterprüfung vor sich oder hoffen (noch) darauf, die schriftlichen Aufsichtsarbeiten wenigstens im Durchschnitt mit „4,5" bestanden zu haben? Dann haben Sie diese eine letzte Hürde zum bestandenen Steuerberaterexamen vor sich.

Aber ist es wirklich nur noch diese eine letzte Prüfung, die angesichts von im Regelfall eineinhalb Jahre dauernden Vorbereitungskursen auf die drei Klausuren doch so winzig und klein erscheint? Machen Sie diesen Fehler nicht! **Die mündliche Prüfung macht die Hälfte der Note bzw. der Prüfungsleistung aus (§ 28 Abs. 1 Satz 2 DVStB)!** Die mündliche Prüfung im Steuerberaterexamen ist daher nicht zu unterschätzen.

Viele Teilnehmer der „Mündlichen" sind der Ansicht „etwas Schaulaufen" reiche aus, um die letzte große Hürde beim Steuerberaterexamen zu nehmen. Erfahrungsgemäß scheitern daher immer (mehr) Kandidatinnen und Kandidaten v.a. wegen einer mangelnden Vorbereitung in den Prüfungsgebieten „Betriebswirtschaftslehre" und „Recht", da sie im Wesentlichen darauf hoffen, dass die durch die „Schriftliche" gefestigten steuerrechtlichen Inhalte auch weiterhin ausschließlich in der mündlichen Prüfung gefordert sind und z.B. die Prüfungsabschnitte „Betriebswirtschaftslehre" und „Recht" nicht so stark gewertet werden.

Die mündliche Prüfung besteht allerdings – vom mündlichen Kurzvortrag abgesehen – aus **sechs unabhängigen Prüfungsabschnitten**. Je nach Bundesland, Steuerberaterkammer und Zusammensetzung des jeweiligen Prüfungsausschusses können exemplarisch folgende Prüfungsabschnitte unterschieden werden:

1. Umsatzsteuer sowie steuerliches Verfahrensrecht sowie Steuerstraf- und Steuerordnungswidrigkeitenrecht,
2. Steuern vom Einkommen und Ertrag einschließlich des Umwandungssteuerrechts und des internationalen Steuerrechts,
3. **Betriebswirtschaft und Rechnungswesen sowie Berufsrecht**,
4. Verbrauch- und Verkehrssteuern (ohne Umsatzsteuer), insb. die Grunderwerbsteuer, Bewertungsrecht, Erbschaftsteuer und Grundsteuer sowie Grundzüge des Zollrechts und der Volkswirtschaft,
5. Handelsrecht sowie Grundzüge des Bürgerlichen Rechts, des Gesellschaftsrechts, des Insolvenzrechts und des **Rechts der Europäischen Union**,
6. Prüfungsabschnitt der Vorsitzenden/des Vorsitzenden, die/der Themen aus allen vorstehend genannten Gebieten wählen kann.

In jedem dieser Prüfungsabschnitte erhält jeder Kandidat eine eigenständige Note. Es ist daher vermessen anzunehmen, dass z.B. die Prüfungsgebiete „3" bis „5" geringer gewichtet sind. Jeder Prüfungsabschnitt zählt $\frac{1}{6}$ (ca. 16,67 %) der Gesamtnote der mündlichen Prüfung.

Die mündliche Prüfung unterscheidet sich aber auch neben den Prüfungsgebieten ganz erheblich von den Anforderungen der schriftlichen Prüfung. Während bei letzterer im Wesentlichen eine gute Fall- bzw. Klausurtechnik gefragt ist und zum Bestehen der Klausuren beiträgt, sind es bei der „Mündlichen" andere Qualitäten, die gefordert sind.

Zum einen startet die mündliche Prüfung mit einem eigenständigen rund zehnminütigen Kurzvortrag, in dem Sie zu einem aus drei Vorschlägen gewählten Thema referieren müssen. Zum anderen müssen Sie sechs mündliche Prüfungsabschnitte meistern.

Einige „Kniffe", die Sie erfolgreich in der „Schriftlichen" anwenden konnten, können Sie aus rein faktischen Gründen in der „Mündlichen" nicht mehr machen. **Hierzu gehört, dass Sie den Ablauf in der Beantwortung von Fragen nicht ändern können.** Wenn Sie in der „Bilanzklausur" die Aufgaben zur Besteuerung der GmbH vorziehen möchten, danach die Besteuerung des Einzelunternehmers bearbeiten und erst zum Schluss die Besteuerung einer Mitunternehmerschaft lösen wollen, so geht das in der mündlichen Steuerberaterprüfung naturgemäß nicht. Sie können hier nicht die Frage aus dem ersten Prüfungsabschnitt zurückstellen und dann eine Stunde später erst beantworten. So banal das klingen mag, die mündliche Prüfung erfordert daher von Ihnen Antworten „auf den Punkt"; in der Schriftlichen konnten Sie hier „zurückstellen", „noch einmal nachdenken" und „noch einmal nachlesen" etc. Je souveräner Sie in den ersten Runden die Fragen beantworten, desto eher können Sie sich in den nachfolgenden Runden zwar nicht zurücklehnen, aber doch ein stückweit entspannter sein.

Wer nun meint, diese mündliche Prüfung würde überzogene Anforderungen an den Kandidaten stellen, dem muss entschieden widersprochen werden. Erstens kommen sehr viele Fragen aus dem Alltag der Finanzverwaltung und der Rechtsprechung oder aus der Praxis der Sie prüfenden Steuerberater. Zweitens werden sehr viele Fragen anhand eines simulierten Mandantengesprächs entwickelt. Folgende Beispiele sollen das verdeutlichen:

> **Beispiel:**
>
> Ein neuer Mandant kommt mit dem nachfolgenden Einkommensteuerbescheid zu Ihnen. Er soll binnen einer Woche 5.000 € an sein zuständiges Finanzamt zahlen. Was raten Sie Ihrem Mandanten?

Beispiel:

Ein langjähriger Mandant erhält Post vom Finanzamt für Steuerstrafsachen und Steuerfahndung – Straf- und Bußgeldsachenstelle. Ihm wird eine Straftat in Zusammenhang mit der Nichtangabe von Zinseinkünften aus Schweizer Bankguthaben zur Last gelegt. Was raten Sie Ihrem Mandanten?

Beispiel:

Ein langjähriger Mandant – z.B. ein Familienbetrieb im Elektrohandwerk – möchte den Betrieb auf die nächste Generation übertragen. Er überschüttet Sie mit Fragen: „Soll ich das entgeltlich tun?", „Soll ich das unentgeltlich tun (vorweggenommene Erbfolge), „Soll ich weiter mitarbeiten", „Was kostet das an Steuern?", „Was ist mit meinen anderen Kindern, die den Betrieb nicht übertragen bekommen?" Was raten Sie Ihrem Mandanten?

Sicherlich können Sie bei manchen Spezialfragen dem Mandanten erwidern, dass sie sich bei dem einen oder anderen Punkt noch einmal rückversichern wollen, da es z.B. eine Änderung der Rechtsprechung, eine Gesetzesänderung o. ä. gegeben hat. Im Zweifel erwartet der Mandant allerdings eine Beratung „im Hier und Jetzt". Im Erstgespräch der oben geschilderten Beispiele ist auch keine finale Lösung gefordert, aber der Mandant erwartet schon, dass er kompetente Antworten erhält und er bei Ihnen in professionellen Händen ist. **Exakt diese – praxisorientierte – Anspruchshaltung haben auch die Prüfer.**

Aus diesem Grund ist es wichtig, die Zusammensetzung der Prüfungskommission zu kennen. Drei Personen gehören der Finanzverwaltung an, mindestens zwei sind Steuerberater und fakultativ ist noch ein Vertreter der Wirtschaft (oder alternativ bzw. zusätzlich noch Steuerberater). In vielen Fällen ist der Vertreter der Wirtschaft wenigstens Rechtsanwalt bzw. Volljurist und prüft den Bereich „Recht".

Prüfer der Finanzverwaltung prüfen häufig aktuelle Urteile und Berufsträger (WP/StB/RA/FAStR) gerne aktuelle Themen aus der Fachliteratur. Zur Vorbereitung auf die Fragerunden eignet sich daher v.a. ein Studium der neueren Rechtsprechung und der neueren Fachliteratur. Häufig reicht hier bei der Rechtsprechung, wenn Sie den Tenor kennen und bei der Fachliteratur, wenn Sie das Ergebnis kennen. Gerne wird in der Mündlichen – auch wenn die Kandidaten eine Fundstelle nicht kennen – versucht, den Fall (Urteil oder Aufsatz etc.) systematisch zu lösen. Versuchen Sie hier – wenn Sie den Fall nicht kennen – den Sachverhalt systematisch aufzubauen.

> **Beispiel:**
>
> Unterliegt z.B. die Teilnahme an „Big Brother" etc. der Einkommensteuer?

Wenn Sie das Urteil nicht kennen (BFH-Urteil vom 24.04.2012, Az: IX R 6/10), empfiehlt es sich, wie bei allen Einkommensteuerfällen vorzugehen. Besteht eine persönliche Steuerpflicht? Welche Einkunftsart könnte vorliegen? Welche kann ausgeschlossen werden?

Wenn Sie systematisch vorgehen, wird der Prüfer im Regelfall weiterhelfen. Sollten Sie den Fall (Urteil oder Aufsatz etc.) kennen und das dem Prüfer mitteilen, wird der Prüfer die Frage im Regelfall weitergeben und Sie nur noch fragen, wenn Ihre Mitstreiter nicht mehr weiter wissen.

> **Tipp!**
>
> Recherchieren Sie Rechtsprechung und Literatur innerhalb des letzten halben Jahres vor Ihrer mündlichen Prüfung und werten Sie diese aus!

2.3 Hinweise zum Kurzvortrag

Die mündliche Steuerberaterprüfung beginnt mit einem Kurzvortrag (§ 36 Abs. 6 DVStB). Inhaltlich sind alle Prüfungsgebiete aus § 37 Abs. 3 StBerG möglich (vgl. vorstehend). Üblicherweise sind die Prüfungsthemen jedoch in drei Bereiche eingeteilt:

*   „B": Buchführung, Bilanzierung und Betriebswirtschaftslehre,
*   „V": Steuerliches Verfahrensrecht,
*   „E": Ertragsteuern einschließlich Umwandlungssteuerrecht und Internationales Steuerrecht.

Dem Kurzvortrag kommt zwar psychologisch eine wichtige Bedeutung zu, da es der erste „Auftritt" des Kandidaten vor der Prüfungskommission ist. Letztlich handelt es sich aber um einen von insgesamt sieben Prüfungsabschnitten. Mit anderen Worten: Ein gut vorbereiteter und vorgetragener Kurzvortrag kann den „**perfekten Start**" in die mündliche Steuerberaterprüfung darstellen. Sollte das nicht der Fall sein, haben Sie noch sechs Prüfungsabschnitte Zeit diesen Eindruck zu korrigieren.

Sie bekommen **drei Themen zur Auswahl**, von denen Sie eines innerhalb einer Vorbereitungszeit von 30 Minuten ausarbeiten müssen. Papier, Stifte und Karteikarten werden im Regelfall von der Prüfungsstelle oder der Steuerberaterkammer zur Verfügung gestellt. Sobald Sie Ihren Vortrag final vorbereitet haben, **nummerieren Sie im eigenen Interesse Ihre Karteikarten**. Es gibt eine Menge an Kandidaten, die – verständlicherweise

– aus Aufregung auf dem Weg vom Vorbereitungsraum zum Prüfungsraum die Karteikarten fallen lassen oder aus sonstigen Gründen falsch sortiert haben. Vermeiden Sie
diesen Stressfaktor, da Sie die nummerierten Karteikarten jederzeit erneut richtig sor-
tieren können. Häufig haben Kandidaten mit dem „Hauptteil" angefangen, dann das Fazit
gezogen und dann festgestellt, dass „am Ende des Vortrags" noch „viele Karteikarten
übrig waren", was uns zur Vortragszeit führt, welche zehn Minuten beträgt.

**Vermeiden Sie es unbedingt nach ca. fünf Minuten Ihren Vortrag zu beenden! Die
meisten Kandidaten referieren im Durchschnitt ca. 8 Minuten.** Sollten Sie tatsächlich ein Thema zur Auswahl erhalten und dieses wählen, welches in fünf Minuten vollumfänglich besprochen ist, empfiehlt es sich das Thema um zusätzliche Aspekte zu erweitern, z.B. um internationale Aspekte oder um einen Vergleich mit anderen Rechtsformen
etc. Im Zweifel wählen Sie aber lieber ein Thema, bei dem Sie sich inhaltlich beschränken
müssen, um die zehn Minuten **nicht zu überschreiten**. Diese Vorgehensweise hat den
Vorteil, dass Sie die zehn Minuten nahezu ausfüllen, Sie Themenaspekte, die Ihnen vielleicht nicht so liegen nur kurz erwähnen, um diese dann mit Hinweis auf den Zeitrahmen nicht weiter vertiefen zu müssen. Machen Sie sich bewusst, dass Sie als angehender
Steuerberater ein Organ der **Steuerrechtspflege** sind. Zitieren Sie Gesetzesfundstellen
und zwar präzise. Bei einem Bilanzthema vorzutragen, dass gemäß „§ 6 EStG" „dieses
oder jenes" gilt, können Sie sich angesichts eines derzeit mit Leerzeichen 23.327 Zei-
chen umfassenden § 6 EStG auch „gleich sparen". **Zitieren Sie Paragraphen präzise mit
Absatz, Satz, Halbsatz und/oder Nummer bzw. Buchstabe**. Damit erzielen Sie Plus-
punkte bei der Prüfungskommission.

Naturgemäß werden die für Sie zur Wahl stehenden Themen, die schwierigsten **„ever"**
sein! Das ist aber nur Ihr **subjektives Empfinden**. Die Prüfungsstelle (nicht: die Prüfungskommission) sucht sich nicht einzig für Sie „seltsame", „abgedrehte", „besonders
schwierige" oder Themen aus, mit „denen niemand rechnen" konnte. Insbesondere sind
die Themen für den Kurzvortrag häufig nicht sehr aktuell, da diese lange im Vorfeld fest-
stehen, die bestehenden Themen zwar aktualisiert werden, aber (echte) neue Themen
selten zur Sammlung der Prüfungsstelle bei den Steuerberaterkammern hinzugefügt
werden. Sie sollten zwar nicht überrascht sein, wenn ein Kurzvortrag, z.B. die steuerlichen Änderungen im Rahmen der Corona-Pandemie oder das einheitliche elektronische
Berichtsformat (kurz: ESEF) adressiert. Im Regelfall handelt es sich aber um „Dauerbrenner", die Sie problemlos lösen sollten und die hinlänglich in der Vorbereitungsliteratur
dargestellt sind.

Warum sind dann also „Ihre Themen", die schwierigsten **„ever"**? Ganz einfach. Es ist
heute Ihre Prüfung und von deren Ausgang hängt es ab, ob Sie nach der mündlichen
Prüfung die Urkunde zur bestandenen Prüfung als Steuerberaterin oder als Steuerbera-

ter erhalten, mit der Sie sich dann zur Steuerberaterin oder zum Steuerberater von der jeweils zuständigen Steuerberaterkammer bestellen lassen können. Es macht natürlich einen Unterschied, ob Sie Tage, Wochen oder Monate vor „dem entscheidenden Tag" an Ihrem Schreibtisch sitzen und ein Vortragsthema ausarbeiten, dessen Qualität keinerlei Konsequenzen hat, Sie „gechillt" auf der Couch sitzen und (passiv) in Vorbereitungsbüchern Mustergliederungen zu möglichen Kurzvortragsthemen studieren oder eben in einem Vorbereitungsraum bei der Prüfungsstelle oder der Steuerberaterkammer sitzen und Sie nach dreißig Minuten Vorbereitungszeit „abliefern müssen".

Sobald Sie das Papier mit den drei Auswahlmöglichkeiten zu den Themen des Kurzvortrags erhalten haben, stellt sich die entscheidende Frage, für welches sollen Sie sich entscheiden.

Hier gibt es eigentlich – auch wenn mancherlei Vorbereitungsliteratur etwas anderes propagiert – nur einen Tipp. Entscheiden Sie sich für ein Thema anhand Ihrer theoretischen **und** praktischen Kenntnisse.

Themenwahl: Steuerrecht, Betriebswirtschaft oder Wirtschaftsrecht?

Häufig wird in der Vorbereitungsliteratur der Tipp gegeben, dass Volljuristen z.B. ein juristisches Thema wählen und „BWL'er" das tunlichst sein lassen sollten. Umgekehrt sollten Volljuristen „auf gar keinen Fall" z.B. ein betriebswirtschaftliches Thema zur „Kostenrechnung" wählen. Diese Ansicht kann so pauschal nicht gelten.

Nehmen wir an, dass Sie Volljurist wären und in einer Wirtschaftsprüfungsgesellschaft im Bereich **„Corporate Recovery"**, also im Sanierungsbereich arbeiten würden. Was sollte Sie aufgrund theoretischer **und** praktischer Kenntnisse davon abhalten ein Kurzvortragsthema aus dem betriebswirtschaftlichen Bereich z.B. zu Sanierungsplänen zu bearbeiten?

Nehmen wir ferner an, dass Sie „BWL'er" und in einer auf Finanzgerichtsprozesse (einschließlich der Verfahren vor dem Bundesfinanzhof) spezialisierten Sozietät von Rechtsanwälten, Fachanwälten für Steuerrecht und Steuerberatern angestellt wären. Was sollte Sie davon abhalten ein juristisches Thema zu den Klagearten der Finanzgerichtsordnung als Kurzvortrag zu wählen, welches Sie täglich in der Praxis bearbeiten?

Themenwahl: (vermeintlich) leichtes oder (vermeintlich) schwieriges Thema?

Einerseits weichen Kandidaten vermeintlich schwierigen Vortragsthemen aus. Andererseits denken sie, dass ein vermeintlich leichtes Thema bereits **a priori** zu einem „Punktabzug" in der Bewertung des mündlichen Kurzvortrags führt. Auch hier gilt, entscheiden Sie sich für ein Thema, zu dem Sie sowohl theoretisch **wie** fachlich einen Bezug haben.

Schwächen in Themen, die selten bis gar nicht gewählt werden, d. h. vermeintlich schwierige oder „exotische" Themen, werden Ihnen eher verziehen, als in Themen, die zum „Standard" eines Steuerberaters bzw. einer Steuerberaterin zählen. Sofern Sie zum Thema „§ 4h EStG: Zinsschranke ", „4j EStG: Lizenzschranke" oder zum Thema „Betriebsstätte oder Tochtergesellschaft im Ausland" referieren, werden Lücken oder Fehler nicht so hoch gewertet, als wenn Sie zu Themen, wie „Einlagen und Entnahmen des Einzelunternehmers", „Gebäude im Steuerrecht" oder „Der Vorsteuerabzug nach § 15 UStG" sprechen.

Themenwahl: Thema innerhalb der Bearbeitungszeit wechseln?

Sofern Sie sich wie vorstehend beschrieben für ein Thema entschieden haben, lautet die Antwort ganz klar: „Auf keinen Fall!".

Es werden Ihnen mit Sicherheit Zweifel aufkommen, ob das gewählte Thema das richtige ist, sofern Sie im Rahmen der Bearbeitung an Grenzen stoßen. Das ist normal. Ein Wechsel des Themas ist aber das Schlechteste (sic!), was Sie machen könnten. Warum?

Erstens haben Sie sich nach Abwägung aller Umstände für ein Thema entschieden, zweitens haben Sie kaum mehr Zeit für die Ausarbeitung eines zweiten Themas und drittens ist das ein absolut vermeidbarer Stressfaktor, der nur in den seltensten (sic!) Fällen (jemals) zum Erfolg geführt hat.

Wenn Sie Ihre mündliche Prüfung mit dem Kurzvortrag beginnen, müssen Sie sich nicht für Ihre Nervosität entschuldigen; **die Prüfungskommission kennt das und es ist völlig normal**. Also setzen Sie sich deswegen nicht selbst unter Druck. Ihren Vortrag beginnen Sie am besten mit einer kurzen Eingangsformel („Sehr verehrte Prüfungskommission! Für meinen Kurzvortrag habe ich mich für das Thema 1 [...] entschieden. Meinen Vortrag gliedere ich wie folgt [...]).

Es scheint heute üblich zu sein, dass die Vorbereitungslehrgänge den Kandidaten vermitteln, sich mit Vor- und Nachnamen vorzustellen und teilweise auch mitteilen zu müssen, dass man sich gerade in der mündlichen Steuerberaterprüfung befindet.

Wenn Ihnen das hilft, „ruhiger" zu werden, ist das durchaus legitim, aber es ergibt keinen Mehrwert für die Prüfungskommission, da diese Ihren Vor- und Nachnamen sowie den Lebenslauf mit allen Stationen aus der Prüfungsakte kennt. Daneben ist zu bedenken, dass die nämliche Prüfungskommission (im Regelfall) bereits Ihre drei schriftlichen Aufsichtsarbeiten bewertet hat und daher auch bereits Ihre Leistungen aus der „Schriftlichen" kennt.

Tragen Sie Ihren Vortrag nunmehr getrennt nach Ihren Gliederungspunkten („Hauptteil") vor. **Machen Sie deutlich, wenn Sie einen neuen Gliederungspunkt beginnen**.

Bedenken Sie bei Ihrem Vortrag auch, dass die Prüfungskommission an Ihrem Prüfungstag mitunter fünfmal hintereinander denselben Vortrag hören „darf". Wenn Sie konkrete Praxisbeispiele für Ihren Vortrag kennen, erläutern Sie diese ausreichend. Bitte vermeiden Sie „künstliche" Beispiele, die nur vermeintlich mit dem gewählten Thema zu tun haben und die Sie „spontan" in Ihren Vortrag einbauen (wollen). Das ist nicht nur „störend" für Ihren Vortrag, sondern birgt schnell Fehlerquellen, die in die Bewertung des Kurzvortrags einfließen (können) und evtl. auch in den folgenden Prüfungsabschnitten aufgegriffen werden.

Vermeiden Sie auch am Ende des Vortrags sich selbst zu loben („Der Vortrag hat in hervorragender Weise gezeigt, dass [...]"). Vermeiden Sie allerdings auch Ihren Vortrag noch im Prüfungsraum schlecht zu machen („Das Thema lag mir wirklich nicht", „Bei den Vorbereitungskursen ist mir das besser gelungen" oder „Ich weiß, dass das konfus war, aber [...]"). Überlassen Sie die Bewertung Ihres Kurzvortrags besser der (wohlwollenden) Prüfungskommission.

Häufig versuchen Kandidaten bei der Zusammenfassung bzw. Ihrer Schlussformel noch einmal auf den **Praxisbezug des Themas** hinzuweisen („Das Thema ist sehr wichtig in der Praxis", „Die Praxisrelevanz ist gegeben", „In der Praxis ist das Thema von außerordentlicher Bedeutung, weil [...]"). Häufig wird das Thema „Praxis" mehrfach (sic!) wiederholt. Um es klar auszudrücken: Meistens wirkt das „gestelzt" und macht einen Vortrag nicht besser. Um die Praxisrelevanz eines Themas zu betonen, haben Sie den ganzen Vortrag über Zeit und nicht nur ein paar „übertriebene" Sätze am Schluss.

In vielen Vorbereitungslehrgängen wird Ihnen vermittelt, „Blickkontakt" mit den Prüfern v.a. während des Kurzvortrags herzustellen. Das ist grundsätzlich richtig. Seien Sie aber nicht verunsichert, wenn dieses nur kurz oder nur abwechselnd bei einigen Prüfern gelingt. Der Grund ist ganz einfach und hat nichts mit einer geringen Wertschätzung der Prüfer Ihnen gegenüber oder mit einem schlechten Vortrag Ihrerseits zu tun. Der Grund lautet: **Protokollführung!**

Mindestens zwei Mitglieder der Prüfungskommission führen bei Ihrem Kurzvortrag Protokoll. Dieses sind der Vorsitzende und derjenige Prüfer, in dessen Prüfungsgebiet das Thema Ihres Kurzvortrags fällt. Häufig notieren auch die anderen Mitglieder Stichpunkte, die Ihnen gefallen bzw. nicht gefallen haben oder was evtl. falsch war. Anhand des Protokolls des Prüfenden wird im Anschluss das Ergebnis Ihres Kurzvortrags von der Prüfungskommission beraten. Insofern ist es nur folgerichtig, dass das Protokoll sehr akribisch geführt wird und wenig Zeit für „Blickkontakt" seitens der Prüfenden bleibt.

2.4 Hinweise zu den mündlichen Prüfungsabschnitten

Naturgemäß werden auch die Ihnen in den mündlichen Prüfungsabschnitten gestellten Fragen, die schwierigsten **„ever"** sein. Moment! Das hatten wir schon! Die Gründe sind mit denen zum Kurzvortrag geschilderten vergleichbar, sodass wir direkt zum inhaltlichen Teil übergehen können.

Im Anschluss an den letzten Kurzvortrag folgt in der Regel eine ca. fünfzehnminütige Pause. Danach startet die erste mündliche Prüfungsrunde. Abweichend vom Kurzvortrag der einzeln gehalten wurde, sitzen nun alle vier oder fünf Kandidaten gleichzeitig der Prüfungskommission gegenüber. Üblicherweise stellt der Vorsitzende die Prüfungskommission kurz vor und erläutert den weiteren Ablauf der Prüfung. Dann startet die erste Prüfungsrunde mit zwei Prüfungsabschnitten. Danach folgt eine längere Pause (ca. 30-40 Minuten). Anschließend beginnt die zweite Prüfungsrunde, die wiederum zwei Prüfungsabschnitte beinhaltet. Nach einer letzten ca. zehnminütigen Pause folgt die letzte Prüfungsrunde, die erneut aus zwei Prüfungsabschnitten besteht. Eine Vormittagsprüfung endet dann erfahrungsgemäß um 13.00 Uhr und die Nachmittagsprüfung um 18.00 Uhr.

In den Prüfungsrunden werden Ihnen nacheinander Fragen gestellt. **Der Prüfer wird Sie direkt ansprechen.** Die Prüfer sind befugt, den einen Kandidaten länger und den anderen Kandidaten kürzer zu prüfen. Eine Frage, die an Sie direkt adressiert war, kann auch an andere Kandidaten weiter gegeben werden. Das kann den Grund haben, dass Sie – selbst nach einer Bedenkzeit – die Frage nicht beantworten konnten oder dem Prüfer sofort zeigen konnten, dass Sie bei der Frage „im Thema" sind, sodass er die Frage direkt weitergibt, damit andere noch Punkte erzielen können und die Frage nicht direkt „verbrannt" ist.

Im eigenen Interesse sollten Sie daher dem Prüfungsgespräch auch zuhören und aufmerksam sein, wenn momentan ein anderer Prüfling befragt wird. Die gestellte Frage kann – wie beschrieben – schnell weiter gegeben werden. Sollten Sie die Frage beantworten können, kann es sein, dass Sie in diesem Prüfungsabschnitt weiterhin der „Ausputzer" sind. Sollte ein Kandidat eine Frage nicht beantworten können, sollten Sie auf keinen Fall – ungefragt – die Antwort in die Runde rufen oder – „wie wild" auf sich aufmerksam machen.

Die Prüfer sind erfahren genug, um zu sehen, dass Sie evtl. die Antwort wissen. Entweder wird die Frage weitergegeben oder die Frage wird „freigegeben", sodass Sie sich melden können, wenn Sie (vermeintlich) die Antwort wissen. Alles andere wird Ihnen als unkollegial ausgelegt und das nicht nur im Hinblick auf die Berufspflichten nach § 57 StBerG.

Vermeiden Sie tunlichst auch, die Antworten anderer Prüflinge zu werten. Dieses kann Ihnen äußerst negativ ausgelegt werden.

Nach der mündlichen Prüfung wird Ihnen mitgeteilt, ob Sie die Steuerberaterprüfung insgesamt bestanden haben. Bei bestandener Prüfung übergibt Ihnen der Vorsitzende die Prüfungsbescheinigung, verbunden mit dem Hinweis, dass die Urkunde über die bestandene Prüfung nicht die Bestellung als Steuerberater einschließt, für die die Steuerberaterkammern zuständig sind.

Laut den Regularien des StBerG und der DVStB ist es zwar nicht vorgesehen, dass die Note der mündlichen Steuerberaterprüfung bzw. gar die Teilnoten der einzelnen Prüfungsabschnitte Ihnen mitgeteilt werden. Die Vorsitzenden kommen einer solchen Bitte bei Interesse aber im Regelfall nach oder bieten es direkt nach Verkündung des Ergebnisses der gesamten Steuerberaterprüfung an.

3. Grundlagen des betrieblichen Rechnungswesens

3.1 Themenbereich im Überblick: Das sollen Sie lernen!

In der täglichen Praxis als (angehender) Steuerberater erstellen Sie Buchführungen und Jahresabschlüsse, veröffentlichen „Bilanzen" und sind damit ein gefragter Ansprechpartner für Ihre Mandanten „rund um das Rechnungswesen". Aus diesem Grund sollten Sie nicht nur Ihren Mandanten deren gesetzlichen Pflichten „abnehmen", sondern durchaus auch kompetent Fragen zum Rechnungswesen beantworten können. Hierzu zählen u.a. Fragen, was das betriebliche Rechnungswesen eigentlich ist und welche Funktionen, Teilgebiete und Adressaten es hat. Ferner sollten Sie mehr Kenntnisse als ein „Buchhalter" haben und daher die Begrifflichkeiten „Auszahlung", „Ausgabe", „Aufwand" und „Kosten" trennscharf abgrenzen können. Ebenso sollten Sie Fragen zu den Grundsätzen ordnungsmäßiger Buchführung auch problemlos beantworten können.

3.2 Fragen und Antworten

Kernthema: „Grundbegriffe und Funktionen des Rechnungswesens"

Frage: Was verstehen Sie unter dem Begriff „Betriebliches Rechnungswesen"?

Antwort: Eine Legaldefinition zum „Betrieblichen Rechnungswesen" existiert nicht. Üblicherweise wird hierunter ein **Informationssystem** verstanden, welches betriebswirtschaftlich relevante Informationen über angefallene Geschäftsvorgänge erfasst, auswertet, steuert, überwacht, verarbeitet und speichert (ähnlich: Coenenberg u.a.: Einführung in das Rechnungswesen, 8. Aufl. 2021, S. 3 f. sowie Schierenbeck/Wöhle: Grundzüge der Betriebswirtschaftslehre, 19. Aufl. 2016, S. 601).

Frage: Gut! Existiert auch ein anderes als das **„betriebliche** Rechnungswesen"?

Antwort: Ja, auch in anderen Bereichen werden derartige Informationssysteme genutzt. Ein Beispiel aus der Volkswirtschaftslehre wäre z.B. die **„Volkswirtschaftliche Gesamtrechnung"**, die die Entstehung, Verwendung und Verteilung z.B. des Bruttoinlandsprodukts aufzeigt.

Frage: OK! Dann hätten wir das auch schon abgegrenzt. Aber zurück zu unserem Prüfungsgebiet. Können Sie die Funktionen des betrieblichen Rechnungswesens nennen?

Antwort: Ja, allerdings besteht hier auch **keine Einheitlichkeit, welche Funktionen vom betrieblichen Rechnungswesen erfüllt werden** (vgl. von Eitzen/Zimmermann:

Bilanzierung nach HGB und IFRS, 4. Aufl. 2020, S. 12–16). Typischerweise werden folgende Funktionen unterschieden:

- Dokumentationsfunktion,
- Planungsfunktion,
- Kontrollfunktion.

Frage: Prima! Dann besprechen wir jetzt die Details. Was verstehen Sie unter der „Dokumentationsfunktion" des betrieblichen Rechnungswesens?

Antwort: Im Wesentlichen geht es um die Erfassung von betrieblichen Geschäftsvorfällen der Finanz- und Leistungswirtschaft, um z.B. im externen Rechnungswesen die Vermögens-, Finanz- und Ertragslage des Unternehmens beurteilen zu können.

Frage: [...] und die „Planungsfunktion"?

Antwort: Das Rechnungswesen bzw. die darin enthaltenen (vergangenheitsorientierten) Informationen können auch genutzt werden, um zukünftige Entscheidungen zu fundieren.

Frage: OK! Können Sie das etwas genauer erläutern?

Antwort: Ja! Jede Unternehmensführung setzt eine an wirtschaftlichen Zielgrößen orientierte Planung voraus. Wird bei betriebswirtschaftlichen Entscheidungen rationales Handeln unterstellt, **so müssen diese Entscheidungen im Hinblick auf die Unternehmensziele überprüft werden können**. Dazu dient das Datenmaterial aus dem Rechnungswesen.

Frage: Gut! Dann kommen wir zur Kontrollfunktion. Was ist ihr Inhalt?

Antwort: Die Kontrollfunktion beinhaltet einen Soll-Ist-Vergleich. Mit anderen Worten wird überprüft, ob die ursprünglich geplanten Werte, die sog. Sollwerte (oder auch Planwerte) mit den Istwerten übereinstimmen. Insoweit kann der **Zielerreichungsgrad** ermittelt und im Ergebnis können Verbesserungsprozesse eingeleitet werden.

Frage: Prima! Kennen Sie auch die Funktionen des handelsrechtlichen **Einzel**abschlusses?

Antwort: Ja! Es wird typischerweise die Informationsfunktion und die Zahlungsbemessungsfunktion unterschieden. Die **Informationsfunktion** besagt, dass dem Unternehmen bzw. den vertretungsberechtigten oder handelnden Personen relevante

Informationen für die Unternehmensführung zur Verfügung gestellt werden. Die **Zah-lungsbemessungsfunktion** besagt, dass durch den handelsrechtlichen Einzelabschluss Auszahlungen, wie etwa Gewinnausschüttungen, Steuern, Tantiemen oder andere gewinnabhängige Vergütungen ermittelt werden (vgl. ausführlich: von Eitzen/Zimmermann: Bilanzierung nach HGB und IFRS, 4. Aufl. 2020, S. 15 f. sowie 48 f.).

> **Hinweis:** Die Funktionen des handelsrechtlichen **Konzern**abschlusses werden in Kapitel 5 behandelt.

> **Frage:** OK! Sie haben gerade den Begriff „Auszahlung" benutzt. Da es auch zum Prüfungsgebiet gehört: Grenzen Sie bitte einmal die Begriffe „Auszahlung", „Ausgabe", „Aufwand" und „Kosten" voneinander ab!

Antwort: OK! „Auszahlung" bezeichnet alle Geldabflüsse in Bar. Der Begriff „Ausgabe" erweitert diesen Begriff um die Veränderung der (kurzfristigen) Verbindlichkeiten. „Aufwendungen" bezeichnen grundsätzlich periodisierte Ausgaben. „Kosten" sind der periodisierte betriebsbedingte Wertverzehr, unabhängig davon, ob sie mit „Ausgaben" verbunden waren oder nicht.

> **Frage:** OK! Das haben Sie aber „auf den Punkt" beantwortet. Schauen wir uns diese Abgrenzungen einmal etwas genauer an. Nennen Sie ein Beispiel für Ausgaben ohne Aufwandscharakter.

Antwort: Es handelt sich hierbei um Ausgaben, die **nie** zu Aufwand führen. Ein Beispiel wäre z.B. die Rückzahlung eines Bankkredits, da diese erfolgsneutral erfolgt. Erfolgswirksam waren nur die Zinsaufwendungen für diese Finanzierung.

> **Frage:** Das ist richtig! Machen wir weiter mit den Ausgaben mit Aufwandscharakter. Welche Beispiele fallen Ihnen dazu ein?

Antwort: Hier ist nach dem Zeitpunkt des Aufwands zu differenzieren. Grundsätzlich werden diese Ausgaben auch **Aufwandsaufgaben** genannt. Sofern der Aufwand früher als der Aufwand erfolgt, wäre als Beispiel eine Investitionsausgabe zu nennen. Erfolgt der Aufwand zeitgleich mit der Ausgabe, wäre das z.B. ein Materialeinkauf, der in der gleichen Periode bezahlt und auch verbraucht wurde. Im Übrigen bilden die Ausgaben ohne Aufwandscharakter und die Aufwandsausgaben die **Gesamtausgaben der Periode**.

> **Frage:** Auch das ist richtig! Im Ergebnis sind wir dann beim Gesamtaufwand der Periode angekommen. Was zählt alles dazu?

Antwort: Neben dem o.g. Materialeinkauf zählen Aufwendungen dazu, die entweder zeitversetzt oder nie zu Ausgaben führen. Als ersteres Beispiel kann ein Materialeinkauf dienen, der zwar verbraucht, aber in einer späteren Periode erst bezahlt wurde. Aufwendungen, die nie zu Ausgaben führen wären z. B. eine gebildete Prozessrückstellung, die nicht oder nicht in voller Höhe zu Ausgaben führt, da der Prozess gewonnen wurde.

Frage: [...] hätte dann die Rückstellung nicht erst gar nicht gebildet werden dürfen?

Antwort: Doch! Sie musste gebildet werden, da es sich um eine Verbindlichkeitsrückstellung nach § 249 Abs. 1 Satz 1 HGB handelt. Auch das Vorsichtsprinzip gebietet eine Rückstellungsbildung. § 252 Abs. 1 Nr. 4 HGB führt in diesem Zusammenhang aus:

> **„Es ist vorsichtig zu bewerten, namentlich sind alle vorhersehbaren Risiken und Verluste, die bis zum Abschlussstichtag entstanden sind, zu berücksichtigen**, selbst wenn diese erst zwischen dem Abschlussstichtag und dem Tag der Aufstellung des Jahresabschlusses bekanntgeworden sind; Gewinne sind nur zu berücksichtigen, wenn sie am Abschlussstichtag realisiert sind."

Frage: Gut! Was ist zweckfremder Aufwand und was ist betrieblicher Zweckaufwand? Nennen Sie bitte jeweils ein Beispiel!

Antwort: Sofern in einem Unternehmen des produzierenden Gewerbes nicht betriebsnotwendiges Vermögen, wie etwa ein Grundstück bewirtschaftet würde, handelt es sich um **zweckfremden Aufwand**. Bei dem betrieblichen Zweckaufwand muss weiter differenziert werden [...].

Frage: [...] OK! Welche Abgrenzung ist denn zu treffen?

Antwort: Bei dem betrieblichen Zweckaufwand ist zwischen dem **ordentlichen Zweckaufwand** und dem **außerordentlichen Zweckaufwand** zu unterscheiden.

Frage: Prima! Starten wir einmal mit dem außerordentlichen Zweckaufwand. Was ist darunter zu verstehen und welches Beispiel können Sie dafür nennen?

Antwort: Beim **außerordentlichen Zweckaufwand** ist zunächst zwischen dem **außergewöhnlichem** und dem **periodenfremden** zu unterscheiden. Ein Vermögensgegenstand des Anlagevermögens, der z.B. durch Brand zerstört wurde und der nicht angemessen versichert war, würde zu einem außergewöhnlichen Zweckaufwand führen. Eine Steuerzahlung für Vorjahre, z.B. aufgrund einer Betriebsprüfung, wäre ein Beispiel für einen periodenfremden Zweckaufwand.

Frage: [...] und der ordentliche Zweckaufwand? Was verstehen Sie darunter?

Antwort: Der **ordentliche Zweckaufwand**, der auch als **Grundkosten** bezeichnet wird, liegt etwa beim bewerteten Güterverzehr für die Erstellung der Produkte des Unternehmens vor.

Frage: Was wird üblicherweise als „neutraler Aufwand" bezeichnet?

Antwort: Neutraler Aufwand bezeichnet den zweckfremden Aufwand und den außerordentlichen Zweckaufwand.

Frage: Prima! Sie haben eben den Begriff Grundkosten genannt. Was gehört zu den Kosten der Periode dazu?

Antwort: Neben den Grundkosten werden die **Anderskosten** und die **Zusatzkosten** zu den Kosten der Periode gezählt.

Frage: Gut! Kennen Sie den Oberbegriff für Anders- und Zusatzkosten?

Antwort: Ja, das wären die **kalkulatorischen Kosten**.

Frage: OK! Können Sie mir jetzt noch ein Beispiel für Anderskosten und Zusatzkosten nennen?

Antwort: Ja, gerne. **Anderskosten** wären etwa kalkulatorische Wagnisse oder auch kalkulatorische Abschreibungen. Letztere natürlich nur, wenn sie von den Aufwandsabschreibungen abweichen. Bei den **Zusatzkosten** handelt es sich um kalkulatorische Zinsen, kalkulatorische Mieten und den kalkulatorischen Unternehmerlohn.

Hinweis: Die o. g. Abgrenzungen gehen im Wesentlichen auf Herbert Vornbaum zurück, dessen Handbuch bis heute den Standard in jedem Lehrbuch zur „Allgemeinen Betriebswirtschaftslehre" setzt, um die Unterschiede zwischen Ausgaben, Aufwand und Kosten zu verdeutlichen. Vgl. Vornbaum: Grundlagen des betrieblichen Rechnungswesen. Ein Handbuch, 1. Aufl. 1977.

Kernthema: „Teilgebiete und Adressaten des Rechnungswesens"

Frage: Wechseln wir das Thema. Welche Teilgebiete des Rechnungswesens werden üblicherweise unterschieden?

Antwort: Üblicherweise wird zwischen dem „internen" und dem „externen" Rechnungs-wesen unterschieden.

> **Frage:** [...] worin unterscheiden sich die beiden Rechenwerke grundsätzlich?

Antwort: Aus der Verschiedenheit der Aufgaben und Interessenten hat sich eine Eintei-lung des betrieblichen Rechnungswesens in internes und externes Rechnungswesen ent-wickelt. Während das interne Rechnungswesen im Wesentlichen auf **freiwilliger Basis** erfolgt, ist das externe Rechnungswesen aufgrund von Vorschriften im Handelsgesetz-buch oder den Steuergesetzen (vorzugsweise den Vorschriften der Abgabenordnung und des Einkommensteuergesetzes) für viele Anwender **verpflichtend**.

Das **interne Rechnungswesen i.e.S.** wird häufig in die Kosten- und Leistungsrechnung, Planungsrechnungen und die betriebliche Statistik eingeteilt. Im weiteren Sinne werden diese Inhalte einerseits um die Investitionsrechnung und die Finanzierungsrechnung erweitert, andererseits werden die Planungsrechnung und die Statistik nicht mehr explizit als eigene Aufgaben genannt. Zum **externen Rechnungswesen** wird neben der Finanz- und Nebenbuchhaltung v.a. der handelsrechtliche Jahresabschluss gezählt.

> **Frage:** Prima! Was können Sie uns über die Adressaten des Rechnungswesens erzählen?

Antwort: Zunächst richten sich die aus dem Rechnungswesen gewonnen Informationen an die Gesellschafter (sog. **Shareholder**) bzw. an die Geschäftsführung (bei Selbstorgan-schaft), um z.B. unternehmerische Entscheidungen zahlenmäßig fundieren zu können. Daneben existiert noch eine Vielzahl an Gruppen, die Adressaten des Rechnungswesens sind. Diese lassen sich unter dem Begriff „**Stakeholder**" zusammenfassen. Hierunter können alle (internen) und (externen) Anspruchsgruppen verstanden werden, die von der unternehmerischen Tätigkeit betroffen sind. Wörtlich übersetzt bedeutet Stakehol-der „Teilhaber".

Zu den **internen Anspruchsgruppen**, die nicht Shareholder sind, gehören die Geschäfts-führung (bei Fremdorganschaft) sowie die Mitarbeiter des Unternehmens. Zu den **exter-nen Anspruchsgruppen** zählt insbesondere auch der Staat, der Steuern erhebt.

> **Frage:** OK! Es ist verständlich, dass Ihnen beim mündlichen Steuerberaterexamen bei den externen Anspruchsgruppen zunächst die Steuererhebung durch den Staat ein-fällt. Kennen Sie weitere externe Anspruchsgruppen?

Antwort: Ja. Es handelt sich hier z.B. um die Kunden und Lieferanten des Unternehmens. Daneben um Fremdkapitalgeber. Auch die Wettbewerber werden zu den Stakeholdern gezählt. Neben der Finanzverwaltung können auch noch die Sozialversicherungsträger genannt werden.

Kernthema: „Grundsätze ordnungsmäßiger Buchführung"

Frage: Wechseln wir das Thema. Was verstehen Sie unter den „Grundsätzen ordnungsmäßiger Buchführung"?

Antwort: Bei den „Grundsätzen ordnungsmäßiger Buchführung", kurz: „GoB" handelt es sich um **allgemein anerkannte Regelungen**, wie eine Buchführung und ein Jahresabschluss auszugestalten sind. Für den Jahresabschluss wird in § 243 Abs. 1 HGB und in § 264 Abs. 2 Satz 1 HGB auf diese Grundsätze Bezug genommen.

§ 243 Abs. 1 HGB führt aus:

„Der Jahresabschluss ist nach den **Grundsätzen ordnungsmäßiger Buchführung** aufzustellen".

§ 264 Abs. 2 Satz 1 HGB lautet:

„Der Jahresabschluss der Kapitalgesellschaft hat **unter Beachtung der Grundsätze ordnungsmäßiger Buchführung** ein den tatsächlichen Verhältnissen entsprechendes Bild der Vermögens-, Finanz- und Ertragslage der Kapitalgesellschaft zu vermitteln".

Bei den „GoB" handelt es sich damit um eine **zentrale Forderung** der handelsrechtlichen Rechnungslegung, welche allerdings über § 5 Abs. 1 Satz 1 EStG auch für die Steuerbilanz gilt:

„Bei Gewerbetreibenden, die aufgrund gesetzlicher Vorschriften verpflichtet sind, Bücher zu führen und regelmäßig Abschlüsse zu machen, oder die ohne eine solche Verpflichtung Bücher führen und regelmäßig Abschlüsse machen, ist für den Schluss des Wirtschaftsjahres das Betriebsvermögen anzusetzen (§ 4 Abs. 1 Satz 1), **das nach den handelsrechtlichen Grundsätzen ordnungsmäßiger Buchführung auszuweisen ist**, es sei denn, im Rahmen der Ausübung eines steuerlichen Wahlrechts wird oder wurde ein anderer Ansatz gewählt".

Frage: Prima! Wird auf die „GoB" noch an anderer Stelle des Handelsgesetzbuches Bezug genommen?

Antwort: Ja. Die „Grundsätze ordnungsmäßiger Buchführung" werden z.B. bei folgenden Vorschriften genannt:

- § 238 Abs. 1 HGB,
- § 239 Abs. 4 Satz 1 HGB,
- § 241 Abs. 1 Satz 2 HGB,
- § 241 Abs. 2 HGB,
- § 241 Abs. 3 Nr. 2 HGB,
- § 256 HGB,
- § 257 Abs. 3 Satz 1 HGB.

Hinweis: Die speziellen Grundsätze ordnungsmäßiger Buchführung zur **Konzern-rechnungslegung** werden im Kapitel 5 behandelt.

Frage: OK! Können Sie kurz einige Quellen der „GoB" nennen? Eine besondere Systematik brauchen Sie dabei nicht einhalten.

Antwort: Ja. Als Quellen können genannt werden:
- Guter Kaufmannsbrauch,
- Rechtsprechung,
- Wissenschaft,
- Handelsgesetzbuch.

Frage: Prima! Gibt es eine Systematisierung der „GoB"?

Antwort: Ja. Es gibt eine Vielzahl an „Versuchen" zur Systematisierung der „GoB". Letztlich sind diese zwar verschieden, aber auch nicht überschneidungsfrei. Da diverse Grundsätze seit dem Bilanzrichtlinien-Gesetz (BiRiLiG) vom 19. Dezember 1985 (BGBl. I, S. 2355) im HGB kodifiziert sind, wird häufig zwischen **„oberen GoB"** und **„unteren GoB"** unterschieden. Zu den „oberen GoB" zählen beispielsweise der **Grundsatz der Richtigkeit und Willkürfreiheit** (§ 239 Abs. 2 HGB) und zu den „unteren GoB" die **Aufbewahrungspflicht von Unterlagen** (§ 257 HGB).

Frage: OK! Ist Ihnen noch eine Systematisierung der „GoB" bekannt?

Antwort: Ja. Leffson unterscheidet etwa in Dokumentationsgrundsätze und in Rechenschaftsgrundsätze (vgl. Leffson: Die Grundsätze ordnungsmäßiger Buchführung, 7. Aufl. 1987).

Frage: Gut! Dann starten wir einmal mit den Grundsätzen zur Dokumentation. Können Sie hier einige Grundsätze nennen und evtl. auf deren Kodifizierung im HGB hinweisen?

Antwort: Im Folgenden möchte ich zwischen den Grundsätzen und der evtl. Kodifizierung im HGB unterscheiden.

Grundsätze	Kodifizierung im HGB
Grundsatz des systematischen Aufbaus der Buchführung → **Forderung** nach einem systematischen Kontenplan	→ § 238 Abs. 1 Satz 2
Grundsatz der Sicherung der Vollständigkeit der Konten → **Forderung** nach Schutz der Konten gegen Untergang und Manipulation	n/a
Grundsatz der vollständigen und verständlichen Aufzeichnung → **Forderung** nach Aufzeichnung der Geschäftsvorfälle, z.B. einzeln, in lebender Sprache und in Landeswährung	→ § 239 Abs. 1 → § 239 Abs. 2 → § 244 → § 246 Abs. 1
Beleggrundsatz → **Forderung** nach der Rückverfolgbarkeit eines Geschäftsvorfalls zum Beleg in Entstehung und Entwicklung	→ § 238 Abs. 1 Satz 3
Grundsatz der Einhaltung der gesetzlichen Aufstellungsfristen	→ § 243 Abs. 3 → § 264 Abs. 1
Grundsatz der Einhaltung der gesetzlichen Aufbewahrungsfristen	→ § 238 Abs. 2 → § 257 Abs. 4
Grundsatz der Einrichtung und Aufrechterhaltung eines (internen) Kontrollsystems	n/a

Hinweis: Es wird naturgemäß von keinem Kandidaten in der mündlichen Steuerberaterprüfung erwartet, dass er eine derartige Übersicht wiedergeben kann. Wenn überhaupt könnte eine derartige Übersicht im Verlauf des Prüfungsgesprächs von allen Kandidaten mit Hinweisen des Prüfers – verbal – entwickelt werden. Aus didaktischen Gründen wurde im Rahmen dieses Vorbereitungslehrbuchs allerdings diese Darstellungs-/Vermittlungsform gewählt.

Frage: Prima! Können Sie uns diese Übersicht auch für die Grundsätze zur Rechenschaft geben?

Antwort: Ja, gerne!

Grundsätze	Kodifizierung im HGB
Grundsatz der Richtigkeit und Willkürfreiheit	→ § 239 Abs. 2
Grundsatz der Klarheit	→ § 243 Abs. 2
Grundsatz der Vollständigkeit	→ § 239 Abs. 2, § 246 Abs. 1

Die vorstehenden Grundsätze werden in Summe auch **Rahmengrundsätze** genannt.

Grundsätze	Kodifizierung im HGB
Realisationsgrundsatz	→ § 252 Abs. 1 Nr. 4, § 253 Abs. 1
Abgrenzungsgrundsatz	→ § 252 Abs. 1 Nr. 5
Imparitätsgrundsatz	→ § 252 Abs. 1 Nr. 4

Die vorstehenden Grundsätze werden in Summe auch **Abrechnungsgrundsätze** oder **Grundsätze für den Jahreserfolg** genannt.

Grundsätze	Kodifizierung im HGB
Grundsatz der Stetigkeit	→ § 252 Abs. 1 Nr. 6
Grundsatz der Vorsicht	→ § 252 Abs. 1 Nr. 4

Die vorstehenden Grundsätze werden in Summe auch **ergänzende Grundsätze** genannt.

4.   Externe Rechnungslegung nach HGB: Einzelabschluss

4.1 Themenbereich im Überblick: Das sollen Sie lernen!

Die HGB-Rechnungslegung hat in den letzten Jahren auch in der schriftlichen Prüfung erneut an Bedeutung gewonnen. Während „früher" lediglich in einigen Teilaufgaben evtl. **Abweichungen der Steuerbilanz von der Handelsbilanz** thematisiert wurden, ist es seit wenigstens einem Jahrzehnt in allen Klausuren „aus dem Gebiet der Buchführung und des Bilanzwesens", d.h. der sog. „Bilanzsteuerrechtsklausur" üblich, diese Abweichungen bei allen Teilaufgaben detailliert darzustellen. Daneben werden auch Aussagen zu evtl. Steuerlatenzen nach § 274 HGB von den Kandidaten erwartet, obwohl es sich hierbei um ein rein handelsrechtliches Thema handelt.

In der schriftlichen Prüfung mussten Sie daher unter Angabe der einschlägigen Vorschriften erläutern, wie dargestellte Einzelsachverhalte handels- und steuerrechtlich zu behandeln sind. Ferner wurde Ihnen die Vorgabe gemacht, die Bilanzansätze auf einen Stichtag zu ermitteln und die für die Erstellung der Handels- und Steuerbilanz zum Stichtag noch erforderlichen Buchungssätze anzugeben. Kurzum: Es kam – neben einem vorausgesetzten Fachwissen – insbesondere auf die **Klausurtechnik** an.

In der mündlichen Steuerberaterprüfung sind allerdings darüber hinaus weitere Themenfelder prüfungsrelevant. Während die Aufgaben in „der Schriftlichen" v.a. und fast ausschließlich quantitativ ausgelegt waren und zum Ziel hatten einen Bilanzansatz zu einem bestimmten Stichtag zu ermitteln, sind die **Fragen „der Mündlichen" zur HGB-Rechnungslegung eher qualitativ angelegt**. Es handelt sich damit eher um „Verständnisfragen". Häufig sollen Sie etwas „nennen", „aufzählen", „erläutern", „beschreiben" oder „abgrenzen". Es empfiehlt sich die §§ 238–289 HGB vor der Prüfung einmal komplett gelesen zu haben. Einige „Dauerbrenner" werden nachfolgend in den „Fragen und Antworten" behandelt.

4.2 Fragen und Antworten

Kernthema: „Bilanzauffassungen"

> **Frage:** Wir haben viel über die „Grundlagen des betrieblichen Rechnungswesens" bzw. über „Bilanzierung gesprochen. Was ist eigentlich eine Bilanz?

Antwort: In der Bilanz sind das Anlage- und das Umlaufvermögen, das Eigenkapital, die Schulden sowie die Rechnungsabgrenzungsposten gesondert auszuweisen und hinreichend aufzugliedern (§ 247 Abs. 1 HGB).

Frage: OK! Welchen Zweck soll eigentlich eine Bilanz erfüllen?

Antwort: Es wird typischerweise die Informationsfunktion und die Zahlungsbemessungsfunktion unterschieden. Die Informationsfunktion besagt, dass dem Unternehmen bzw. den vertretungsberechtigten oder handelnden Personen relevante Informationen für die Unternehmensführung zur Verfügung gestellt werden. Die Zahlungsbemessungsfunktion besagt, dass durch den handelsrechtlichen Einzelabschluss Auszahlungen, wie etwa Gewinnausschüttungen, Steuern, Tantiemen oder andere gewinnabhängige Vergütungen ermittelt werden (vgl. ausführlich: von Eitzen/Zimmermann: Bilanzierung nach HGB und IFRS, 4. Aufl. 2020, S. 15 f. sowie 48 f.).

Frage: Das war die Antwort nach den Funktionen des handelsrechtlichen Einzelabschlusses. Offenbar habe ich unpräzise gefragt. Welche Bilanzauffassungen kennen Sie?

Antwort: Es gibt viele Bilanzauffassungen bzw. Bilanztheorien. Typischerweise werden die drei folgenden unterschieden:
- statische Bilanzauffassung,
- dynamische Bilanzauffassung
- organische Bilanzauffassung.

Frage: Sehr gut! Dann haben Sie bereits die laut h. M. bedeutendsten traditionellen Bilanztheorien genannt. Was ist aber eigentlich eine „Bilanztheorie"?

Antwort: Es handelt sich hierbei um wissenschaftliche bzw. bilanztheoretische Bilanzauffassungen, die sich v.a. hinsichtlich des Inhalts und der Aufgaben der Bilanz unterscheiden.

Frage: […] sind es dann Bilanztheorien oder Bilanzauffassungen?

Antwort: Üblicherweise werden die Begriffe „Bilanztheorie" und „Bilanzauffassung" gleichermaßen verwendet, um verschiedene Konzepte zur Bilanz zu beschreiben. Federmann/Müller (Bilanzierung nach Handelsrecht, Steuerrecht und IFRS. 13. Aufl. 2018, S. 147) bringen es aber auf den Punkt, wenn sie ausführen:

> „Die wissenschaftliche Beschäftigung mit Bilanzen reicht bis an den Anfang des 20. Jahrhunderts zurück und hat eine Vielzahl von „Auffassungen" hervorgebracht, die allerdings **nur selten den Anspruch einer Theorie im Sinne eines umfassenden, geschlossenen und begründbaren Aussagesystems erfüllen.**"

Frage: OK! Dann erläutern Sie uns bitte die „statische Bilanzauffassung"!

Antwort: Nach der statischen Bilanzauffassung ist die richtige Vermögensermittlung am Bilanzstichtag der Hauptzweck der Bilanz. Diese Bilanzauffassung wurde im Wesentlichen von Simon begründet (Die Bilanzen der Aktiengesellschaften. 3. Aufl. 1899). Es soll also das Reinvermögen, d.h. das Eigenkapital, ermittelt werden.

Es haben sich in diesem Zusammenhang zwei Ausprägungen herausgebildet, die Fortführungsstatik und die Zerschlagungsstatik. Während die Fortführungsstatiker von der Fortführung der Unternehmenstätigkeit ausgehen, wollen die Vertreter der Zerschlagungsstatik das Vermögen quasi als Schuldendeckungspotential ermittelt wissen.

> **Hinweis:** Die Einteilung in eine „Fortführungsstatik" und eine „Zerschlagungsstatik" geht auf Moxter (Bilanzlehre. Bd. I Einführung in die Bilanztheorie. 1. Aufl. 1974, S. 6) zurück. Vgl. hierzu auch die gute Zusammenfassung in: Baetge/Kirsch/Thiele: Bilanzen. 16. Aufl. 2021, S. 14–19.

> **Frage:** [...] und die „dynamische Bilanzauffassung"?

Antwort: Bei der dynamischen Bilanzauffassung steht nicht die richtige Darstellung des Reinvermögens im Vordergrund, sondern der Erfolg einer Periode. Im Ergebnis erfolgt das nicht durch „Betriebsvermögensvergleich", sondern durch eine periodengerechte Zuordnung aller Einnahmen und Ausgaben. In der Grundform geht diese Bilanzauffassung auf Schmalenbach (Dynamische Bilanz. 11. Aufl. 1953) zurück, der die Bilanz als sog. „Kräftespeicher der Unternehmung" bezeichnet (S. 59).

> **Frage:** Gut. Kommen wir nun zur „organischen Bilanzauffassung". Was verstehen Sie darunter?

Antwort: Die organische Bilanztheorie ist im Gegensatz zur statischen und dynamischen dualistisch geprägt, da sie die Aufgabe der Bilanz in der gleichzeitigen Erfolgs- und Vermögensermittlung sieht. Die organische Bilanztheorie geht auf Schmidt (Die organische Bilanz im Rahmen der Wirtschaft. 3. Aufl. 1951) zurück.

> **Frage:** [...] das ist bis jetzt wenig „originell" von Schmidt. Ich verbinde die statische und die dynamische Auffassung und erhalte meine eigene neue Auffassung?

Antwort: Nein, so kann man das nicht sagen. Schmidt fügt als eigene Ansicht noch die Geldwertänderung hinzu. Seiner Ansicht nach sind Gewinne, die inflationsbedingt sind, nicht zu berücksichtigen, da es sich hierbei nicht um einen positiven Erfolg handelt. Im Ergebnis sollen sog. Scheingewinne separat auf einem eigenen Konto „Wertänderungen am ruhenden Vermögen" erfasst werden (Schmidt, S. 107).

Frage: Wie ich es bereits angedeutet habe, gehören die bisher besprochenen Ansätze zu den traditionellen Bilanzauffassungen. Kennen Sie auch „neuere" Bilanzauffassungen?

Antwort: Ja. Es gibt z. B. Ansätze zu Kapitalerhaltungskonzepten, Konzepte zur kapitalmarktorientierten Rechnungslegung sowie das Konzept der „integrierten Berichterstattung".

Frage: Das Konzept der Kapitalerhaltung erinnert mich gerade an die organische Bilanzauffassung. Kann das sein?

Antwort: Ja. Hierbei steht allerdings im Vordergrund, dass Scheingewinne nicht ausgeschüttet und auch nicht besteuert werden sollen. Die Konzepte gehen v. a. auf Hax (Die Substanzerhaltung der Betriebe. 1. Aufl. 1957) und Feuerbaum (Die polare Bilanz. 1. Aufl. 1966) zurück.

Frage: Sie sprachen noch von Konzepten zur kapitalmarktorientierten Rechnungslegung. Was ist das?

Antwort: Hier ist insbesondere an das Konzept **„decision usefulness"** des International Accounting Standards Board (IASB) zu denken. Die Zielsetzung von sog. IFRS-Abschlüssen regelt das Framework, also das Rahmenkonzept der IFRS. Da in IASB-F.OB1 nur von einer **„reporting entity"** gesprochen wird, gelten die Grundsätze gleichermaßen für den Einzel- als auch für den Konzernabschluss. IFRS-Abschlüsse verfolgen ausschließlich einen Informationszweck. Nach IASB-F.OB2 sollen Informationen über das Unternehmen geliefert werden, die für die Adressaten des Abschlusses nützlich sind. Im Ergebnis soll z.B. eine Beurteilung über die Bonität des Unternehmens möglich sein (IASB-F.OB13). Ferner soll es dann für die Adressaten des Jahresabschlusses möglich sein, wirtschaftliche Entscheidungen auf Basis der Daten des Jahresabschlusses zu treffen (IASB-F.OB4).

Frage: Gut. Und welchen Zweck verfolgt die integrierte Berichterstattung?

Antwort: Das **Konzept der integrierten Berichterstattung** (sog. **„integrated reporting"**) soll die Berichterstattung über finanzielle Informationen mit nichtfinanziellen Informationen verbinden. Es soll also in einem Bericht – neben den „klassischen" Daten aus dem Jahresabschluss – auch über ökologische, soziale und gesellschaftliche Aspekte berichtet werden.

Hinweis: Ein gelungener Überblick über wesentliche Bilanzauffassungen ist bei Federmann/Müller (Bilanzierung nach Handelsrecht, Steuerrecht und IFRS. 13. Aufl. 2018, S. 150 zu finden. Die entsprechende Abbildung A-43 wird im Folgenden im Original wiedergegeben.

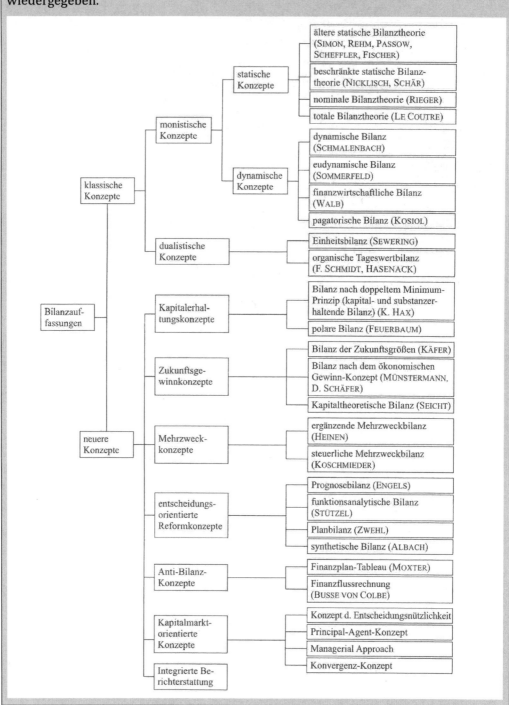

Frage: [...] ist die „Idee" zur integrierten Berichterstattung neu?

Antwort: Nein, nicht wirklich. In zeitlicher Nähe zueinander haben der International Integrated Reporting Council (kurz: IIRC) 2013 ein Rahmenkonzept zum sog. **„integrated reporting"** beschlossen und am 22.10.2014 wurde die sog. **„CSR-Richtlinie"** durch das Europäische Parlament und den Europäischen Rat verabschiedet. Aktuell wurde die Corporate Sustainability Reporting Directive (kurz: „CSRD") am 10. November 2022 durch das Europäische Parlament und am 28. November 2022 durch den Europäischen Rat verabschiedet.

Frage: [...] letztlich geht es also um Nachhaltigkeitsberichterstattung?

Antwort: Ja.

Frage: [...] ist das denn ein neues Thema in der HGB-Rechnungslegung?

Antwort: Nein, denn die Berichterstattung über nichtfinanzielle Informationen ist in § 289b HGB umgesetzt.

Frage: OK! § 289b HGB gilt für Geschäftsjahre, die nach dem 31.12.2016 begonnen haben. Also gab es früher keine nichtfinanzielle Berichterstattung?

Antwort: Doch, allerdings direkt im Lagebericht. § 289 Abs. 3 HGB führt hierzu aktuell aus:

> „Bei einer großen Kapitalgesellschaft (§ 267 Abs. 3) gilt Absatz 1 Satz 3 entsprechend für nichtfinanzielle Leistungsindikatoren, wie Informationen über Umwelt- und Arbeitnehmerbelange, soweit sie für das Verständnis des Geschäftsverlaufs oder der Lage von Bedeutung sind."

Frage: [...] und seit wann existiert dieser Abs. 3 in § 289 HGB?

Antwort: Seit 2004!

Hinweis: In der Tat wurde § 289 Abs. 3 HGB zu den nichtfinanziellen Leistungsindikatoren bereits 2004 (sic!) eingeführt, und zwar mit dem „Gesetz zur Einführung internationaler Rechnungslegungsstandards und zur Sicherung der Qualität der Abschlussprüfung (Bilanzrechtsreformgesetz – BilReG)" vom 04.12.2004. Der Wortlaut aus Art. 1 Nr. 9 Buchstabe c:

„(3) Bei einer großen Kapitalgesellschaft (§ 267 Abs. 3) gilt Absatz 1 Satz 3 entsprechend für nichtfinanzielle Leistungsindikatoren, wie Informationen über Umwelt- und Arbeitnehmerbelange, soweit sie für das Verständnis des Geschäftsverlaufs oder der Lage von Bedeutung sind."

wurde bis heute, also seit neunzehn Jahren, kein einziges Mal – weder inhaltlich noch redaktionell – angepasst.

Frage: Kommen wir zurück zur CSRD. Warum sollten Sie diese als (angehender) Steuerberater kennen?

Antwort: Die Nachhaltigkeitsberichterstattung ist ab 2025 in den Lagebericht bzw. in den Konzernlagebericht zu integrieren.

Frage: [...] das freut den „Mittelständler" aber gar nicht. Gibt es „Befreiungen"?

Antwort: Nur die großen Kapitalgesellschaften und nach § 264a HGB gleichgestellte Personenhandelsgesellschaften haben diese Berichtpflicht zu erfüllen sowie alle zur Konzernrechnungslegung verpflichteten Muttergesellschaften.

Frage: Können Sie kurz darstellen, welche Bereiche in einer Nachhaltigkeitsberichterstattung adressiert werden müssen?

Antwort: Ja, die Anforderungen ergeben sich u. a. aus Art. 19a Abs. 2 CSRD; im Einzelnen:

a. eine kurze Beschreibung von Geschäftsmodell und Strategie des Unternehmens, einschließlich Angaben

 i. zur Widerstandsfähigkeit von Geschäftsmodell und Strategie des Unternehmens gegenüber Risiken im Zusammenhang mit Nachhaltigkeitsaspekten;

 ii. zu den Chancen des Unternehmens im Zusammenhang mit Nachhaltigkeitsaspekten;

 iii. zu der Art und Weise, einschließlich Durchführungsmaßnahmen und zugehörigen Finanz- und Investitionsplänen, wie das Unternehmen beabsichtigt sicherzustellen, dass sein Geschäftsmodell und seine Strategie mit dem Übergang zu einer nachhaltigen Wirtschaft und der Begrenzung der Erderwärmung auf 1,5 °C im Einklang mit dem am 12. Dezember 2015 angenommenen Übereinkommen von Paris im Rahmen des Rahmenübereinkommens der Vereinten Nationen über Klimaänderungen (im Folgenden „Übereinkommen von Paris") und dem in der Verordnung (EU) 2021/1119 des Europäischen Parlaments und des Rates [2] verankerten Ziel der Verwirklichung der Klimaneutralität bis 2050 vereinbar sind, und gegebenenfalls die Exposition des Unternehmens gegenüber Aktivitäten mit Bezug zu Kohle, Öl und Gas;

iv. zu der Art und Weise, wie das Unternehmen den Belangen seiner Interessenträger und den Auswirkungen seiner Tätigkeiten auf Nachhaltigkeitsaspekte in seinem Geschäftsmodell und seiner Strategie Rechnung trägt;

v. zu der Art und Weise, wie die Strategie des Unternehmens im Hinblick auf Nachhaltigkeitsaspekte umgesetzt wird;

b. eine Beschreibung der zeitgebundenen Nachhaltigkeitsziele, die sich das Unternehmen gesetzt hat, gegebenenfalls einschließlich der absoluten Ziele für die Verringerung der Treibhausgasemissionen mindestens für 2030 und 2050, eine Beschreibung der Fortschritte, die das Unternehmen im Hinblick auf die Erreichung dieser Ziele erzielt hat, und eine Erklärung, ob die auf Umweltfaktoren bezogenen Ziele des Unternehmens auf schlüssigen wissenschaftlichen Beweisen beruhen;

c. eine Beschreibung der Rolle der Verwaltungs-, Leitungs- und Aufsichtsorgane im Zusammenhang mit Nachhaltigkeitsaspekten sowie ihres Fachwissens und ihrer Fähigkeiten zur Wahrnehmung dieser Rolle oder ihres Zugangs zu solchem Fachwissen und solchen Fähigkeiten;

d. eine Beschreibung der Unternehmenspolitik hinsichtlich Nachhaltigkeit;

e. Angaben über das Vorhandensein von mit Nachhaltigkeitsaspekten verknüpften Anreizsystemen, die Mitgliedern der Verwaltungs-, Leitungs- und Aufsichtsorgane angeboten werden;

f. eine Beschreibung

i. des vom Unternehmen mit Blick auf Nachhaltigkeitsaspekte und gegebenenfalls im Einklang mit den Anforderungen der Union für Unternehmen zur Durchführung eines Due-Diligence-Prozesses durchgeführten Due-Diligence-Prozesses;

ii. der wichtigsten tatsächlichen oder potenziellen negativen Auswirkungen, die mit der eigenen Geschäftstätigkeit des Unternehmens und mit seiner Wertschöpfungskette, einschließlich seiner Produkte und Dienstleistungen, seiner Geschäftsbeziehungen und seiner Lieferkette, verknüpft sind, der Maßnahmen zur Ermittlung und Überwachung dieser Auswirkungen, und anderer negativer Auswirkungen, die das Unternehmen gemäß anderen Anforderungen der Union für Unternehmen zur Durchführung eines Due-Diligence-Prozesses ermitteln muss;

iii. jeglicher Maßnahmen des Unternehmens zur Verhinderung, Minderung, Behebung oder Beendigung tatsächlicher oder potenzieller negativer Auswirkungen und des Erfolgs dieser Maßnahmen;

g. eine Beschreibung der wichtigsten Risiken, denen das Unternehmen im Zusammenhang mit Nachhaltigkeitsaspekten ausgesetzt ist, einschließlich einer Beschreibung der wichtigsten Abhängigkeiten in diesem Bereich, und der Handhabung dieser Risiken durch das Unternehmen;

h. Indikatoren, die für die unter den Buchstaben a bis g genannten Offenlegungen relevant sind.

> **Hinweis:** Das Thema „Nachhaltigkeitsberichterstattung" wird ab dem Jahre 2023 strukturierter in Wissenschaft und Praxis diskutiert. Viele „Unschärfen" werden aktuell beseitigt. Sowohl die Wirtschaftsprüferkammer (kurz: „WPK") als auch das Institut der Wirtschaftsprüfer in Deutschland e. V. (kurz: „IDW") hat sich vermehrt mit diesem Thema bzw. diesem Themenkomplex beschäftigt. Aktuell hat die sog. EFRAG („European Financial Reporting Advisory Group") zwölf Einzelstandards veröffentlicht. Hinsichtlich weiterführender Informationen wird auf: Needham/Warnke/Müller: Novellierung der Regelungen zur Nachhaltigkeitsberichterstattung: Ausweitung des Anwenderkreises – verbindliche Berichtsstandards – Einführung einer Prüfungspflicht, in: Stbg, 5/2023, S. 184-190 sowie https://www.wpk.de/nachhaltigkeit/kompass/bedeutung-der-nachhaltigkeit-fuer-den-berufsstand/

Kernthema: „Bestandteile des Jahresabschlusses"

> **Frage:** Können Sie noch einmal kurz die Bestandteile des Jahresabschlusses nennen?

Antwort: Ja. Der Jahresabschluss besteht grundsätzlich aus einer Bilanz und der Gewinn- und Verlustrechnung. Das ist in § 242 Abs. 3 HGB niedergelegt.

> **Frage:** [...] besteht der Jahresabschluss immer nur aus der Bilanz und der Gewinn- und Verlustrechnung?

Antwort: Nein. Kapitalgesellschaften müssen den Jahresabschluss um einen Anhang erweitern.

§ 247 Abs. 1 Satz 1 HGB führt hierzu aus:

> „Die gesetzlichen Vertreter einer Kapitalgesellschaft haben den Jahresabschluss (§ 242) um einen Anhang zu erweitern, der mit der Bilanz und der Gewinn- und Verlustrechnung eine Einheit bildet, sowie einen Lagebericht aufzustellen."

> **Frage:** Der Jahresabschluss besteht dann also aus der Bilanz, der Gewinn- und Verlustrechnung, einem Anhang und dem Lagebericht?

Antwort: Nein. Ein Lagebericht, dessen gesetzliche Grundlage sich im Übrigen in § 289 HGB befindet, ist zwar von mittelgroßen und großen Kapitalgesellschaften aufzustellen. Er ist allerdings nach der gesetzlichen Systematik **nicht Teil des Jahresabschlusses**.

Kernthema: „Bilanzierungs- und Bewertungsgrundsätze"

Frage: Dann halten wir einmal fest. Der Jahresabschluss besteht bei Kapitalgesellschaften aus einer Bilanz, einer Gewinn- und Verlustrechnung und einem Anhang. Neben dem Jahresabschluss ist ferner ggf. noch ein Lagebericht aufzustellen. Jetzt schauen wir uns einmal die **Grundsätze zur Aufstellung des Jahresabschlusses** an. Welche fallen Ihnen ein?

Antwort: Bei Kapitalgesellschaften existiert eine sog. Generalnorm, die in § 264 Abs. 2 HGB niedergelegt ist. Danach hat der Jahresabschluss ein den **tatsächlichen Verhältnissen entsprechendes Bild des Vermögens-, Finanz- und Ertragslage** der Gesellschaft zu vermitteln.

Frage: Können Sie uns einige weitere Bilanzierungs- und Bewertungsgrundsätze nennen?

Antwort: Ja, das wären u.a.:

* Materielle Grundsätze,
* Ansatzgrundsätze,
* Bewertungsgrundsätze,
* Vorsichtsprinzip,
* Periodisierungsprinzip.

Frage: Gut! Dann werden wir uns diese Grundsätze bzw. Prinzipien im Folgenden einmal genauer ansehen. Was verstehen Sie unter materiellen Grundsätzen?

Antwort: Zunächst ist hier das **Vollständigkeitsgebot** des § 246 Abs. 1 HGB zu nennen, wonach alle Vermögensgegenstände und Schulden, Rechnungsabgrenzungsposten sowie alle Aufwendungen und Erträge zu erfassen sind.

Ferner wird hierzu der **Grundsatz der Richtigkeit** sowie **Grundsatz der Willkürfreiheit** gezählt, welche allerdings teilweise bereits Bestandteil der „Grundsätze ordnungsmäßiger Buchführung" sind.

Frage: Dann kommen wir zu den Ansatzgrundsätzen. Welche kennen Sie?

Antwort: Hier können folgende Grundsätze genannt werden:

- Verrechnungsverbot (§ 246 Abs. 2 HGB),
- Ansatzstetigkeit (§ 246 Abs. 3 HGB),
- Bilanzidentität (§ 252 Abs. 1 Nr. 1 HGB).

Frage: Gut! Dann schauen wir uns einmal die Bewertungsgrundsätze an. Was verstehen Sie darunter?

Antwort: Bewertungsgrundsätze finden sich v.a. in § 252 Abs. 1 HGB. Hierunter fallen:

- Stichtagsbezogenheit (§ 252 Abs. 1 Nr. 4 HGB),
- Grundsatz zur Fortführung der Unternehmenstätigkeit (§ 252 Abs. 1 Nr. 2 HGB),
- Grundsatz der Einzelbewertung (§ 252 Abs. 1 Nr. 3 HGB),
- Grundsatz der Bewertungsstetigkeit (§ 252 Abs. 1 Nr. 6 HGB).

Frage: Kommen wir nun zum Vorsichtsprinzip. Was wird darunter verstanden?

Antwort: Das Vorsichtsprinzip zeigt sich auch in anderen Bilanzierungs- und Bewertungsgrundsätzen, die insbesondere im § 252 und § 253 HGB niedergelegt sind. Im Einzelnen können folgende Grundsätze genannt werden:

- Realisationsprinzip (§ 252 Abs. 1 Nr. 4 HGB),
- Imparitätsprinzip (§ 252 Abs. 1 Nr. 4 HGB),
- Mindestwertprinzip (§ 253 Abs. 3 Satz 1 HGB),
- Höchstwertprinzip (§ 253 Abs. 1 HGB),
- Anschaffungswertprinzip (§ 253 Abs. 1 HGB).

Frage: Kommen wir abschließend zum Periodisierungsprinzip. Was verstehen Sie darunter?

Antwort: Nach § 252 Abs. 1 Nr. 5 HGB sind Aufwendungen und Erträge des Geschäftsjahres unabhängig von dem Zeitpunkt der entsprechenden Zahlungen im Jahresabschluss zu berücksichtigen.

Frage: Können Sie uns kurz einen Überblick über die Bilanzierungsregeln in der Handelsbilanz geben? Also darüber, was es für Bilanzierungs**gebote**, Bilanzierungs**verbote** und Bilanzierungs**wahlrechte** gibt?

Antwort: Ja, das kann ich gerne machen. Als Bilanzierungs**gebot** kommt als erstes § 246 Abs. 1 HGB in Betracht. Dieser besagt, dass der Jahresabschluss und sämtliche Vermögensgegenstände, Schulden, Rechnungsabgrenzungsposten sowie Aufwendungen und Erträge zu enthalten hat, soweit gesetzlich nichts anderes bestimmt ist. Ferner sind alle

Rückstellungen, die in § 249 Abs. 1 HGB genannt sind, zwingend zu bilanzieren. Gleiches gilt für Rechnungsabgrenzungsposten, sofern sie die Voraussetzungen des § 250 HGB erfüllen.

Bilanzierungs**verbote** sind expressis verbis in § 248 Abs. 1 HGB genannt und umfassen:

- Aufwendungen für die Gründung eines Unternehmens,
- Aufwendungen für die Beschaffung des Eigenkapitals und
- Aufwendungen für den Abschluss von Versicherungsverträgen.

Für Rückstellungen, die expressis verbis nicht in § 249 Abs. 1 HGB genannt sind, existiert nach § 249 Abs. 2 Satz 1 HGB ein Bilanzierungsverbot.

Bewertungs- bzw. Aktivierungswahlrechte bestehen für folgende Posten:

- Selbstgeschaffene immaterielle Vermögensgegenstände (§ 248 Abs. 2 Satz 1 HGB),
- Disagio (§ 250 Abs. 3 HGB),
- Aktive latente Steuern (§ 274 Abs. 1 Satz 2 HGB).

Kernthema: „Basiselemente der Bilanzierung"

Frage: Gut! Dann haben wir bereits einige Grundlagen zum Einzelabschluss nach HGB besprochen. Wie prüfen Sie denn grundsätzlich die Bilanzierung von Vermögensgegenständen und Schulden zu einem Stichtag, d. h. welche Fragen sind bei jeder Jahresabschlusserstellung zu beachten? Kleiner Tipp: Diese Fragestellungen werden auch häufig als „**Basiselemente der Bilanzierung**" bezeichnet.

Antwort: Diese Einteilung ist mir bekannt. Es sind bei jedem Posten der Bilanz folgende Fragen zu beantworten:

- Bilanzierung **dem Grunde nach** (Bilanzansatz),
- Bilanzierung **der Höhe nach** (Bilanzbewertung) und
- Bilanzierung **der Stelle nach** (Bilanzausweis).

Frage: OK! Dann werden wir uns diese Basiselemente der Bilanzierung einmal der Reihe nach ansehen. Was verstehen Sie unter der Bilanzierung dem Grunde nach?

Antwort: Zunächst ist hier die **abstrakte Bilanzierungsfähigkeit** z.B. eines Vermögensgegenstands zu prüfen. Abstrakt bilanzierungsfähig ist ein Vermögensgegenstand, wenn er selbständig **be**wertbar ist. Hierzu erforderlich ist natürlich ein sachgerechter Bewertungsmaßstab. In der Regel wird ein Vermögensgegenstand als selbständig **be**wertbar angesehen, wenn er Aufwendungen verursacht hat.

Daneben muss der Vermögensgegenstand selbständig **ver**wertbar sein, d.h. er muss eine selbstständige Verkehrsfähigkeit aufweisen, **damit er einzeln veräußert werden kann**.

Abschließend muss der Vermögensgegenstand einen wirtschaftlichen Wert darstellen, d.h. der Vermögensgegenstand muss einen **zukünftigen Nutzen** für das Unternehmen darstellen.

Sofern die abstrakte Bilanzierungsfähigkeit bejaht wird, muss abschließend geprüft werden, ob eine **konkrete Bilanzierungsfähigkeit** vorliegt. Dafür müssen weitere Vorrausetzungen erfüllt sein, wie beispielsweise:

- Zurechnung zum Betriebsvermögen,
- Kein explizites Bilanzierungsverbot,
- Kein explizites Bilanzierungswahlrecht.

Frage: Was verstehen Sie unter dem Bilanzansatz der Höhe nach?

Antwort: Nach der Entscheidung, ob z.B. ein Vermögensgegenstand dem Grunde nach zu bilanzieren ist, stellt sich die Frage nach der Höhe des Ansatzes. Hierbei ist zu unterscheiden, ob es sich um eine Ersterfassung eines Vermögensgegenstandes handelt oder, ob dieser schon mehrere Bilanzstichtage zum Betriebsvermögen gehörte. In diesem Zusammenhang spricht man von verschiedenen Wertbegriffen bei der **Zugangsbewertung** und der **Folgebewertung**.

Frage: OK! Der Bilanzansatz der Höhe nach müsste allen noch aus der Bilanzsteuerrechtsklausur präsent sein, bei der Sie bei verschiedenen Bilanzierenden, d.h. üblicherweise bei einem Einzelunternehmen, einer Mitunternehmergemeinschaft und einer Kapitalgesellschaft Ihr entsprechendes Wissen und die abweichende Bewertung in der Handels- und Steuerbilanz aufzeigen konnten. Von daher kommen wir direkt einmal zur Bilanzierung der Stelle nach. Was verstehen Sie darunter?

Antwort: Aufgrund der Vielzahl an Geschäftsvorfällen ist es aus dem Grundsatz der Klarheit der Bilanzierung erforderlich, eine entsprechende Bilanzgliederung vorzuschreiben, um so in der Bilanz enthaltende Informationen übersichtlich aufzubauen und darzustellen.

Frage: OK! Das ist zwar richtig, aber Sie haben das etwas abstrakt dargestellt. Könnten Sie das bitte konkretisieren, d.h. gibt es eine Mindestgliederung einer Bilanz?

Antwort: Ja, die gibt es. § 247 Abs. 1 HGB schreibt vor, dass in die Bilanz das Anlage- und das Umlaufvermögen, das Eigenkapital, die Schulden sowie die Rechnungsabgrenzungsposten gesondert auszuweisen und hinreichend aufzugliedern sind.

Frage: Ja, das ist grundsätzlich richtig. Allerdings gilt diese Einteilung nur für Einzelunternehmen und Personenhandelsgesellschaften. Was gilt für Kapitalgesellschaften?

Antwort: Für Kapitalgesellschaften gelten die Gliederungsvorschriften des § 266 HGB. Danach ist die Bilanz in Kontoform aufzustellen und hat diverse Mindestbestandteile zu erfüllen, die in § 266 Abs. 2 und Abs. 3 HGB genannt sind.

Frage: Können Sie kurz die Oberpunkte nennen, wie die Aktivseite der Bilanz zu gliedern ist?

Antwort: Ja, es sind hier folgende Gliederungspunkte zu beachten:

- Anlagevermögen,
- Umlaufvermögen,
- Rechnungsabgrenzungsposten,
- Aktive latente Steuern,
- Aktiver Unterschiedsbetrag aus der Vermögensverrechnung.

Frage: OK! Wie ist die Passivseite der Bilanz mindestens zu gliedern?

Antwort: Hier sind folgende Posten vorgesehen:

- Eigenkapital,
- Rückstellungen,
- Verbindlichkeiten,
- Rechnungsabgrenzungsposten,
- Passive latente Steuern.

Kernthema: „Gewinn- und Verlustrechnung"

Frage: Wechseln wir das Thema. Kommen wir nun zur Gewinn- und Verlustrechnung. Was können Sie uns grundsätzlich zur Gliederung der Gewinn- und Verlustrechnung erzählen?

Antwort: Nach § 275 Abs. 1 HGB ist die Gewinn- und Verlustrechnung im Gegensatz zur Bilanz in Staffelform aufzustellen. Es existieren zwei Verfahren namentlich das **Gesamtkostenverfahren** und das **Umsatzkostenverfahren**.

Frage: Kommen beide Verfahren zu identischen Ergebnissen?

Antwort: Ja, allerdings auf unterschiedlichem Wege. Während das Gesamtkostenverfahren die Kosten **nach Kostenarten** z.B. Materialkosten, Personalkosten oder Abschreibungen gruppiert, werden beim Umsatzkostenverfahren die Kosten **nach betrieblichen Funktionsbereichen**, wie etwa Produktion, Vertrieb oder allgemeine Verwaltung eingeteilt.

> **Frage:** Können Sie eine Gewinn- und Verlustrechnung, die nach dem Gesamtkostenverfahren aufgestellt wurde in das Umsatzkostenverfahren „überleiten"?

Antwort: Ja, das ist möglich. Allerdings bedarf es bei der Überleitung des Gesamtkostenverfahrens in ein Umsatzkostenverfahren detaillierter Kenntnisse aus der Kostenrechnung, um die entsprechenden Erträge und Aufwendungen den Bereichen **Herstellung**, **Verwaltung** und **Vertrieb** zuordnen zu können.

> **Frage:** OK! Das ist richtig. Endet jede Gewinn- und Verlustrechnung mit dem Posten „Jahresüberschuss/Jahresfehlbetrag"?

Antwort: Grundsätzlich ist das bei dem Gesamtkostenverfahren nach § 275 Abs. 2 HGB und dem Umsatzkostenverfahren nach § 275 Abs. 3 HGB vorgesehen.

Sollte der Jahresabschluss allerdings unter **teilweiser oder vollständiger Gewinnverwendung** aufgestellt werden, kann die Gewinn- und Verlustrechnung nach dem Posten „Jahresüberschuss/Jahresfehlbetrag" in Anlehnung an § 158 Abs. 1 AktG, um die Posten:

1. Gewinnvortrag/Verlustvortrag aus dem Vorjahr,
2. Entnahmen aus der Kapitalrücklage,
3. Entnahmen aus Gewinnrücklagen,
4. Einstellungen in Gewinnrücklagen,
5. Bilanzgewinn/Bilanzverlust

ergänzt werden.

Kernthema: „Anhang"

> **Frage:** Wir haben vorhin zusammen herausgearbeitet, dass die gesetzlichen Vertreter von Kapitalgesellschaften den Jahresabschluss um einen Anhang zu erweitern haben. Was ist Bestandteil des Anhangs?

Antwort: Nach § 284 HGB soll der Anhang die Bilanz und die Gewinn- und Verlustrechnung näher erläutern.

> **Frage:** Das ist grundsätzlich richtig! Können Sie das genauer beschreiben?

Antwort: Ja. Der Anhang gibt ergänzende Erläuterungen zur Bilanz und zur Gewinn- und Verlustrechnung und ist im Gegensatz zum Lagebericht **eher quantitativ** und **ver-**

gangenheitsorientiert ausgelegt. Nach § 284 Abs. 2 HGB sind etwa die auf die Posten der Bilanz und der Gewinn- und Verlustrechnung **angewandten Bilanzierungs- und Bewertungsmethoden** anzugeben. Daneben wäre die **Erstellung eines Anlagespiegels** nach § 284 Abs. 3 HGB zu nennen.

> **Frage:** OK! Sind das alle Angaben, die im Anhang enthalten sind?

Antwort: Nein. Es sind im Einzelnen noch „sonstige Pflichtangaben" nach § 285 HGB im Anhang anzugeben.

> **Frage:** Gut! Wir wollen uns im folgendem zwar nicht alle 34 Nummern der sonstigen Pflichtangaben ansehen, aber Sie könnten bitte einige ausgewählte Pflichtangaben nennen!

Antwort: Ja, das kann ich tun:

- § 285 Nr. 1 HGB: Dabei handelt es sich um den sog. **Verbindlichkeitenspiegel** der zwingend aufzustellen ist.
- § 285 Nr. 3a HGB: Hierbei handelt es sich um die Angabe der **sonstigen finanziellen Verpflichtungen**, also z.B. derjenigen Vermietungs- und Verpachtungsaufwendungen sowie Leasingaufwendungen mit denen die Gesellschaft zukünftig zu rechnen hat.
- § 285 Nr. 7 HGB: Bei dieser Angabe handelt es sich um die **durchschnittliche Zahl der während des Geschäftsjahres beschäftigten Arbeitnehmern**; diese Angabe wird u.a. auch benötigt, um die Gesellschaft in die Größenklassen gemäß § 267 HGB einzuteilen.
- § 285 Nr. 9a HGB: Nach dieser Vorschrift sind z.B. die **Bezüge der Geschäftsführungsorgane** anzugeben.
- § 285 Nr. 12 HGB: Danach ist der in der Bilanz ausgewiesene **Posten „sonstige Rückstellungen"** näher zu erläutern.
- § 285 Nr. 24 HGB: Für den **Posten „Rückstellungen für Pensionen und ähnliche Verpflichtungen"** sind hier das angewandte versicherungsmathematische Berechnungsverfahren sowie die grundlegenden Annahmen der Berechnung, wie Zinssatz, erwartete Lohn- oder Gehaltssteigerungen und zugrunde gelegte Sterbetafeln, anzugeben.
- § 285 Nr. 34 HGB: Letztlich zählt zu einer sonstigen Pflichtangabe auch der **Vorschlag für die Verwendung des Ergebnisses** oder der Beschluss über seine Verwendung.

> **Hinweis:** Es kann allen Kandidaten im Vorfeld der mündlichen Steuerberaterprüfung nur dringend empfohlen werden, insbesondere die Vorschriften des Anhangs nach §§ 284–288 HGB sorgfältig zu studieren.

Kernthema: „Lagebericht"

> **Frage:** Sie hatten eben den Lagebericht erwähnt, obwohl Sie als (angehender) Steuerberater zwar nicht den Lagebericht für Ihre Mandanten erstellen, allerdings bei der Erstellung beratend mitwirken dürfen. Können Sie uns daher kurz einen Überblick über den Lagebericht geben?

Antwort: Ja, das kann ich gerne machen. Der Lagebericht ist im Gegensatz zum Anhang **eher qualitativ** und **zukunftsorientiert**. Nach § 289 Abs. 1 HGB können folgende Bestandteile unterschieden werden:

- Darstellung von Geschäftsverlauf einschließlich der Geschäftsergebnissen und der Lage der Kapitalgesellschaft (Satz 1),
- Analyse von Geschäftsverlauf und der Lage der Gesellschaft (Satz 2),
- Einbezug und Erläuterung der für die Geschäftstätigkeit bedeutenden finanziellen Leistungsindikatoren in der o.g. Analyse (Satz 3),
- Beurteilung und Erläuterung der voraussichtlichen Entwicklung inklusive der wesentlichen Chancen und Risiken sowie Angabe der zugrundeliegenden Annahmen (Satz 4),
- „Bilanzeid" (Satz 5).

> **Frage:** OK! Können Sie vielleicht noch kurz umschreiben, was Inhalt von § 289 Abs. 2 HGB ist?

Antwort: Ja. In § 289 Abs. 2 HGB wird u.a. gefordert, dass auf **Risikomanagementziele und -methoden**, Preisänderungs-, Ausfall- und Liquiditäts**risiken** einzugehen ist. Gleiches gilt für den Bereich **Forschung und Entwicklung** oder **bestehende Zweigniederlassungen** der Gesellschaft.

> **Hinweis:** Es wird allen Kandidaten zur Vorbereitung auf die mündliche Steuerberaterprüfung empfohlen, sich § 289 HGB im Detail anzusehen. Empfehlenswert ist auch ein Blick in: Deutscher Rechnungslegung Standard Nr. 20 (DRS 20) Konzernlagebericht. Obwohl der DRS 20 laut Titel nur für den Konzernlagebericht gelten soll, führt er in DRS 20.2 aus, dass eine **entsprechende Anwendung** dieses Standards auf den

Lagebericht des Einzelabschlusses gemäß § 289 HGB empfohlen wird. Da für die „Deutsche Rechnungslegung Standard (DRS)" die Vermutung gilt, dass es sich dabei um Grundsätze ordnungsmäßiger Buchführung handelt, ist der DRS 20 auch für den Einzelabschluss anzuwenden, was allerdings nicht unumstritten ist.

Kernthema: „Offenlegung und sonstige elektronische Übermittlungen"

Frage: Können Sie uns etwas über die Offenlegungspflichten von Handelsbilanzen sagen?

Antwort: Ja, Kapitalgesellschaften wie beispielsweise Gesellschaften mit beschränkter Haftung und Aktiengesellschaften sowie z.B. Personenhandelsgesellschaften, bei denen kein Vollhafter eine natürliche Person ist, sind verpflichtet diverse Unterlagen in deutscher Sprache nach § 325 Abs. 1 HGB offenzulegen. Dazu gehört in erster Linie der festgestellte Jahresabschluss sowie der Lagebericht, sofern er aufzustellen war und der Bestätigungs-/Versagungsvermerk, sofern die Gesellschaft prüfungspflichtig war.

Frage: Die Unterlagen werden dann also nach erfolgter Unterzeichnung durch den Mandanten an den Bundesanzeiger Verlag GmbH, Köln, geschickt?

Antwort: Nein, die Unterlagen sind der das Unternehmensregister führenden Stelle elektronisch zur Einstellung in das Unternehmensregister zu übermitteln (§ 385 Abs. 1 Satz 2 HGB).

Frage: Können Sie uns etwas zu der Übermittlungsfrist und den einzureichenden Unterlagen, also dem Umfang der Offenlegungspflicht sagen?

Antwort: Ja, die Übermittlungsfrist beträgt höchstens ein Jahr (§ 325 Abs. 1a HGB). Der Umfang der Offenlegungspflicht hängt davon ab, ob es sich um Kleinstkapitalgesellschaften, kleine Gesellschaften, mittelgroße Gesellschaften oder große Unternehmen oder Konzerne handelt.

Frage: OK! Dann schauen wir uns doch einmal an, was eine Kleinstkapitalgesellschaft und eine mittelgroße Gesellschaft, jeweils in der Rechtsform der GmbH einzureichen hat.

Antwort: Kleinstkapitalgesellschaften sind solche Gesellschaften die,die Größenkriterien nach § 267a HGB nicht überschreiten. Sie können grundsätzlich die Erleichterung für kleine Unternehmen in Anspruch nehmen und auf die Erstellung des Anhangs verzichten, sofern bestimmte Angaben unter der Bilanz ausgewiesen sind (§ 264 Abs. 1 Satz 5 HGB). Ferner ist nur eine verkürzte Bilanz nach § 266 Abs. 1 Satz 4 HGB zu übermitteln. Daneben haben die Kleinstkapitalgesellschaften die Möglichkeit die entsprechenden Unterlagen gemäß § 326 Abs. 2 HGB nur zu **hinterlegen, also nicht für jeden öffentlich einsehbar einzureichen.**

Mittelgroße Gesellschaften können hingegen nur die Erleichterungen nach §§ 276, 288 Abs. 2 HGB in Anspruch nehmen, allerdings müssen sie im Gegensatz zu Kleinstkapitalgesellschaften die Unterlagen **veröffentlichen, sodass diese für jedermann einsehbar sind.**

Frage: Abschließende Frage: Falls Sie sich in der Praxis unsicher sind hinsichtlich der Offenlegung oder Offenlegungspflichten, wie würden Sie sich informieren?

Antwort: Grundsätzlich würde ich hier auf die gesetzlichen Regelungen, die Fachliteratur sowie Kommentierungen zurückgreifen.

Frage: […] das ist grundsätzlich richtig. Gibt es hier nicht eine pragmatischere Lösung?

Antwort: Doch. Auf der Website des Bundesamtes für Justiz sind einige sehr nützliche Informationen abrufbar: (https://www.bundesjustizamt.de/DE/Themen/Ordnungs-geldVollstreckung/Jahresabschluesse/Offenlegung/Pflichten/Pflichten_node.html (abgerufen am 15.08.2023)).

Frage: Gut! Dann haben wir die Offenlegung besprochen. Oder gibt es noch weitere Informationen, die elektronisch zu übertragen sind?

Antwort: Ja. Das wären z.B. die E-Bilanz und die Meldungen zum Transparenzregister aufgrund des Geldwäschegesetzes.

Frage: OK! Dann starten wir einmal mit der E-Bilanz. Was ist das eigentlich?

Antwort: Die Rechtsgrundlage ist in § 5b EStG zu finden. Der Wortlaut ist:

„(1) Wird der Gewinn nach § 4 Absatz 1, § 5 oder § 5a ermittelt, so ist der Inhalt der Bilanz sowie der Gewinn- und Verlustrechnung **nach amtlich vorgeschriebenem Datensatz durch Datenfernübertragung** zu übermitteln. Enthält die Bilanz Ansätze oder Beträge, die den steuerlichen Vorschriften nicht entsprechen, so sind diese Ansätze oder Beträge **durch Zusätze oder Anmerkungen den steuerlichen Vorschriften anzupassen** und nach amtlich vorgeschriebenem Datensatz durch Datenfernübertragung zu übermitteln. Der Steuerpflichtige kann auch eine den steuerlichen

Vorschriften entsprechende Bilanz nach amtlich vorgeschriebenem Datensatz durch Datenfernübertragung übermitteln. Im Fall der Eröffnung des Betriebs sind die Sätze 1 bis 4 für den Inhalt der Eröffnungsbilanz entsprechend anzuwenden.

(2) Auf Antrag kann die Finanzbehörde zur Vermeidung unbilliger Härten auf eine elektronische Übermittlung verzichten."

Frage: [...] also ist sie „nur" eine auf elektronischem Wege übertragene Bilanz? Also wie eine E-Mail?

Antwort: Nein. Es gibt einen vorgegebenen Mindestumfang hinsichtlich der Art der einzureichenden Dokumente und der Aufgliederung der Posten des Jahresabschlusses. Die Ermächtigungsvorschrift für das Bundesministerium der Finanzen findet sich in § 51 Abs. 4 Nr. 1b EStG.

Frage: Es scheint doch komplizierter zu sein. Dann gehen wir das Thema strukturiert an. Wann wurde die Vorschrift zur E-Bilanz eingeführt?

Antwort: Eingeführt wurde die Vorschrift durch das Gesetz zur Modernisierung und Entbürokratisierung des Steuerverfahrens (Steuerbürokratieabbaugesetz) vom 20.12.2008 (BGBl. I S. 2850) und sollte nach § 52 Abs. 15a EStG erstmals für Wirtschaftsjahre gelten, die nach dem 31.12.2010 beginnen.

Frage: [...] „sollte"?

Antwort: Ja, „sollte". Durch die Verordnung zur Festlegung eines späteren Anwendungszeitpunktes der Verpflichtungen nach § 5b des Einkommensteuergesetzes (Anwendungszeitpunktverschiebungsverordnung – AnwZpvV) vom 20.12.2010 (BGBl. I S. 2135) wurde der Anwendungsbeginn der Vorschrift um ein Jahr verschoben, sodass die Vorschrift erstmals für Wirtschaftsjahre anzuwenden war, die nach dem 31.12.2011 beginnen.

Mit Schreiben vom 28.09.2011 („IV C 6 -S 2133 b/11/10009, Anwendungsschreiben zu § 5b EStG: Elektronische Übermittlung von Bilanzen sowie Gewinn- und Verlustrechnungen; Anwendungsschreiben zur Veröffentlichung der Taxonomie", BStBl I 2011, 855) hat das BMF klargestellt, dass es für das Wirtschaftsjahr, das nach dem 31.12.2011 beginnt, nicht beanstandet, wenn die Bilanz sowie Gewinn- und Verlustrechnung nicht als E-Bilanz übermittelt werden. Ergo war die Übermittlung der E-Bilanz erstmals für Wirtschaftsjahre, die nach dem 31.12.2012 begannen, sanktionsbewehrt.

Frage: [...] Sie sprachen gerade von „Sanktionen". Kann ein Verspätungszuschlag festgesetzt werden?

Antwort: Nein. Die E-Bilanz ist keine Steuererklärung, sodass ein Verspätungszuschlag (§ 152 AO) wegen nicht fristgerechter Übermittlung nicht festgesetzt werden kann. Es können allerdings Zwangsmittel und eine Schätzung der Besteuerungsgrundlagen nach § 162 AO in Betracht kommen (vgl. Kanzler u.a.: Einkommensteuergesetz Kommentar. 7. Aufl. 2022, § 5b EStG, Rz. 56 m. w. N.).

> **Hinweis:** Aus Vereinfachungsgründen wird im Folgenden nicht auf Outboundfälle (Steuerinländer mit Auslandsbezug) und auf Inbound-Fälle (Steuerausländer mit Inlandsbezug) eingegangen. Zu diesen Fallgestaltungen wird auf: Kanzler u.a.: Einkommensteuergesetz Kommentar. 7. Aufl. 2022, § 5b EStG, Rz. 13 f., 18 und 21–26 m.w.N. verwiesen.

> **Frage:** Sehr gut. Dann wollen wir uns im Folgenden mit der Frage beschäftigen, welche Dokumente in welchem Umfang an die Finanzverwaltung zu übermitteln sind. Zunächst ist allerdings erst einmal die Frage zu beantworten, **wer** eigentlich zur Einreichung einer E-Bilanz verpflichtet ist. Können Sie uns dazu etwas sagen?

Antwort: Ja. Nach dem Gesetzeswortlaut betrifft die Pflicht zur elektronischen Übermittlung von Bilanzen sowie Gewinn- und Verlustrechnungen Steuerpflichtige, die ihren Gewinn nach § 4 Abs. 1, § 5 oder § 5a EStG ermitteln, unabhängig von der Rechtsform und der Größenklasse des bilanzierenden Unternehmens. Folglich müssen auch freiwillig bilanzierende Steuerpflichtige die Inhalte ihrer Bilanz sowie Gewinn- und Verlustrechnung durch Datenfernübertragung (sog. E-Bilanz) übermitteln.

> **Frage:** OK! Und sind „Sonderbilanzen", wie z.B. Liquidationsbilanzen auch elektronisch zu übermitteln?

Antwort: Ja. Dieses betrifft nach „gelebter Verwaltungsauffassung" auch Bilanzen wegen Betriebsaufgabe oder -veräußerung und Liquidationsbilanzen. Gleiches gilt für Eröffnungsbilanzen.

> **Frage:** Soweit so gut! Es gibt aber viele „normale" Bilanzen. Handelsbilanzen, Steuerbilanzen, Handelsbilanzen mit einer Überleitungsrechnung sowie bei Mitunternehmergemeinschaften auch noch die Sonder- und Ergänzungsbilanzen. Sind alle diese Bilanzen nach § 5b EStG elektronisch zu übermitteln?

Antwort: Ja. § 5b EStG macht hier keinerlei Ausnahmen. Es ist nach § 5b Abs. 1 Satz 1 EStG sowohl die Bilanz als auch die GuV zu übermitteln.

Darüber hinaus sind nach Ansicht der Finanzverwaltung auch die Bilanzen zu übermitteln, welche anlässlich einer Betriebsveräußerung oder -aufgabe, Änderung der Gewinnermittlungsart oder aufgrund von Umwandlungen aufzustellen (§ 5b Abs. 1 Satz 5 EStG) sind. Zudem sind die bei einem Gesellschafterwechsel aufzustellenden Zwischenbilanzen und auch Liquidationsbilanzen elektronisch zu übermitteln. Personengesellschaften müssen neben der Gesamthandsbilanz einschließlich der Kapitalkontenentwicklung, auch die Ergänzungsbilanzen sowie Sonderbilanzen nach Auffassung der Finanzverwaltung elektronisch übermitteln.

Frage: OK! Als „Print" kann die E-Bilanz also nicht übermittelt werden. Welche Übermittlungsform ist zu wählen?

Antwort: Die Antworten auf diese Fragen ergeben sich aus § 51 Abs. 1 Nr. 1a und Abs. 4 Nr. 1b EStG. Die Bilanz sowie GuV-Rechnung und etwaige Überleitungsrechnungen sollen nach amtlich vorgeschriebenem Datensatz an die zuständigen Finanzbehörden übermittelt werden. Hierbei wurde als Übermittlungsformat XBRL (extensible Business Reporting Language) festgelegt.

Frage: [...] in diesem Zusammenhang wird oft von „Taxonomie" gesprochen. Was ist hierunter zu verstehen?

Antwort: Gemäß § 51 Abs. 4 Nr. 1b EStG wird das BMF ermächtigt im Einvernehmen mit den obersten Finanzbehörden der Länder den Mindestumfang der nach § 5b EStG elektronisch zu übermittelnden Bilanz und GuV-Rechnung zu bestimmen. Die von der Verwaltung festgelegte Taxonomie gibt vor wie die Jahresabschlussdaten aufzugliedern sind. Hierbei wird zum einen geregelt welche Datenbestände zu übermitteln sind (z.B. Bilanz, GuV etc.). Zum anderen wird die kontenmäßige Aufgliederung der jeweiligen Datensätze vorgegeben.

Frage: Danke für die Ausführungen. Wir wollen uns im Folgenden nicht die technischen Einzelheiten und die verschiedenen derzeit gültigen Taxonomien ansehen. Wo würden Sie als Praktiker aber diese Taxonomien nachschlagen?

Antwort: Die jeweils aktuellen Taxonomien werden von der Finanzverwaltung unter www.esteuer.de veröffentlicht.

Hinweis: Für weitere Einzelheiten hinsichtlich Art und Umfang der Übermittlung und der Ausgestaltung der verschiedenen Taxonomien wird auf das Anwendungsschreiben zu § 5b EStG: Elektronische Übermittlung von Bilanzen sowie Gewinn- und Verlustrechnungen; Anwendungsschreiben zur Veröffentlichung der Taxonomie" vom 28.09.2011 (BStBl 2011 I S. 855) verwiesen.

Frage: Dann verlassen wir den Themenbereich „E-Bilanz" und kommen zum Transparenzregister. Wann wurde das Register eingerichtet?

Antwort: Das Transparenzregister wurde im Jahr 2017 Gesetz über das Aufspüren von Gewinnen aus schweren Straftaten (Geldwäschegesetz – GwG) eingerichtet. Abschnitt 4 des Geldwäschegesetzes (§§ 18–26a) beschäftigt sich mit dem Transparenzregister.

Frage: OK! Was ist die Zielsetzung des Transparenzregisters?

Antwort: Nach § 18 Abs. 1 GwG ist es die Einrichtung eines Registers zur Erfassung und Zugänglichmachung von Angaben über den sog. „wirtschaftlich Berechtigten". Das Register wird nach § 18 Abs. 2 GwG als hoheitliche Aufgabe des Bundes von der registerführenden Stelle elektronisch geführt.

Frage: Wer hat Daten an das Transparenzregister zu melden, also wer ist meldepflichtig?

Antwort: Nach § 20 Abs. 1 GwG gilt Folgendes:

> „Juristische Personen des Privatrechts und eingetragene Personengesellschaften haben die in § 19 Absatz 1 aufgeführten Angaben zu den wirtschaftlich Berechtigten dieser Vereinigungen einzuholen, aufzubewahren, auf aktuellem Stand zu halten und der registerführenden Stelle unverzüglich zur Eintragung in das Transparenzregister mitzuteilen."

Frage: Das verstehe ich aktuell noch nicht so richtig. Was ist denn ein „wirtschaftlich Berechtigter"?

Antwort: Der wirtschaftlich Berechtigte ist in § 19 Abs. 3 GwG beschrieben. Die Stellung als wirtschaftlich Berechtigter ergibt sich aus den drei folgenden Aspekten:

> „a) der Beteiligung an der Vereinigung selbst, insbesondere der Höhe der Kapitalanteile oder der Stimmrechte,
>
> b) der Ausübung von Kontrolle auf sonstige Weise, insbesondere aufgrund von Absprachen zwischen einem Dritten und einem Anteilseigner oder zwischen

mehreren Anteilseignern untereinander, oder aufgrund der einem Dritten ein-
geräumten Befugnis zur Ernennung von gesetzlichen Vertretern oder anderen
Organmitgliedern oder

c) der Funktion des gesetzlichen Vertreters, geschäftsführenden Gesellschafters
oder Partners."

Frage: [...] Das klingt nicht sehr operational. Kann ich mir daher aussuchen, ab welcher
Beteiligungshöhe jemand ein „wirtschaftlich Berechtigter" ist?

Antwort: Nein. § 3 GwG gibt eine Definition des wirtschaftlich Berechtigten:

„(1) Wirtschaftlich Berechtigter im Sinne dieses Gesetzes ist

1. die natürliche Person, in deren Eigentum oder unter deren Kontrolle eine juristische Person, sonstige Gesellschaft oder eine Rechtsgestaltung im Sinne des Absat-
zes 3 letztlich steht, oder

2. die natürliche Person, auf deren Veranlassung eine Transaktion letztlich durchgeführt oder eine Geschäftsbeziehung letztlich begründet wird.

Zu den wirtschaftlich Berechtigten zählen insbesondere die in den Absätzen 2 bis 4
aufgeführten natürlichen Personen.

(2) Bei juristischen Personen außer rechtsfähigen Stiftungen und bei sonstigen Gesellschaften, die nicht an einem organisierten Markt nach § 2 Absatz 11 des Wertpapier-
handelsgesetzes notiert sind und keinen dem Gemeinschaftsrecht entsprechenden
Transparenzanforderungen im Hinblick auf Stimmrechtsanteile oder gleichwertigen
internationalen Standards unterliegen, zählt zu den wirtschaftlich Berechtigten jede
natürliche Person, die unmittelbar oder mittelbar

1. mehr als 25 Prozent der Kapitalanteile hält,

2. mehr als 25 Prozent der Stimmrechte kontrolliert oder

3. auf vergleichbare Weise Kontrolle ausübt.

Mittelbare Kontrolle liegt insbesondere vor, wenn entsprechende Anteile von einer
oder mehreren Vereinigungen nach § 20 Absatz 1 gehalten werden, die von einer
natürlichen Person kontrolliert werden. Kontrolle liegt insbesondere vor, wenn die
natürliche Person unmittelbar oder mittelbar einen beherrschenden Einfluss auf die
Vereinigung nach § 20 Absatz 1 ausüben kann. Für das Bestehen eines beherrschenden Einflusses gilt § 290 Absatz 2 bis 4 des Handelsgesetzbuchs entsprechend. Wenn
auch nach Durchführung umfassender Prüfungen und ohne dass Tatsachen nach § 43
Absatz 1 vorliegen von der meldepflichtigen Vereinigung nach § 20 Absatz 1 kein wirtschaftlich Berechtigter nach Absatz 1 oder nach den Sätzen 1 bis 4 ermittelt werden

kann, gilt als wirtschaftlich Berechtigter der gesetzliche Vertreter, der geschäftsführende Gesellschafter oder der Partner des Vertragspartners."

> **Frage:** Gut! Die Rechtsgrundlagen kennen Sie. Können Sie bitte noch einmal konkret sagen, was im Transparenzregister eingetragen werden muss und wann eine Person „wirtschaftlich berechtigt" ist?

Antwort: Ja. Entweder die Person hat selbst mehr als 25 % der Anteile oder kontrolliert mehr als 25 % der Anteile oder kontrolliert die Vereinigung auf vergleichbare Weise, z.B. als Geschäftsführer.

> **Frage:** OK! Das habe ich jetzt verstanden. Diese Informationen liegen doch für eine GmbH bereits u.a. als Gesellschafterliste vor, die im Handelsregister einsehbar ist. Warum sind diese „nochmal" dem Transparenzregister zu melden?

Antwort: Mit den zum 1. August 2021 in Kraft getretenen Änderungen sind die bislang in § 20 Abs. 2 GwG verankerten **Mitteilungsfiktionen** ersatzlos gestrichen und durch **Mitteilungspflichten** ersetzt worden. Die Grundlage hierfür findet sich im Gesetz zur europäischen Vernetzung der Transparenzregister und zur Umsetzung der Richtlinie (EU) 2019/1153 des Europäischen Parlaments und des Rates vom 20. Juni 2019 zur Nutzung von Finanzinformationen für die Bekämpfung von Geldwäsche, Terrorismusfinanzierung und sonstigen schweren Straftaten (Transparenzregister- und Finanzinformationsgesetz – TraFinG) vom 25.06.2021 (BGBl. I S. 2083).

> **Frage:** [...] Verstanden! Gibt bzw. gab es Übergangsfristen?

Antwort: Ja, die gab es. Für juristische Personen des Privatrechts und eingetragene Personengesellschaften, deren Pflicht zur Mitteilung an das Transparenzregister bislang aufgrund einer der Mitteilungsfiktionen als erfüllt galt, bestehen in Bezug auf die Meldung Übergangsfristen. Sie haben bzw. hatten die in § 19 Absatz 1 GwG aufgeführten Angaben ihrer wirtschaftlich Berechtigten:

- sofern es sich um eine Aktiengesellschaft, SE, Kommanditgesellschaft auf Aktien handelt bis zum **31.03.2022**,
- sofern es sich um eine Gesellschaft mit beschränkter Haftung, Genossenschaft, Europäische Genossenschaft oder Partnerschaft handelt bis zum **30.06.2022**,
- in allen anderen Fällen bis spätestens zum **31.12.2022**

der registerführenden Stelle zur Eintragung in das Transparenzregister mitzuteilen.

Frage: Sehr gut! Damit haben Sie bereits meine nächste Frage beantwortet, für welche Rechtsformen die neuen Mitteilungspflichten gelten. Aber was ist denn mit Vereinen, die Sie als Steuerberater häufig betreuen, also Fußball- und Tennisvereinen sowie Segel- und Yachtclubs?

Antwort: In der Tat gibt es Besonderheiten für eingetragene Vereine, bei denen eine „Eintragungs-Automatik" nach § 20a GwG existiert. Allerdings wird bei diesen Eintragungen „fiktiv" angenommen, dass es keine tatsächlich wirtschaftlich Berechtigten an dem Verein gibt sowie alle Vorstände ihren Wohnsitz in Deutschland und nur die deutsche Staatsangehörigkeit haben. Trifft nur einer dieser Punkte nicht zu, besteht für den jeweiligen Verein eine eigene Eintragungspflicht.

Frage: [...] und was ist mit (anderen) BGB-Gesellschaften nach § 705 BGB?

Antwort: Für die „GbR" existieren derzeit keinerlei Mitteilungs- und Eintragungspflichten.

Frage: Dann kommen wir jetzt zum Umfang der Eintragungen des bzw. der wirtschaftlich Berechtigten. Welche wären das?

Antwort: Nach § 19 Abs. 1 GwG sind folgende Angaben zu machen:
  „1. Vor- und Nachname,
  2. Geburtsdatum,
  3. Wohnort,
  4. Art und Umfang des wirtschaftlichen Interesses und
  5. alle Staatsangehörigkeiten."

Frage: [...] das ist bisher alles „ganz nett", wer was in das Transparenzregister einzutragen hat. Aber was hat das konkret mit der „Bekämpfung von Geldwäsche, Terrorismusfinanzierung und sonstigen schweren Straftaten" zu tun?

Antwort: Das Transparenzregister wurde durch das Transparenzregister- und Finanzinformationsgesetz – TraFinG (vgl. vorstehend) zum sog. Vollregister ausgebaut. Im Ergebnis sind daher alle Informationen nach §§ 22 und 23 GwG zugänglich und einsehbar, um die Ziele des GwG zu erreichen.

Frage: [...] sind Sie als – hoffentlich zukünftiger – Steuerberater auch „Verpflichteter" im Sinne des Geldwäschegesetzes?

Antwort: Ja, in § 2 Abs. 1 Nr. 12 GwG werden Steuerberater expressis verbis genannt.

Frage: Ähnlich wie bei der Offenlegung nach § 325 HGB möchte ich mich mit „dem Handelsregister" nicht gerne „streiten". Was würden Sie als Praxishilfe heranziehen, wenn Sie bei einem Mandanten bezüglich der Meldepflichten unsicher wären?

Antwort: Da Sie gerade direkt das Thema „Praxishilfe" angesprochen haben, gehe ich davon aus, dass Sie einschlägige Kommentierung zum Geldwäschegesetz etc. ausschließen. Ich würde dann die vom Bundesverwaltungsamt zum Transparenzregister herausgegebenen „Fragen und Antworten zum Geldwäschegesetz (GwG)" vom 05.05.2023 heranziehen (https://www.bva.bund.de/SharedDocs/Downloads/DE/Aufgaben/ZMV/Transparenzregister/Transparenzregister_FAQ.pdf?_blob=publicationFile&v=13).

5. Externe Rechnungslegung nach HGB: Konzernabschluss

5.1 Themenbereich im Überblick: Das sollen Sie lernen!

In der Praxis ist es nicht unüblich, dass (angehende) Steuerberater einen „Konzernabschluss" für einen Mandanten erstellen sollen. Banken fordern gerne von Kunden einen „konsolidierten Abschluss" an, wenn der Kunde an mehreren Gesellschaften beteiligt ist. Häufig soll auch für eine natürliche Person ein „konsolidierter Abschluss" erstellt werden, auch wenn dafür gerade keine Aufstellungspflicht nach § 290 HGB besteht. Es wird in diesem Zusammenhang auch vom „Als-ob-Konzernabschluss" gesprochen. Die Technik der Erstellung derartiger Abschlüsse unterscheidet sich aber nicht wesentlich von der Erstellung eines gesetzlich verpflichtenden Konzernabschlusses.

Ob nun ein konsolidierter Abschluss „verpflichtend" oder „freiwillig" erstellt wird, ändert allerdings nichts daran, dass Sie als (angehender) Steuerberater die Grundlagen des Konzernabschluss und seine einzelnen Bestandteile kennen und grundlegende Konsolidierungsschritte von den Einzelabschlüssen hin zum Konzernabschluss beherrschen sollten. Hier setzt der nachfolgende simulierte Prüfungsabschnitt an.

5.2 Fragen und Antworten

Kernthema: „Grundlagen des Konzernabschlusses"

Frage: Könnten Sie uns als Einstieg kurz erläutern, was Sie unter einem „Konzern" verstehen?

Antwort: Ja. Für den Begriff „Konzern" existiert in § 18 Abs. 1 Satz 1 AktG eine **Legaldefinition**, die wie folgt lautet:

> „Sind ein **herrschendes** und ein oder mehrere **abhängige Unternehmen** unter der **einheitlichen Leitung** des herrschenden Unternehmens zusammengefasst, so bilden sie einen **Konzern**; die einzelnen Unternehmen sind **Konzernunternehmen**."

Frage: OK! Können Sie uns auch einige Konzernformen nennen?

Antwort: Ja gerne. Es wird z.B. zwischen einem **Unterordnungskonzern** und einem **Gleichordnungskonzern** unterschieden. In beiden Fällen ist das Kriterium der „einheitlichen Leitung" erfüllt, allerdings tritt bei dem **Unterordnungskonzern** hinzu, **dass diese Leitung von einem herrschenden Unternehmen ausgeübt wird**.

Frage: [...] Sie sprachen jetzt schon mehrfach von einem „herrschenden Unternehmen". Was ist das eigentlich?

Antwort: Das ist in § 17 Abs. 1 und Abs. 2 AktG geregelt:

> „(1) Abhängige Unternehmen sind rechtlich selbständige Unternehmen, auf die ein anderes Unternehmen (herrschendes Unternehmen) **unmittelbar oder mittelbar einen beherrschenden Einfluss** ausüben kann.

> (2) Von einem in Mehrheitsbesitz stehenden Unternehmen **wird vermutet, dass es von dem an ihm mit Mehrheit beteiligten Unternehmen abhängig ist.**"

Frage: Kommen wir dann zum Konzernabschluss. Was ist das?

Antwort: Gemäß § 290 Abs. 1 HGB besteht für inländische Kapitalgesellschaften sowie Personenhandelsgesellschaften i.S.d. § 264a HGB die Verpflichtung zur Aufstellung eines Konzernabschlusses und eines Konzernlageberichts.

Hierzu ist es erforderlich, dass das Mutterunternehmen mittelbar oder unmittelbar einen **beherrschenden Einfluss** auf das bzw. die Tochterunternehmen ausüben kann. Das sog. **„Control-Konzept"** folgt damit in weiten Teilen dem aktienrechtlichen Konzernbegriff.

Frage: Können Sie uns die Funktionen des Konzernabschlusses erläutern?

Antwort: Der Konzern hat keine eigene Rechtspersönlichkeit und kann nicht selbst Träger von Rechten und Pflichten sein. Deshalb hat der Konzernabschluss **grundsätzlich die gleiche Funktion wie der Einzelabschluss.** Gemäß § 297 Abs. 2 Satz 1 und 2 HGB gilt die gleiche Generalnorm wie im Einzelabschluss:

> „Der Konzernabschluss ist **klar und übersichtlich** aufzustellen. Er hat unter Beachtung der Grundsätze ordnungsmäßiger Buchführung ein den tatsächlichen Verhältnissen entsprechendes Bild der Vermögens-, Finanz- und Ertragslage **des Konzerns** zu vermitteln."

Frage: [...] welche Unterschiede bestehen zum Einzelabschluss?

Antwort: Der Konzernabschluss:
- stellt **keine** Grundlage für die Gewinnausschüttung dar,
- stellt **keine** Grundlage für die Besteuerung dar und
- wird **nicht** festgestellt, sondern nur gebilligt.

Frage: [...] kennen Sie die Rechtsgrundlagen zur Billigung des Konzernabschlusses?

Antwort: Ja, die Rechtgrundlagen finden sich für eine Aktiengesellschaft in § 171 Abs. 2 Sätze 4 und 5 AktG und für die Gesellschaft mit beschränkter Haftung in § 42a Abs. 4 GmbHG. Sofern der Konzernabschluss nicht von einem Abschlussprüfer geprüft worden ist, kann der Konzernabschluss **nicht gebilligt** werden (§ 316 Abs. 2 Satz 2 HGB).

Frage: [...] welche Funktion hat dann der Konzernabschluss?

Antwort: Der Konzernabschluss hat nur eine **Informationsfunktion**, aber keine weitergehenden rechtlichen Funktionen. Die Konzernrechnungslegung folgt der sog. **Einheitstheorie**, d.h. danach ist er als „einheitliches Unternehmen" anzusehen (§ 297 Abs. 3 HGB). Im Ergebnis wird der Konzernabschluss seiner Informationsfunktion **nur dann gerecht**, wenn er um alle wirtschaftlichen Beziehungen zwischen Konzernunternehmen bereinigt wird (sog. **„Konsolidierung"**);

Zu diesem Zweck sind die in den Konzernabschluss einzubeziehenden Einzelabschlüsse z.B. hinsichtlich des Bilanzstichtags, der angewandten Bilanzansatz- und Bewertungsregeln sowie der Währung zunächst **zu vereinheitlichen**.

Frage: [...] eine Zwischenfrage: Gelten die Grundsätze ordnungsmäßiger Buchführung auch für den Konzernabschluss?

Antwort: Gemäß § 297 Abs. 2 Satz 2 HGB gelten die Grundsätze ordnungsmäßiger Buchführung auch für den Konzernabschluss. In § 298 Abs. 1 HGB wird ferner auf weitere Bestimmungen verwiesen, die für den Einzelabschluss gelten. Darüber hinaus sind allerdings zusätzliche sog. **„Grundsätze ordnungsmäßiger Konzernrechnungslegung"** (kurz: „GoK") zu beachten.

Frage: [...] welche speziellen Grundsätze wären das im Detail?

Antwort: Oberster Grundsatz ist die bereits erwähnte **Generalnorm** aus § 297 Abs. 2 Satz 2 HGB. Daneben existieren diverse Systematisierungsansätze zu weiteren „GoK", die allerdings dieselben Grundsätze adressieren.

Hinweis: Die Unterschiede in den Systematisierungsansätzen ergeben sich im Wesentlichen daraus, dass manche „Untergrundsätze" bestimmten „Obergrundsätzen" zugeordnet sind und daher das Bild erwecken, es handele sich entweder nicht um „GoK" oder um einen eigenen „GoK". Vgl. hierzu etwa die Systematisierungen von (in alphabetischer Reihenfolge): **Baetge/Kirsch/Thiele**: Konzernbilanzen, 14. Aufl. 2021, S. 65–83, **Brösel**: Grundwissen Konzernrechnungslegung, 5. Aufl. 2022, S. 10–29 sowie

Coenenberg/Haller/Schultze: Jahresabschluss und Jahresabschlussanalyse, 26. Aufl. 2021, S. 627–629. Im Folgenden wird letztere Einteilung verwendet, die allerdings geringfügig modifiziert wurde.

Frage: Gut! Dann nennen und erläutern Sie uns bitte die Ihnen bekannten Grundsätze ordnungsmäßiger Konzernrechnungslegung!

Antwort: Zunächst ist der **Grundsatz der Vollständigkeit** (§ 300 Abs. 2 Satz 1 HGB) zu nennen. Danach sind alle Vermögensgegenstände, Schulden, Rechnungsabgrenzungsposten, Erträge und Aufwendungen vollständig aufzunehmen, soweit sie nach dem Recht des Mutterunternehmens bilanzierungspflichtig sind.

Nach dem **Grundsatz der Fiktion der wirtschaftlichen Einheit** (§ 300 Abs. 1 HGB) sind im Konzernabschluss die Einzelabschlüsse der Tochterunternehmen zusammenzufassen, wobei in der Konzernbilanz an die Stelle der Beteiligungsbuchwerte die Vermögensgegenstände und Schulden der einbezogenen Tochterunternehmen treten.

Aus dem soeben beschriebenen Grundsatz ist der **Grundsatz des einheitlichen Konzernabschlussstichtages** (§ 299 HGB) aller einbezogenen Einzelabschlüsse abzuleiten.

Als nächstes kann der **Grundsatz der einheitlichen Bilanzierung und Bewertung** genannt werden (§ 308 Abs. 1 HGB).

Bei der Konsolidierung sind angewandte Methoden, insbesondere zur Kapitalkonsolidierung (§ 301 HGB), Schuldenkonsolidierung (§ 303 HGB), Eliminierung von Zwischenergebnissen (§ 304 HGB), Aufwands- und Ertragskonsolidierung (§ 305 HGB), sowie ggf. zur Quotenkonsolidierung (§ 310 HGB) und zur Equity-Konsolidierung (§§ 311 f. HGB) beizubehalten. Dieses Prinzip wird **Grundsatz der Stetigkeit der Konsolidierungsmethoden** genannt.

Frage: [...] kurze Nachfrage: Stetigkeit in welcher Hinsicht?

Antwort: Die Methoden sind in **zeitlicher Hinsicht**, also von einem Konzernabschluss zum nächsten und in sachlicher Hinsicht stetig anzuwenden. In **sachlicher Hinsicht** bedeutet, dass gleichartige Sachverhalte bilanziell auch gleichartig bilanziert und bewertet werden.

Frage: Danke! Fahren Sie bitte fort!

Antwort: OK! Als letzter Punkt ist der **Grundsatz der Wirtschaftlichkeit und der Wesentlichkeit** zu nennen. Die Konsolidierung muss danach auf Maßnahmen beschränkt bleiben, bei denen der Saldo aus zusätzlichem Informationsnutzen und den Kosten für die Informationsbeschaffung positiv, also wirtschaftlich ist. Bei der Konsolidierung sollen nur Tatbestände berücksichtigt werden, deren Informationswert nicht nur von untergeordneter Bedeutung für die Adressaten des Konzernabschlusses, also wesentlich ist.

Kernthema: „Bestandteile des Konzernabschlusses"

Frage: Wechseln wir das Thema. Aus welchen Bestandteilen besteht der Konzernabschluss?

Antwort: Um die zentrale **Informationsfunktion** zu erfüllen, setzt sich der Konzernabschluss gemäß § 297 Abs. 1 HGB aus folgenden Bestandteilen zusammen:

- Konzernbilanz,
- Konzern-Gewinn- und Verlustrechnung,
- Konzernanhang,
- Kapitalflussrechnung,
- Eigenkapitalspiegel und
- ggf. Segmentberichterstattung.

Frage: [...] Das Handelsgesetzbuch gibt allerdings keine explizite Gliederung für die Konzernbilanz und die Konzern-Gewinn- und Verlustrechnung vor. Existieren dazu keinerlei Vorschriften?

Antwort: Doch! Gemäß § 298 Abs. 1 HGB **gelten** die **Gliederungsvorschriften** für die Bilanz (§ 266 HGB) und die Gewinn- und Verlustrechnung (§ 275 HGB) **entsprechend**. Daneben enthält § 309 Abs. 1 HGB Erläuterungen zur Behandlung eines positiven Unterschiedsbetrags aus der Kapitalkonsolidierung und Abs. 2 für einen negativen Betrag aus der Kapitalkonsolidierung, also **konzernspezifische „Gliederungsvorschriften"**.

Frage: Gut! Zu den Konsolidierungsmaßnahmen kommen wir noch. Wir bleiben zunächst bei den Bestandteilen des Konzernabschlusses. Was können Sie uns über den Konzernanhang und dessen Inhalte sagen?

Antwort: Der Konzernanhang ist in §§ 313 f. HGB geregelt. Danach ist die Konzernbilanz und die Konzern-Gewinn- und Verlustrechnung zu erläutern und es sind z.B. Angaben zum Beteiligungsbesitz sowie sonstige Pflichtangaben zu machen.

Frage: [...] können Sie das näher präzisieren?

Antwort: Der Konzernanhang hat die Aufgabe, den Jahresabschluss bzw. seine einzelnen Positionen zu erläutern sowie zusätzliche Angaben zur Bilanz und Gewinn- und Verlustrechnung zu geben. **Da viele Angaben mit denen des Einzelabschlusses des Mutterunternehmens identisch bzw. vergleichbar sind, können die Angaben im Konzernanhang zusammengefasst werden** (§ 298 Abs. 2 HGB), um u.a. Wiederholungen zu vermeiden, die für den Bilanzadressaten keinerlei zusätzliche Informationen bieten.

> **Hinweis:** Es kann allen Kandidaten im Vorfeld der mündlichen Steuerberaterprüfung nur dringend empfohlen werden, insbesondere die Vorschriften des Konzernanhangs nach §§ 313 f. HGB sorgfältig zu studieren. Es wird naturgemäß von keinem Kandidaten des Steuerberaterexamens erwartet, dass er alle Inhalte eines Konzernanhangs wiedergeben kann. Sofern Sie allerdings im Vorfeld der mündlichen Steuerberaterprüfung die Vorschriften wenigstens einmal gelesen haben und damit deren Inhalte kennen, wird es Ihnen weitaus leichter fallen die Fragen der Prüfer zu beantworten.

> **Frage:** Was können Sie uns zum Konzernlagebericht erzählen?

Antwort: Der Konzernlagebericht ist in § 315 HGB geregelt. Mutterunternehmen, die einen Konzernabschluss zu erstellen haben, können den **Lagebericht** des Einzelabschlusses wegen der weitgehend identischen Inhalte **mit** dem **Konzernlagebericht zusammenfassen** (§ 315 Abs. 5 i.V.m. § 298 Abs. 2 HGB).

> **Hinweis:** Es wird allen Kandidaten zur Vorbereitung auf die mündliche Steuerberaterprüfung empfohlen, sich § 315 HGB im Detail anzusehen. Empfehlenswert ist auch ein Blick in: Deutscher Rechnungslegung Standard Nr. 20 (DRS 20) Konzernlagebericht.

> **Frage:** Gut! Ich habe in der Zwischenzeit einmal „im HGB geblättert". Es gibt hier keinerlei Vorschriften zur Kapitalflussrechnung und zum Eigenkapitalspiegel für den Konzernabschluss. Ist das richtig?

Antwort: Ja, das ist grundsätzlich richtig. Anforderungen an eine Kapitalflussrechnung und einen Eigenkapitalspiegel sind für den Konzernabschluss in den §§ 290–315 HGB **gesetzlich nicht normiert.** Da für die „Deutsche Rechnungslegung Standard (DRS)" nach § 342 Abs. 2 HGB die Vermutung gilt, dass es sich dabei um **Grundsätze ordnungsmäßiger Buchführung der Konzernrechnungslegung** handelt, sind in diesem Zusammenhang „DRS 21" und „DRS 22" (vormals: „DRS 7") zu beachten. Im Einzelnen handelt es sich um:

- Deutscher Rechnungslegung Standard Nr. 21 (DRS 21) Kapitalflussrechnung,
- Deutscher Rechnungslegung Standard Nr. 22 (DRS 22) Konzerneigenkapital.

Sie hatten es zwar nicht explizit gefragt, aber ähnliches gilt für die **Segmentbericht-erstattung**. Hier ist folgender DRS zu beachten:

- Deutscher Rechnungslegung Standard Nr. 28 (DRS 28) Segmentberichterstattung.

Frage: Den Eigenkapitalspiegel und die Kapitalflussrechnung könnten Sie doch eigentlich in den Konzernanhang und den Konzernlagebericht „integrieren" oder sind das „eigenständige" Bestandteile des Jahresabschlusses?

Antwort: Gesetzlich gefordert ist lediglich, dass diese Bestandteil des Konzernabschlusses sind. Aufgrund der Ausführungen des Bundesamtes für Justiz sind diese aber separat zu veröffentlichen und gelten nicht als „Bestandteil" des Konzernanhangs oder des Konzernlageberichts, sondern als „eigene" Bestandteile, die nicht „vermischt" werden können (vgl. https://www.bundesjustizamt.de/DE/Themen/OrdnungsgeldVollstreckung/Jahresabschluesse/Offenlegung/Pflichten/Pflichten_node.html (abgerufen am 15.08.2023)).

Kernthema: „Konsolidierung der Einzelabschlüsse zum Konzernabschluss"

Frage: Können Sie uns die Konsolidierungsschritte nennen, die erforderlich sind, um von den Einzelabschlüssen zum Konzernabschluss zu gelangen?

Antwort: Ja. Zunächst werden die Einzelabschlüsse zu einer sog. **Summenbilanz** addiert. Anschließend werden die folgenden **Konsolidierungsmaßnahmen** durchgeführt:

- Kapitalkonsolidierung (§ 301 HGB),
- Schuldenkonsolidierung (§ 302 HGB),
- Eliminierung von Zwischenergebnissen (§ 304 HGB),
- Aufwand- und Ertragskonsolidierung (§ 305 HGB).

Frage: Gut! Welche Methoden der Kapitalkonsolidierung kennen Sie?

Antwort: Es existieren folgende Methoden:

- Vollkonsolidierung (§§ 301–305 HGB),
- Teilkonsolidierung im Rahmen der Quotenkonsolidierung (§ 310 HGB),
- Konsolidierungsähnliche Einbeziehung nach der Equity-Methode (§ 311 HGB).

Frage: Prima! Dann wollen wir uns im weiteren Verlauf einmal exemplarisch die Vollkonsolidierung ansehen. Starten wir grundsätzlich einmal mit der Aufstellungspflicht. Sie hatten vorhin von einem „Control-Konzept" gesprochen. Was verstehen Sie genauer darunter?

Antwort: Nach diesem Konzept (§ 290 Abs. 1 und 2 HGB, § 17 AktG) sind Mutterunternehmen zur Aufstellung eines Konzernabschlusses verpflichtet, wenn sie beherrschenden Einfluss ausüben **können** (290 Abs. 1 HGB) **oder** ihnen bestimmte Rechte bezüglich des Tochterunternehmens zustehen (§ 290 Abs. 2 HGB). Im Schrifttum wird Absatz 1 als sog. „Generalnorm" angesehen und Absatz 2 konkretisiert vier unwiderlegbare Beherrschungstatbestände:

„(2) Beherrschender Einfluss eines Mutterunternehmens besteht stets, wenn

1. ihm bei einem anderen Unternehmen die **Mehrheit der Stimmrechte** der Gesellschafter zusteht;

2. ihm bei einem anderen Unternehmen das Recht zusteht, die **Mehrheit der Mitglieder des die Finanz- und Geschäftspolitik bestimmenden Verwaltungs-, Leitungs- oder Aufsichtsorgans zu bestellen oder abzuberufen, und es gleichzeitig Gesellschafter ist**;

3. ihm das Recht zusteht, die Finanz- und Geschäftspolitik aufgrund eines mit einem anderen Unternehmen **geschlossenen Beherrschungsvertrages** oder **aufgrund einer Bestimmung in der Satzung** des anderen Unternehmens zu bestimmen, oder

4. es bei wirtschaftlicher Betrachtung die Mehrheit der Risiken und Chancen eines Unternehmens trägt, das zur Erreichung eines eng begrenzten und genau definierten Ziels des Mutterunternehmens dient (**Zweckgesellschaft**). Neben Unternehmen können Zweckgesellschaften auch sonstige juristische Personen des Privatrechts oder unselbständige Sondervermögen des Privatrechts sein, ausgenommen als Sondervermögen aufgelegte offene inländische Spezial-AIF mit festen Anlagebedingungen im Sinn des § 284 des Kapitalanlagegesetzbuchs oder vergleichbare EU-Investmentvermögen oder ausländische Investmentvermögen, die den als Sondervermögen aufgelegten offenen inländischen Spezial-AIF mit festen Anlagebedingungen im Sinn des § 284 des Kapitalanlagegesetzbuchs vergleichbar sind, oder als Sondervermögen aufgelegte geschlossene inländische Spezial-AIF oder vergleichbare EU-Investmentvermögen oder ausländische Investmentvermögen, die den als Sondervermögen aufgelegten geschlossenen inländischen Spezial-AIF vergleichbar sind."

Wichtig ist in diesem Zusammenhang zu erwähnen, dass die o.g. Rechte nur bestehen müssen, allerdings es auf eine tatsächliche Ausübung der Rechte nicht ankommt. **Entscheidend ist lediglich die Möglichkeit der Ausübung der Rechte.**

> **Hinweis:** Nicht jedes Mutterunternehmen ist allerdings verpflichtet bei Vorliegen o.g. Voraussetzungen einen Konzernabschluss tatsächlich aufzustellen. Bei Unterschreiten diverser Größenkriterien (sog. **„größenabhängige Befreiungen"**) ist ein Mutterunternehmen von der Pflicht, einen Konzernabschluss und einen Konzernlagebericht aufzustellen, befreit (§ 293 Abs. 1 HGB). Hier wird zwischen der sog. **Bruttomethode** (§ 293 Abs. 1 Nr. 1 HGB) und der sog. **Nettomethode** (§ 293 Abs. 1 Nr. 2 HGB) unterschieden.

> **Frage:** OK! Können Sie uns kurz erläutern, was Inhalt der Kapitalkonsolidierung ist?

Antwort: Ja. Es ist grundsätzlich in Maßnahmen im Rahmen der **Erst- und der Folgekonsolidierung** zu unterscheiden. Nach § 301 Abs. 1 Nr. 2 HGB ist bei der **Erstkonsolidierung** zunächst eine Neubewertung aller Aktiva und Passiva vorzunehmen, die in den zu konsolidierenden Einzelabschüsse enthalten sind. Es kommt daher zu einer Aufdeckung der stillen Reserven sowie ggfs. der stillen Lasten. Das im Ergebnis neubewertete Eigenkapital des jeweiligen Tochterunternehmens ist im Anschluss mit dem jeweiligen (anteiligen) Beteiligungsbuchwert beim Mutterunternehmen aufzurechnen. Im Ergebnis kann sich ein positiver oder negativer Saldo ergeben. Ein positiver ist als „Goodwill" und ein negativer als „Badwill" auszuweisen. Die aufgedeckten stillen Reserven **und** der „Goodwill" sind dann im Rahmen der **Folgebewertung** entsprechend erfolgswirksam abzuschreiben (§ 309 Abs. 1 HGB).

> **Frage:** [...] und was ist Ziel der Schuldenkonsolidierung?

Antwort: Ausgehend von der **Generalnorm** in § 297 Abs. 2 Satz 1 HGB verfolgen alle Konsolidierungsmaßnahmen das Ziel, dass der Konzernabschluss unter Beachtung der Grundsätze ordnungsmäßiger Buchführung ein den tatsächlichen Verhältnissen entsprechendes Bild der Vermögens-, Finanz- und Ertragslage des Konzerns vermittelt. Die Schuldenkonsolidierung beseitigt damit Forderungen und Verbindlichkeiten zwischen den einzelnen Konzernunternehmen. Diese können sachlogisch nach dem Grundsatz der Fiktion der wirtschaftlichen Einheit „Konzern" auch nicht bestehen (§ 300 Abs. 1 HGB).

> **Frage:** Prima. Kommen wir abschließend zur Eliminierung der Zwischenergebnisse und der Aufwands- und Ertragskonsolidierung. Was verstehen Sie darunter?

Antwort: Letztlich betreffen beide Konsolidierungsschritte den Erfolg bzw. die Ertragslage des Konzerns. Zum einen sind Lieferungs- und Leistungsbeziehungen zwischen den Konzernunternehmen sachlogisch aufgrund der Einheitstheorie nicht möglich, sodass diese im Rahmen der **Aufwands- und Ertragskonsolidierung** zu neutralisieren sind. Gleiches gilt etwa auch für beschlossene und durchgeführte Gewinnausschüttungen zwischen den rechtlich selbstständigen Einheiten des Konzerns. Zum anderen sind entstandene Zwischenergebnisse zu konsolidieren.

> **Frage:** [...] das ist mir gerade zu abstrakt mit den „Zwischengewinnen". Können Sie uns das anhand eines Beispiels näher erläutern?

Antwort: Ja. Nehmen wir an, das Konzernunternehmen 1 verkauft ein Produkt an das Konzernunternehmen 2 zu Selbstkosten. Dann ist kein Zwischengewinn angefallen. Nehmen wir aber an, dass Konzernunternehmen 1 hatte Selbstkosten von 1.000 € und verkauft das Produkt mit einem Aufschlag von 20 % weiter, so entsteht ein zu konsolidierender Zwischengewinn von 200 €.

> **Frage:** [...] ist dieser Zwischengewinn immer zwingend zu konsolidieren?

Antwort: Nein. Wenn das Konzernunternehmen 2 das Produkt bereits an einen Dritten veräußert hat und es nicht mehr zum Vorratsvermögen zählt, dann ist der Zwischengewinn nicht zu konsolidieren, **da nunmehr auch aus Sicht der Einheitstheorie der Gewinn im Konzern realisiert wurde**.

6. Internes Rechnungswesen

6.1 Themenbereich im Überblick: Das sollen Sie lernen!

Obwohl das „externe" Rechnungswesen hauptsächlich zum Arbeitsgebiet eines (angehenden) Steuerberaters zählt, sind auch Kenntnisse im internen Rechnungswesen unabdingbar.

Ein naheliegender Grund ist, dass Kenntnisse in der Kostenrechnung für die Bewertung des Vorratsvermögens im Rahmen der Jahresabschlusserstellung für den Mandanten zwingend erforderlich sind. „Vorräte" sind nach § 253 Abs. 1 Satz 1 HGB höchstens mit den Anschaffungs- oder Herstellungskosten, vermindert um die Abschreibungen anzusetzen. Dabei sollte jedem Steuerberater bewusst sein, dass die handelsrechtlichen **Herstellungskosten** nicht vollständig mit den kostenrechnerischen **Herstellkosten** identisch sind.

Ferner erwartet insbesondere der „mittelständische Mandant", dass Sie ihm als Steuerberater bei der wirtschaftlichen Steuerung seines Unternehmens „zur Seite stehen". Häufig wird auch die Frage an den Steuerberater gestellt, wie ein sachgerechtes Kostenrechnungssystem entwickelt, eingeführt und gepflegt werden kann. Im Ergebnis sollten Sie als (angehender) Steuerberater einen guten Überblick über das interne Rechnungswesen und dessen Rechenwerke, d.h. der Kostenartenrechnung, der Kostenstellenrechnung und der Kostenträgerrechnung haben. Das folgende simulierte Prüfungsgespräch in „Fragen und Antworten" soll dies gewährleisten.

6.2 Fragen und Antworten

Kernthema: „Grundlagen des internen Rechnungswesens"

Frage: Könnten Sie uns als Einstieg kurz erläutern, was Sie unter dem „internen Rechnungswesen" verstehen?

Antwort: Das **interne Rechnungswesen i.e.S.** wird häufig in die **Kosten- und Leistungsrechnung, Planungsrechnungen** und die **betriebliche Statistik** eingeteilt. Im weiteren Sinne werden diese Inhalte einerseits um die **Investitionsrechnung** und die **Finanzierungsrechnung** erweitert, andererseits werden die Planungsrechnung und die Statistik nicht mehr explizit als eigene Aufgaben genannt. Im Gegensatz zum externen Rechnungswesen erfolgt das interne weitgehend auf freiwilliger Basis und dient im Wesentlichen der Gewinnung, der Aufbereitung und der Auswertung von innerbetrieblichen Informationen.

Zentrales Element des internen Rechnungswesens i.e.S. ist die **Kostenrechnung**, welche u.a. Aussagen hinsichtlich der Wirtschaftlichkeit des Betriebs liefern soll. Die Daten sind im Gegensatz zum externen Rechnungswesen im Wesentlichen **gegenwarts- oder zukunftsbezogen und dienen der Planung, Steuerung und Kontrolle des Betriebsablaufs.**

Frage: Üblicherweise wird die Kostenrechnung als „Kosten- **und** Leistungsrechnung" bezeichnet. Welche Ziele werden durch diese Rechenwerke verfolgt?

Antwort: Die Kostenrechnung erfasst und bewertet den Einsatz der betrieblichen Produktionsfaktoren im Leistungsprozess. Die Leistungsrechnung ermittelt das Ergebnis der Leistungserstellung.

Frage: [...] Sie sprachen eben von „betrieblich" und „Betrieb". Warum nicht von „Unternehmen"?

Antwort: Die Kostenrechnung erfasst nur Aufwendungen und Erträge, die in einem engen Zusammenhang mit der **betrieblichen Tätigkeit** stehen.

Frage: [...] die kann ich doch bereits aus der Gewinn- und Verlustrechnung entnehmen, oder?

Antwort: Nein. Insbesondere die Aufwendungen können nicht aus der Gewinn- und Verlustrechnung, also dem externen Rechnungswesen, direkt übernommen werden.

Frage: OK! Welche Aufwendungen können direkt übernommen werden. Können Sie das systematisieren?

Antwort: Ja. Lediglich die **Grundkosten** können direkt übernommen werden. Hier fallen Aufwand und Kosten in derselben Höhe an. Ein Beispiel wären Material- und Personalkosten.

Dem **neutralen Aufwand**, wie etwa Spenden, **stehen keine Kosten gegenüber**, sodass dieser nicht aus der Finanzbuchführung übernommen werden kann. Das Pendant dazu wären die **Zusatzkosten, bei denen den Kosten kein Aufwand gegenübersteht**. Das wären z.B. der kalkulatorische Unternehmerlohn, die kalkulatorische Miete oder die kalkulatorischen Zinsen.

Als letzte Kategorie sind noch die **Anderskosten** zu nennen. Wie der Name vermuten lässt, stehen sich hier **Aufwand und Kosten nicht in gleicher Höhe gegenüber**. Das ist z.B. bei den kalkulatorischen Abschreibungen und den handelsrechtlichen Abschreibungen der Fall.

Frage: Welche Teilbereiche werden bei der Kostenrechnung typischerweise unterschieden?

Antwort: Es werden folgende Bereiche unterschieden:
- Kostenartenrechnung,
- Kostenstellenrechnung,
- Kostenträgerrechnung.

Frage: Können Sie kurz die Ziele der einzelnen Teilbereiche erläutern?

Antwort: Bei der **Kostenartenrechnung** werden die Kosten nach Kostenarten erfasst, wie etwa Material- oder Personalkosten. Die **Kostenstellenrechnung** verteilt diese Kosten auf die betrieblichen Kostenbereiche, d.h. den Kostenstellen. Üblicherweise werden die Kostenstellen in „Material", „Fertigung", „Verwaltung" und „Vertrieb" eingeteilt. Die **Kostenträgerrechnung** ermittelt entweder die in einer Periode insgesamt angefallenen Kosten (sog. **Kostenträgerzeitrechnung**) oder die Stückkosten (sog. **Kostenträgerstückrechnung**). Letzteres wird auch als **Kalkulation** bezeichnet.

Kernthema: „Kostenartenrechnung"

Frage: OK. Schauen wir uns einmal die Kostenartenrechnung etwas genauer an. In der Kostenartenrechnung ist zu ermitteln, welche Kostenarten in welcher Höhe angefallen sind. Können Sie uns daher erläutern, wie Kostenarten typischerweise in der Betriebswirtschaftslehre eingeteilt werden?

Antwort: Kosten können nach der **Art der verbrauchten Produktionsfaktoren**, wie Material, Personal oder Kapital unterteilt werden. Ferner können Kosten nach der **Art der Zurechnung**, also in Einzel- und Gemeinkosten eingeteilt werden oder nach der **Abhängigkeit von der Ausbringungsmenge**. Hier wird zwischen fixen und variablen Kosten unterschieden.

Frage: Gut. Die Kostenarten nach Art der verbrauchten Produktionsfaktoren haben wir uns bereits im Detail angesehen. Was verstehen Sie unter „Einzel- und Gemeinkosten" sowie unter „fixen und variablen Kosten"?

Antwort: Während **Einzelkosten direkt**, sind **Gemeinkosten nur über Schlüsselgrößen** einem Kostenträger **zurechenbar**. **Fixkosten** werden durch die Ausbringungsmenge, also die Kapazitätsauslastung, **nicht beeinflusst**. Sie fallen daher in identischer Höhe auch dann an, wenn gar nicht produziert wird. **Variable Kosten** fallen dementsprechend nur an, wenn produziert wird.

> **Frage:** [...] kurze Nachfrage. Was verstehen Sie unter „Fixkostendegression" und „sprungfixen bzw. intervallfixen Kosten"?

Antwort: Fixkosten können zwar in einem bestimmten Intervall nicht abgebaut werden, allerdings wird der **Anteil der Fixkosten je Kostenträger geringer**, je höher die Ausbringungsmenge ist. Das wird als **„Fixkostendegression"** bezeichnet. Fixkosten sind „nicht in Stein gemeißelt", d.h. sie können sich grundsätzlich ändern, wenn z.B. Versicherungsprämien neu verhandelt werden. Ferner sind Fixkosten nur innerhalb eines bestimmten Intervalls, z.B. innerhalb bestimmter Umsatzgrenzen fix. Zu denken ist hier etwa an eine Betriebsunterbrechungsversicherung, deren Prämie u.a. vom versicherten Umsatz abhängt. Das wird als **„sprungfixe Kosten"** bezeichnet.

Kernthema: „Kostenstellenrechnung"

> **Frage:** Wechseln wir das Thema. Was ist Aufgabe der Kostenstellenrechnung?

Antwort: Die Kostenstellenrechnung stellt dar, in welchen Kostenstellen, z.B. Fertigung, Verwaltung oder Vertrieb, **welche Kosten angefallen sind**. Die **Einzelkosten** werden den jeweiligen Kostenstellen **direkt zugeordnet**, die **Gemeinkosten über Schlüsselgrößen**. Mietkosten können daher z.B. **über die genutzten Quadratmeter der Kostenstelle** zugeordnet werden. Daneben zählt zu den Aufgaben der Kostenstellenrechnung die sog. **innerbetriebliche Leistungsverrechnung**. Im Ergebnis können durch die Kostenstellenrechnung auch die **Gemeinkostenzuschläge** ermittelt und die **Kalkulation** vorbereitet werden.

> **Frage:** Das waren jetzt aber viele unterschiedliche Informationen in einer Antwort. Das wollen wir uns im weiteren Verlauf einmal genauer ansehen. Was sind „Kostenstellen"?

Antwort: Eine Kostenstelle ist ganz allgemein ein betrieblicher Ort an dem Kosten entstehen.

> **Frage:** [...] dann wäre der gesamte Betrieb ein Ort mit unzähligen Kostenstellen?

Antwort: Ja, das ist grundsätzlich richtig. Daher werden Kostenstellen typischerweise **anhand der betrieblichen Funktionsbereiche**, wie etwa Einkauf, Fertigung, Verwaltung oder Vertrieb zusammengefasst bzw. unterschieden. Es ist auch möglich, Kostenstellen anhand der hergestellten Produkte, also nach **Kostenträgergesichtspunkten** abzugrenzen. Grundsätzlich ist der evtl. zusätzliche Informationsgehalt aus einem hohen Differenzierungsgrad der Kostenstellen bzw. der Anzahl an Kostenstellen anhand von Wirtschaftlichkeitsüberlegungen abzuwägen.

> **Frage:** Welche Arten von Kostenstellen kennen Sie? Können Sie uns ein Begriffspaar nennen?

Antwort: Bei der innerbetrieblichen Leistungsverrechnung wird von „**Hauptkostenstellen**" und „**Hilfskostenstellen**" gesprochen. **Hauptkostenstellen** werden definiert als Kostenstellen, die unmittelbar **Leistungen für den Absatzmarkt** erbringen und die **keine Leistungen an andere Kostenstellen abgeben**. **Hilfskostenstellen** erbringen zwar keine Leistungen für den Absatzmarkt, **unterstützen aber die Hauptkostenstellen** bei der Leistungserbringung. Ein Beispiel für eine Hilfskostenstelle wäre die Stromerzeugung oder die Arbeitsvorbereitung in einem Industriebetrieb.

> **Frage:** Sie sprachen eben von Schlüsselgrößen anhand derer die Gemeinkosten auf die Kostenstellen zu verteilen sind. Können Sie uns einige Beispiele nennen?

Antwort: Die Schlüsselgrößen, die auch allgemein als Bezugsgrößen bezeichnet werden, sind **mengen- oder wertmäßige Schlüssel** anhand derer die Gemeinkosten verteilt werden. Es können folgende Schlüssel unterschieden werden:

Mengenschlüssel:

- Zählgrößen,
- Zeitgrößen,
- Längenmaße,
- Flächenmaße,
- Raumgrößen,
- Gewichtsgrößen,
- Leistungsgrößen,
- sonstige technische Größen.

Wertschlüssel:

- Kostengrößen,
- Umsatz,
- Einsatzwerte,

- Durchsatzwerte,
- Produktionswerte,
- Vermögenswerte.

Frage: OK! Kommen wir zur innerbetrieblichen Leistungsverrechnung. Wie ist dabei vorzugehen?

Antwort: Bei der innerbetrieblichen Leistungsverrechnung werden die Leistungen, die die Hilfskostenstellen für die Hauptkostenstellen erbracht haben, auf diese nach einer Bezugsgröße verteilt. Ferner werden auch Leistungsbeziehungen zwischen den Hilfskostenstellen berücksichtigt. Dazu dient der sog. **„Betriebsabrechnungsbogen" (kurz: „BAB")**.

Frage: Gut! Den BAB haben Sie gerade schon definiert. Können Sie uns grundlegend erläutern, wie wir mithilfe der Kostenstellenrechnung ausgehend von der Kostenartenrechnung zur Kostenträgerrechnung gelangen?

Antwort: Ja. Der BAB ist eine Tabelle, die in den Zeilen die Gemeinkostenarten und in den Spalten die Kostenstellen enthält. **Es wird grundsätzlich zwischen einem einstufigen und einem mehrstufigen BAB unterschieden.** Während der einfache BAB lediglich die Hauptkostenstellen enthält, beinhaltet der mehrstufige BAB auch die Hilfskostenstellen. Sachlogisch werden zunächst die Hilfskostenstellen in den Spalten angeordnet und danach die Hauptkostenstellen.

Die **Gemeinkosten** aus der Kostenartenrechnung **werden entweder direkt oder anhand der gewählten Bezugsgröße auf die Kostenstellen verteilt.** Danach erfolgt die **innerbetriebliche Leistungsverrechnung**, um danach alle Kosten auf die Hauptkostenstellen zu verteilen. Im Ergebnis können damit die **Selbstkosten für die Kostenträgerrechnung** ermittelt werden.

Frage: [...] kurze Zwischenfrage: Sie sprachen vorhin davon, dass die Gemeinkosten **auf die Kostenträger** anhand von Schlüsselgrößen umgelegt werden und nunmehr sollen die Gemeinkosten **auf die Kostenstellen** verteilt werden. Können Sie diesen **vermeintlichen Wertungswiderspruch** auflösen?

Antwort: Ja. Es wird zwischen **Kostenstellen- und Kostenträger**gemeinkosten unterschieden. **Kostenstellengemeinkosten** wären etwa Reinigungskosten oder Kosten für Strom, Gas und Wasser, sofern hier je Kostenstelle keine einzelne Abnahme- und damit Verbrauchsstelle vorliegt. **Kostenträgergemeinkosten** liegen z.B. vor, wenn eine Kostenstelle mehrere Produkte herstellt, die gleichzeitig als Kostenträger anzusehen sind.

Hier wären die Kosten der Leitung dieser Kostenstelle auf die einzelnen Produkte anhand einer geeigneten Bezugsgröße aufzuteilen.

Frage: Gut. Sie haben häufig erwähnt, dass Schlüssel- und Bezugsgrößen geeignet sein müssen. Gibt es dazu Vorgaben, wann eine Bezugsgröße „geeignet" ist?

Antwort: Da es sich um das interne Rechnungswesen handelt, existieren keine gesetzlichen Vorgaben, die zu beachten wären. In der Kostenrechnung werden allerdings typischerweise die drei folgenden **Kostenzurechnungsprinzipien** unterschieden:

- Verursachungsprinzip,
- Durchschnittsprinzip,
- Tragfähigkeitsprinzip.

Nach dem **Verursachungsprinzip** werden die Kosten denjenigen Kostenträgern zugeordnet, die sie verursacht haben. Das **Durchschnittsprinzip** verteilt die Kosten gleichmäßig durch einfache Division auf alle Kostenträger. Nach dem **Tragfähigkeitsprinzip** werden die Kosten anhand einer Erfolgsgröße eines Kostenträgers, also z.B. anhand des Rohgewinns oder des Deckungsbeitrags auf alle Kostenträger verteilt.

Frage: OK! Die grundsätzliche Zielsetzung der innerbetrieblichen Leistungsverrechnung hatten Sie uns bereits erläutert. Können Sie uns die üblichen Verfahren nennen und kurz beschreiben?

Antwort: Ja. Es existieren die folgenden Verfahren:

- Block- oder Anbauverfahren,
- Stufenleiter- oder Treppenverfahren,
- Gleichungsverfahren oder mathematisches Verfahren.

Beim **Anbauverfahren** werden **Leistungsbeziehungen zwischen den Hilfskostenstellen ignoriert** und die jeweiligen Kosten vollständig auf die Hauptkostenstellen verteilt. Demgegenüber berücksichtigt das **Stufenleiterverfahren** diese Leistungsbeziehungen, **allerdings werden diese nur einseitig beachtet**. Im Ergebnis kommt daher „der Reihung" der Hilfskostenstellen eine besondere Bedeutung zu. Beim **Gleichungsverfahren** werden **alle wechselseitigen Leistungsbeziehungen berücksichtigt** und durch ein Gleichungssystem dargestellt.

Frage: [...] das ist mir noch zu abstrakt. Können Sie das präzisieren?

Antwort: Ja. Das **Anbauverfahren** ist von den genannten Verfahren das einfachste und am wenigsten genaue Verfahren der innerbetrieblichen Leistungsverrechnung. Hierbei werden die Kosten der Hilfskostenstellen ausschließlich auf die Endkostenstellen verteilt, wodurch Leistungsbeziehungen zwischen den Hilfskostenstellen vollständig ignoriert werden. Im Ergebnis wird damit die **innerbetriebliche Leistungsverrechnung zwischen den Hilfskostenstellen nicht berücksichtigt**.

Das **Stufenleiterverfahren** berücksichtigt im Gegensatz zum Anbauverfahren den Leistungsaustausch zwischen den Hilfskostenstellen zwar teilweise, **aber nur einseitig**. Der in der Praxis übliche gegenseitige Leistungsaustausch zwischen den Hilfskostenstellen wird bei Anwendung des Stufenleiterverfahrens nicht berücksichtigt. Um die dadurch entstehenden Ungenauigkeiten weitgehend zu minimieren, werden die Hilfskostenstellen so angeordnet werden, dass am Anfang die Hilfskostenstellen stehen, die nur geringe Leistungen von anderen Hilfskostenstellen empfangen, aber viele Leistungen an andere abgeben (sog. „Reihung").

Lediglich das Gleichungsverfahren führt zu exakten Werten der innerbetrieblichen Leistungsverrechnung. Zu diesem Zweck werden lineare Gleichungssysteme für jede Kostenstelle erstellt. Die zu berechnenden Variablen sind damit die Preise für die innerbetriebliche Leistungsverrechnung.

Kernthema: „Kostenträgerrechnung bzw. Kalkulationsverfahren"

Frage: Wechseln wir erneut das Thema und kommen wir zur Kostenträgerrechnung. Sie hatten vorhin ausgeführt, dass in diesem Zusammenhang zwischen einer Kostenträgerzeitrechnung und einer Kostenträgerstückrechnung zu unterscheiden ist. Was ist Ziel der **Kostenträgerzeitrechnung**?

Antwort: Ziel der Kostenträgerzeitrechnung ist die **Ermittlung der Kosten eines Betrachtungszeitraums für die Kostenträger**. Üblicherweise wird dazu folgendes Berechnungsschema genutzt:

	Materialeinzelkosten
+	Materialgemeinkosten
+	Fertigungseinzelkosten
+	Fertigungsgemeinkosten
+	Sondereinzelkosten der Fertigung
=	**Herstellkosten der Produktion**
+/−	Bestandsveränderungen
+	aktivierte Eigenleistungen
=	**Herstellkosten des Umsatzes**

+	Vertriebsgemeinkosten
+	Verwaltungsgemeinkosten
=	**Selbstkosten**

Werden die Selbstkosten von den Umsatzerlösen subtrahiert ergibt sich das **Betriebsergebnis**.

Frage: OK! Dann geben Sie uns bitte einen Überblick zur Kostenträgerstückrechnung bzw. zu den einzelnen Kalkulationsverfahren!

Antwort: Es können folgende Kalkulationsverfahren unterschieden werden:
- Divisionskalkulation,
- Zuschlagskalkulation,
- Kuppelkalkulation.

Die **Divisionskalkulation** kann in folgende Grundformen weiter eingeteilt werden:
- **einstufige** Divisionskalkulation,
- **zweistufige** Divisionskalkulation,
- **mehrstufige** Divisionskalkulation und
- Divisionskalkulation **mit Äquivalenzziffern**.

Die **Zuschlagskalkulation** kennt folgende Ausprägungen:
- **summarische** Zuschlagskalkulation,
- **differenzierende** Zuschlagskalkulation und
- Zuschlagskalkulation **mit Maschinenstundensätzen**.

Die **Kuppelkalkulation** kennt folgende Methoden:
- **Restwertmethode** und
- **Verteilungsmethode**.

Frage: [...] das ist mir auch noch zu abstrakt. Können Sie die Verfahren der Divisionskalkulation genauer erläutern?

Antwort: Bei der **einstufigen Divisionskalkulation** werden die Gesamtkosten einer Periode durch die **produzierte Menge** dividiert. Hat ein Betrieb 2.000 Stück eines Produkts mit 50.000 € Gesamtkosten produziert, so ergeben sich Selbstkosten in Höhe von 25 €. Bei der **zweistufigen Divisionskalkulation** werden die Gesamtkosten zunächst in **Herstellkosten des Umsatzes** und in **Verwaltungs- und Vertriebskosten aufgeteilt**. Lediglich die Herstellkosten des Umsatzes werden wie bei der einstufigen Divisionskalkulation durch die produzierte Menge dividiert. **Die Verwaltungs- und Vertriebskosten**

werden lediglich durch die abgesetzte Menge dividiert. Sofern es keine Bestandsveränderungen gibt, kommen beide Verfahren zu identischen Ergebnissen. Die **mehrstufige Divisionskalkulation** kommt bei der mehrstufigen Massenfertigung zum Einsatz. Hierbei stellt ein Betrieb mehrere Produkte her. Manche Produkte gehen allerdings als sog. Vorprodukte in andere Produkte des Betriebs ein. **Im Ergebnis werden die Selbstkosten dann schritt- bzw. stufenweise ermittelt.**

> **Frage:** OK! Kommen wir zu den Verfahren der Zuschlagskalkulation. Bitte erläutern Sie diese kurz!

Antwort: Im Gegensatz zur Divisionskalkulation unterscheidet die Zuschlagskalkulation zwischen Einzel- und Gemeinkosten. Die Zuschlagssätze ergeben sich, wenn Gemeinkosten, etwa Fertigungsgemeinkosten, zu bestimmten Einzelkosten, im Beispiel die Fertigungseinzelkosten in Relation gesetzt werden. Kurzum: Die Gemeinkosten werden den Einzelkosten eines Kostenträgers zugeschlagen.

Bei der **summarischen Zuschlagskalkulation** werden die gesamten Gemeinkosten eines Betriebs den Kostenträgern zugerechnet. Bei der **differenzierenden Zuschlagskalkulation** wird das Grundprinzip beibehalten, aber getrennt nach Kostenstellen, also Material, Fertigung, Verwaltung und Vertrieb berechnet, d.h. jede Kostenstelle erhält ihren eigenen Zuschlagssatz.

Die Zuschlagskalkulation mit Maschinenstundensätzen entspricht im Wesentlichen der differenzierenden Zuschlagskalkulation mit dem Unterschied, dass Teile der Fertigungsgemeinkosten anhand eines Maschinenstundensatzes berechnet werden. Diese Fertigungsgemeinkosten ergeben sich aus der Multiplikation des Maschinenstundensatzes mit der Bearbeitungszeit an der Maschine. Der Maschinenstundensatz ergibt sich als Addition einzelner Kostenarten, wie etwa Raumkosten, Werkzeugkosten, Energiekosten, Instandhaltungskosten, kalkulatorischer Abschreibungen und Zinsen.

> **Frage:** Gut! Dann wollen wir zum Schluss noch die Kuppelkalkulation besprechen. Was können Sie uns darüber sagen?

Antwort: Das Verfahren der Kuppelkalkulation kommt bei sog. „Kuppelprodukten" zum Einsatz.

> **Frage:** [...] direkte Nachfrage: Was sind diese sog. „Kuppelprodukte"?

Antwort: Kuppelprodukte fallen bei der Kuppelproduktion an. In der Betriebswirtschaftslehre wird hierunter ein Fertigungsverfahren verstanden, bei dem neben dem (gewollten) **Hauptprodukt** (wenigstens) ein **Nebenprodukt** anfällt. Das Nebenprodukt kann erwünscht oder unerwünscht sein. **Unerwünschte Nebenprodukte**, die sogar evtl. zu Entsorgungskosten führen, wären Abfälle, Immissionen oder Schadstoffe. **„Erwünschte"** **Nebenprodukte** entstehen z.B. bei der Bierherstellung. Neben dem Hauptprodukt Bier, entsteht lebensmitteltechnisch als Nebenprodukt Treber, der z.B. als Futtermittel in der Milchviehwirtschaft verwendet werden kann. Treber könnte auch in Biogasanlagen zur Erzeugung elektrischer Energie eingesetzt werden. Die „erwünschten" Nebenprodukte haben damit einen (positiven) Marktpreis.

Frage: Gut! Dann können wir uns alle darunter etwas vorstellen. Zurück zur Kuppelkalkulation. Können Sie die Methoden kurz erläutern?

Antwort: Nach der **Restwert- oder auch Subtraktionsmethode** werden von den Herstellkosten des Hauptprodukts die Erlöse der Nebenprodukte abgezogen. Die **Verteilungsmethode** wird angewendet, wenn eine Trennung in Hauptprodukt und Nebenprodukte nicht möglich ist oder wenn es mehrere Hauptprodukte gibt.

7.   Investition und Finanzierung

7.1   Themenbereich im Überblick: Das sollen Sie lernen!

Fragen der Mandanten rund um das Thema „Investition und Finanzierung" gehören zum typischen Berufsalltag eines Steuerberaters. Daher sollten Sie Kenntnisse in den Bereichen „Instrumente der Investitionsrechnung", „Finanzierungsformen" und „Finanzanalyse" haben. Aus diesem Grunde konzentrieren sich die folgenden „Fragen und Antworten" auf den Bereich Wirtschaftlichkeitsberechnung von Investitionsprojekten und deren mögliche Finanzierungsformen. Themen zur Finanzierungs-, Investitions- und Liquiditätsanalyse und deren Einordnung in die „Bilanzanalyse" runden diesen Teil inhaltlich ab.

7.2   Fragen und Antworten

Kernthema: „Instrumente der Investitionsrechnung"

Frage: Was verstehen Sie unter dem Begriff „Investitionsrechnung"?

Antwort: Im engeren Sinne werden hierunter Verfahren verstanden, die die Wirtschaftlichkeit von Real- und Finanzinvestitionen ermitteln. Die neueren Ansätze zählen auch die Unternehmensbewertung dazu.

Frage: Welche grundlegenden Unterschiede existieren zwischen einer „Wirtschaftlichkeitsrechnung" und einer „Unternehmensbewertung"? Können Sie einige Beispiele nennen?

Antwort: Die beiden Bereiche können anhand der Fragestellung und des Erkenntnisobjekts abgegrenzt werden. Die Unternehmensbewertung will den **Wert eines gesamten Unternehmens** oder einer Beteiligung bestimmen, während die Wirtschaftlichkeitsrechnung die Vorteilhaftigkeit **einer einzelnen Investition** bestimmen will. Erkenntnisobjekt ist bei der Unternehmensbewertung daher das gesamte Unternehmen und bei der Wirtschaftlichkeitsberechnung kleinere Produktionseinheiten oder einzelne Maschinen in einem produzierenden Betrieb.

Grundsätzlich ist es allerdings sachgerecht beide Bereiche unter die „Investitionsrechnung" zu subsumieren. Bei der (dynamischen) Investitionsrechnung wird die Summe der Barwerte der einzelnen Einzahlungsüberschüsse bei einem gegebenen Auszahlungsbetrag bestimmt, um aus der Saldogröße die Vorteilhaftigkeit der Investition abzuleiten. Bei der Unternehmensbewertung wird quasi dieser Auszahlungsbetrag als Unternehmenswert bei prognostizierten Einzahlungsüberschüssen „gesucht".

Hinweis: Der Themenbereich „Unternehmensbewertung" wird aufgrund seines Umfangs in einem eigenen Abschnitt dieses Vorbereitungslehrbuchs (siehe hierzu Kapitel 8) behandelt.

Frage: Wie wird die Wirtschaftlichkeit einer Investition ermittelt?

Antwort: Die Vorteilhaftigkeit wird durch Investitionsrechnungen lediglich quantitativ, d.h. monetär bestimmt.

Frage: Welche Aspekte könnten bei der Bestimmung der Vorteilhaftigkeit einer Investition noch berücksichtigt werden?

Antwort: Sog. Imponderabilien. Diese könnten in nicht-monetären Investitionszielen, wie Prestige oder Unabhängigkeit liegen. Ferner ist an nicht-quantifizierbaren Zielen, wie etwa die Erhöhung der Unfallsicherheit oder der Effekt von Fortbildungsmaßnahmen zu denken (ähnlich: Schierenbeck/Wöhle: Grundzüge der Betriebswirtschaftslehre, 19. Aufl. 2016, S. 386).

Frage: Welche Verfahren der Wirtschaftlichkeitsrechnung kennen Sie? Können Sie die Ansätze kurz systematisieren?

Antwort: Ja, grundsätzlich sind sog. **Simultanansätze** und sog. **Sukzessivansätze** zu unterscheiden.

Frage: [...] wie unterscheiden sich diese Ansätze?

Antwort: Bei den Simultanansätzen soll das gesamte Investitionsprogramm gleichzeitig in einem Schritt, also „simultan" optimiert werden. Diese Simultanansätze weisen allerdings eine Menge an praktischen Problemen auf (hierzu: Schierenbeck/Wöhle: Grundzüge der Betriebswirtschaftslehre, 19. Aufl. 2016, S. 389). In der Praxis werden daher im Wesentlichen die Sukzessivansätze verwendet, die lediglich die Vorteilhaftigkeit einer Investition ohne die Notwendigkeit der Abstimmung einzelner Teilpläne bestimmen.

Frage: OK! Dann sehen wir uns jetzt einmal die (noch) praxisrelevanten Sukzessivansätze an. Welche kennen Sie?

Antwort: Auch hier wird wieder differenziert. Zum einen werden **Totalmodelle** und zum anderen **Partialmodelle** unterschieden. Zu den **Totalmodellen** wird u.a. das Konzept des vollständigen Finanzplans („VOFI") gezählt. Es wird der Vermögensendwert am Ende der Laufzeit des Investitionsprojekts als Vorteilhaftigkeitskriterium ermittelt.

Es werden dabei nicht nur die Einzahlungsüberschüsse der (reinen) Investition betrachtet. Zusätzlich werden auch die Zahlungsströme berücksichtigt, die aus einer konkret geplanten Finanzierung sowie aus der Wiederanlage von Einzahlungsüberschüssen oder aus der Neu- bzw. Nachfinanzierung bei Unterdeckungen während der Laufzeit des Projekts resultieren (vgl. Grob: Investitionsrechnung mit vollständigen Finanzplänen, 1. Aufl. 1989 sowie Grob: Einführung in die Investitionsrechnung, 5. Aufl. 2006, Kapitel 3: Investitionsrechnung mit VOFI).

Frage: [...] Können Sie den „VOFI" nur für reine Investitionskalküle verwenden?

Antwort: Nein. Diese Methode kann auch für internationale Steuerbelastungsvergleiche Verwendung finden. Hier ist etwa grundlegend an Spengel: Europäische Steuerbelastungsvergleiche: Deutschland – Frankreich – Großbritannien, 1. Aufl. 1995 zu denken.

Frage: [...] kommen wir zurück zu den Partialmodellen. Welche Unterscheidung wird hier getroffen?

Antwort: Hier werden statische und dynamische Kalküle unterschieden.

Frage: Gut! Dann geben Sie uns bitte einen Überblick über diese Verfahren der Wirtschaftlichkeitsrechnung!

Antwort: Gerne. Die **statischen Modelle** werden eingeteilt in:
- Kostenvergleichsrechnung,
- Gewinnvergleichsrechnung,
- Rentabilitätsrechnung und
- Amortisationsrechnung.

Bei den **dynamischen Modellen** wird zwischen folgenden Ansätzen unterschieden:
- Kapitalwertmethode,
- Annuitätenmethode,
- Interne Zinsfußmethode.

Frage: OK! Dann starten wir mit der Kostenvergleichsrechnung. Was ist das?

Antwort: Bei der Kostenvergleichsrechnung werden die Gesamtkosten unterschiedlicher Investitionsobjekte verglichen, **um im Ergebnis die kostenminimale Alternative ermitteln zu können**. Hierbei werden alle durch das Investitionsobjekt zusätzlich verursachten und zurechenbaren Kosten erfasst. In der Kostenvergleichsrechnung sind **nicht nur pagatorische Kosten**, sondern auch **kalkulatorische Kosten** enthalten. Pagatorische Kosten sind Kosten, denen ein realer Zahlungsvorgang zugrunde liegt. Im

Einzelnen handelt es sich damit um die variablen und fixen Kosten **einschließlich der kalkulatorischen Abschreibungen und der kalkulatorischen Zinsen**. Durch die Kostenvergleichsrechnung werden also Investitionsobjekte miteinander verglichen und die entstehenden Kosten einander gegenübergestellt.

Frage: [...] und wie funktioniert die Gewinnvergleichsrechnung?

Antwort: Die Gewinnvergleichsrechnung zählt auch zu den statischen Verfahren und findet im Wesentlichen Anwendung, **wenn die Ausbringungsmenge einzelner Investitionsprojekte unterschiedlich ist**. Mit Ausnahme der Einbeziehung der Erlöse ist dieses Verfahren mit der Kostenvergleichsrechnung identisch.

Frage: Was ist eine Rentabilitätsrechnung?

Antwort: Die Rentabilitätsrechnung bestimmt die Durchschnittsverzinsung eines Investitionsprojekts durch den sog. **Return on Investment** (kurz: „ROI"). Der ROI ermittelt sich als Quotient aus dem durchschnittlich prognostizierten Projektgewinn und dem durchschnittlich gebundenem Kapital. Nach diesem Kriterium ist ein Investitionsprojekt vorteilhaft, wenn der ROI mindestens gleich einer vorgegebenen Mindestrentabilität ist. Sofern Investitionsalternativen bestehen, ist diejenige mit der höchsten Rentabilität zu wählen.

Frage: Dann kommen wir bei den statischen Verfahren zur Amortisationsrechnung. Was verstehen Sie darunter?

Antwort: Die Amortisationsrechnung beurteilt Investitionsobjekte nach der Dauer des Kapitalrückflusses (sog. Amortisationszeit). **Mathematisch betrachtet werden die durchschnittlichen Einzahlungsüberschüsse ermittelt und der ursprüngliche Kapitaleinsatz der Investition wird durch diese Überschüsse dividiert**. Der ursprüngliche Kapitaleinsatz entspricht den Anschaffungskosten, z.B. einer Maschine. Die Einzahlungsüberschüsse ergeben sich aus dem Gewinn des Betrachtungszeitraums abzüglich kalkulatorischer Abschreibungen und kalkulatorischer Zinsen.

Frage: Gut! Sie haben uns jetzt bereits viel über die „statischen Verfahren" erläutert und wir starten gleich auch mit den „dynamischen Verfahren". Worin unterscheiden sich diese Verfahren eigentlich?

Antwort: Die statischen Verfahren zur Wirtschaftlichkeitsbeurteilung von Investitionsobjekten werden auch unter dem Begriff **„Praktiker-Verfahren"** zusammengefasst. Sie unterstellen über die gesamte Investitionsdauer einen gleichmäßigen (durchschnittlichen) Verlauf der dem Investitionsobjekt zuordenbaren Kosten und Erlöse. **Der Zeitfaktor, d. h. der tatsächliche Anfall einzelner Kosten und Erlöse wird damit nicht berücksichtigt.** Bei den dynamischen Verfahren zur Investitionsrechnung handelt es sich um finanzmathematische Verfahren, die sämtliche durch ein Investitionsobjekt zuordenbaren Kosten und Erlöse erfasst, um diese unter vereinfachenden Annahmen unter Zugrundelegung der Zinseszinsrechnung vergleichbar zu machen. **Der Zeitfaktor wird also explizit bei den dynamischen Verfahren berücksichtigt.**

Frage: OK! Erläutern Sie uns bitte die Kapitalwertmethode!

Antwort: Bei der Kapitalwertmethode wird der Kapitalwert eines Investitionsobjekts ermittelt, indem alle mit diesem Investitionsobjekt verbundenen Ein- und Auszahlungen berücksichtigt werden. **Bei dieser Methode werden die entsprechenden Zahlungen mithilfe eines Kalkulationszinssatzes auf den Beginn des Investitionsprojekts abgezinst.** Sofern der Kapitalwert höher als die Auszahlungssumme ist, ist die Investition vorteilhaft. Der Kapitalwert wird durch den zugrunde gelegten Kalkulationszinssatz maßgeblich beeinflusst. In der Praxis wird dieser entweder vom Investor individuell festgelegt oder es wird auf Vergleichswerte zurückgegriffen.

Frage: [...] was ist dann der Unterschied zur Annuitätenmethode?

Antwort: Die Annuitätenmethode kann als **Variante der Kapitalwertmethode** betrachtet werden. Bei der Annuitätenmethode wird der Kapitalwert mithilfe sog. Wiedergewinnungsfaktoren in uniforme, d.h. gleich große jährliche Zahlungen, die sog. Annuitäten umgerechnet. Eine einzelne Investition ist nach dieser Methode vorteilhaft, wenn ihre Annuität positiv ist.

Frage: Kommen wir abschließend zur internen Zinsfußmethode. Wie wird dabei die Vorteilhaftigkeit eines Investitionsobjekts ermittelt? Was ist eigentlich ein „interner Zinsfuß"?

Antwort: Auch die interne Zinsfußmethode ähnelt in gewisser Weise der Kapitalwertmethode und unterscheidet sich von ihr dadurch, dass derjenige Zins im Rahmen des Investitionsprojekts ermittelt wird, **der den Kapitalwert genau Null werden lässt.** Ein Investitionsprojekt ist dann vorteilhaft, wenn der interne Zinsfuß über einer geforderten Mindestverzinsung liegt. Werden Investitionsalternativen mithilfe dieser Methode verglichen, ist die Alternative mit dem höchsten internen Zinsfuß zu wählen.

Kernthema: „Finanzierungsformen"

Frage: Wie können die Finanzierungsformen sinnvoll systematisiert werden?

Antwort: Es können folgende Ansätze unterschieden werden:

- Systematisierung nach den Kapitalgebern,
- Systematisierung nach der Mittelherkunft,
- Systematisierung nach der Fristigkeit.

Frage: Gut! Die Systematisierung nach der Fristigkeit ist in diesem Prüfungsabschnitt nicht so wichtig. Können Sie die beiden anderen Ansätze kurz erläutern?

Antwort: Ja. Bei der **Systematisierung nach den Kapitalgebern** bzw. besser gesagt, nach der Rechtstellung der Kapitalgeber wird üblicherweise zwischen **Eigenfinanzierung** und **Fremdfinanzierung** unterschieden.

Die **Eigenfinanzierung** unterscheidet im Regelfall zwischen:

- Beteiligungsfinanzierung,
- Selbstfinanzierung und
- Finanzierung aus Aufwandsgegenwerten.

Die **Fremdfinanzierung** teilt sich auf in:

- Kreditfinanzierung und
- Finanzierung aus Aufwandsgegenwerten.

Bei der **Systematisierung nach der Mittelherkunft** wird üblicherweise zwischen **Außenfinanzierung** und **Innenfinanzierung** unterschieden.

Bei der **Außenfinanzierung** erfolgt der Zufluss weiterer finanzieller Mittel durch Einlagen der bestehenden Gesellschafter oder durch Aufnahme neuer Gesellschafter (sog. Einlagen- oder Beteiligungsfinanzierung).

Bei der **Innenfinanzierung** wird üblicherweise in „Überschussfinanzierung" und „**Finanzierung aus Vermögensumschichtung**" unterschieden. Die folgende Abbildung mag dies verdeutlichen.

Außenfinanzierung				Innenfinanzierung		
	Kreditfinanzierung				Überschussfinanzierung	
Beteiligungsfinanzierung	kurzfristige Kreditfinanzierung	langfristige Kreditfinanzierung	Subventionsfinanzierung	Selbstfinanzierung	Finanzierung aus Abschreibungen und Rückstellungen	Finanzierung aus Vermögensumschichtung
Zuführung haftenden Kapitals durch Aufnahme neuer Gesellschafter, Aktienemissionen und dergleichen	z.B. Kundenanzahlungen, Lieferantenkredit, Kontokorrentkredit, Diskontkredit, Lombardkredit, Commercial Papers, Euronotes, Medium Term Notes, Akzeptkredit, Rembourskredit, Avalkredit	z.B. langfristiger Bankkredit, Schuldscheindarlehen, Obligationskredit (Anleihe)	z.B. Investitionszulagen, Spenden, Zinszuschüsse	temporäre oder dauernde Zurückbehaltung erwirtschafteter Gewinne; offen oder verdeckt	temporäre oder dauernde Zurückbehaltung erwirtschafteter Abschreibungs- und Rückstellwerte	z.B. Veräußerung von Teilen des Ankagevermögens, Kapitalfreisetzung durch Lagerabbau, Factoring, Asset-Backed-Securities-Transaktionen, „Sale-and-lease-back"

Quelle: Schierenbeck/Wöhle: Grundzüge der Betriebswirtschaftslehre, 19. Aufl. 2016, S. 504.

Hinweis: Es wird naturgemäß von keinem Kandidaten in der mündlichen Steuerberaterprüfung erwartet, dass er eine derartige Übersicht wiedergeben kann. Aus didaktischen Gründen wurde im Rahmen dieses Vorbereitungslehrbuchs allerdings diese Darstellungs-/Vermittlungsform gewählt.

Frage: Wir müssen uns die Finanzierung aus Aufwandsgegenwerten noch einmal ansehen. Sie haben diese Finanzierungsform sowohl der Eigen- als auch der Fremdfinanzierung zugeordnet. Warum?

Antwort: Es handelt sich hierbei um die Finanzierung aus Abschreibungen oder Rückstellungen. Sofern die entsprechenden abzuschreibenden Vermögensgegenstände, z.B. des Anlagevermögens, eigenfinanziert sind oder „überhöhte" Rückstellungen gebildet wurden, liegt **Eigenfinanzierung** vor. Bei fremdfinanzierten Vermögen läge **Fremd-finanzierung** vor.

> **Frage:** OK! Im Zusammenhang mit Finanzierungsformen wird häufig vom „Leverage-Effekt" gesprochen. Was verstehen Sie darunter?

Antwort: Der Leverage-Effekt wird auch als **„Hebelwirkung des Fremdkapitals"** bezeichnet. Durch die Substitution von Eigen- zu Fremdkapital soll eine Erhöhung der Eigenkapitalrentabilität erreicht werden. Voraussetzung dafür ist allerdings, dass die Gesamtkapitalrentabilität über den Fremdkapitalzinssatz liegt.

Kernthema: „Finanzanalyse"

> **Frage:** Was verstehen Sie unter dem Begriff „Finanzanalyse" im Unternehmenskontext?

Antwort: Im Unternehmenskontext würde ich darunter „**finanzwirtschaftliche Kennzahlensysteme**" verstehen.

> **Frage:** OK! Wo würden Sie dieses Kennzahlensystem innerhalb der Betriebswirtschaftslehre „verorten"?

Antwort: Die finanzwirtschaftlichen Kennzahlensysteme umfassen Kennzahlen zur Liquidität, Finanzierung und Investition. Zusammen mit den Kennzahlen zur Ertragslage würde ich das zur **Bilanzanalyse** zählen.

Das **Erkenntnisziel der finanzwirtschaftlichen Bilanzanalyse** liegt in der Gewinnung von Informationen über (vgl. Coenenberg/Haller/Schultze: Jahresabschluss und Jahresabschlussanalyse, 26. Aufl. 2021, S. 1091):

- die Kapitalverwendung (**Investitionsanalyse**),
- über die Kapitalaufbringung (**Finanzierungsanalyse**) sowie
- über die Beziehung zwischen Kapitalverwendung und -aufbringung (**Liquiditäts-analyse**).

> **Frage:** Gut! Welche Kennzahlen zur Investitionsanalyse kennen Sie?

Antwort: Es kommen in diesem Zusammenhang folgende Kennzahlentypen zum Einsatz:

- Vermögensrelationen,
- Umsatzrelationen,

- Umschlagskoeffizienten,
- Kennzahlen zur Investitions- und Abschreibungspolitik.

Frage: OK! Welche Kennzahlen zur Finanzierungsanalyse kennen Sie?

Antwort: Bei der Finanzierungsanalyse kommt v.a. der **Verschuldungsgrad** zum Einsatz. Daneben sind z.B. noch der Selbstfinanzierungsgrad und der Bilanzkurs zu erwähnen.

Frage: [...] und wonach wird bei der Liquiditätsanalyse unterschieden?

Antwort: Hier wird zunächst danach unterschieden, **ob die Analysen auf Basis von Bestands- oder Stromgrößen erfolgen**.

Frage: Gut. Können Sie uns für jeden von Ihnen genannten Unterpunkt eine Kennzahl benennen?

Antwort: Ja. Es können folgende Kennzahlen je Analysebereich genannt werden:
- Kennzahlen zur Investitionsanalyse:
  - Vermögensrelationen: **Anlageintensität**,
  - Umsatzrelationen: **Forderungsbindung**,
  - Umschlagskoeffizienten: **Umschlagshäufigkeit des Gesamtkapitals**,
  - Kennzahlen zur Investitions- und Abschreibungspolitik: **Abschreibungsquote**.
- Kennzahlen zur Finanzierungsanalyse:
  - Verschuldungsgrad: **Eigenkapitalquote**.
- Kennzahlen zur Liquiditätsanalyse:
  - auf Basis von Bestandsgrößen: **Liquidität 1. Grades**,
  - auf Basis von Stromgrößen: **Cash Burn Rate**.

8. Unternehmensbewertung

8.1 Themenbereich im Überblick: Das sollen Sie lernen!

Es versteht sich von selbst, dass Sie das steuerrechtliche **vereinfachte** Ertragswertverfahren (§§ 199–203 BewG) kennen und wahrscheinlich schon in der schriftlichen Steuerberaterprüfung anwenden mussten. Der (angehende) Steuerberater ist allerdings gut beraten, fundierte Kenntnisse im Bereich der „betriebswirtschaftlichen Unternehmensbewertung" zu erlangen. Das steuerrechtliche Verfahren zur Bewertung von bspw. nicht notierten Anteilen an Kapitalgesellschaften heißt nicht ohne Grund „vereinfacht".

In der Steuerberatungspraxis ist der Fall nicht selten, dass im Handel erhältliche Berechnungstools oder Softwarelösungen unreflektiert zum Einsatz kommen, die den Eindruck vermitteln, dass nur ein paar „Eingabemodule" auszufüllen sind und schon ist ein Unternehmen bewertet. Das „Ausgabemodul" druckt dann u.a. aus, dass „vorstehende Unternehmensbewertung unter Beachtung der IDW Stellungnahme „Grundsätze zur Durchführung von Unternehmensbewertungen (IDW S1)" durchgeführt wurde." In diesem Falle ist sowohl berufs- als auch versicherungsrechtlich Vorsicht geboten.

In den folgenden „Fragen und Antworten" werden diejenigen grundlegenden Kenntnisse der betriebswirtschaftlichen Unternehmensbewertung adressiert, die häufig Bestandteil „der Mündlichen" sind. Ausgehend von Fragen zur „Due Diligence", die eine Zubringerfunktion zur Unternehmensbewertung darstellt, werden die Grundlagen zur Unternehmensbewertung vermittelt. Die wesentlichen Prozessschritte zur Durchführung einer Unternehmensbewertung werden anhand der Inhalte des IDW S1 vermittelt. Abschließend werden die Besonderheiten der Bewertung von kleinen und mittleren Unternehmen thematisiert. Letztlich sollten Sie verstanden haben, dass eine Unternehmensbewertung nicht mit „ein paar Klicks" möglich ist.

8.2 Fragen und Antworten

Kernthema: „Due Diligence als Bestandteil einer Unternehmensbewertung"

Frage: Eine „Due Diligence" oder auch „Due Diligence Review" genannt, ist u.a. Bestandteil einer Unternehmensbewertung. Können Sie uns ausführlich erläutern, was Sie darunter verstehen?

Antwort: Ja. Der Kauf bzw. Verkauf eines Unternehmens oder eines Teils des Unternehmens ist eine Geschäftsentscheidung mit großen Chancen, aber auch Risiken. Eine **sorgfältige Analyse und Beurteilung des Zielunternehmens** („Due Diligence") ist daher wichtig. Es sollen hierdurch **Informationsasymmetrien** zwischen Käufer und Verkäufer abgebaut, Chancen und Risiken des Zielunternehmens richtig eingeschätzt und Deal-breaker frühzeitig identifiziert werden. Bei allen Analysen liegt der **Fokus auf der Erhebung transaktionsrelevanter Informationen für die Unternehmensbewertung**, für Kaufvertrags-, insbesondere Kaufpreisverhandlungen, für Finanzierungsüberlegungen und ggf. auch für eine Kaufpreisallokation sowie eine etwaige Integration.

> **Frage:** Welche Teilbereiche werden bei einem „Due Diligence Review" typischerweise unterschieden. Können Sie hier einige Beispiele nennen und erläutern?

Antwort: Es können z.B. folgende Bereiche unterschieden werden:

- Mit der **Financial Due Diligence** werden die finanziellen Chancen und Risiken des Zielunternehmens analysiert. Dazu gehört, die nachhaltig erzielbaren Erträge zu ermitteln, Cashflows sowie Bilanzen auszuwerten und den Geschäftsplan zu plausibilisieren. **Die Financial Due Diligence entspricht im Wesentlichen einer Analyse des internen und externen Rechnungswesens sowie Controllings zur Beurteilung der finanziellen Situation.** Die Informationen stammen hauptsächlich aus Bilanzen, Gewinn- und Verlustrechnungen sowie Kapitalflussrechnungen. Hierbei kommt es auch zu einer Betrachtung der Bilanzpolitik, Qualität des Reportings, Transparenz in der Berichterstattung, Finanzstruktur, Vermögenswerte, Verbindlichkeiten, Kapitalstruktur, Liquidität, Finanzierungsmöglichkeiten und -kosten.

- Bei der **Commercial Due Diligence** werden Absatzmärkte auf Marktanteile, Segmentierung, Wachstum und Wettbewerbssituation des Unternehmens untersucht. Weiterhin wird eine Analyse der Stärken und Schwächen vorgenommen

- Im Mittelpunkt der Analyse der **Operational Due Diligence** stehen Risiken und Verbesserungspotenziale in den Bereichen Einkauf, Produktion, Logistik, Vertrieb sowie Forschung und Entwicklung. Die Operational Due Diligence stellt sicher, dass Synergien in diesen Bereichen realistisch und umfassend eingeschätzt werden. **Die Untersuchungen geben einen Überblick über die bestehenden Stärken und Schwächen der operativen Bereiche des Unternehmens samt ihren Auswirkungen auf die Finanzkennzahlen.** Außerdem liefern sie Ansatzpunkte für Maßnahmen nach Abschluss der Transaktion.

- Die **Legal Due Diligence** umfasst neben der Analyse der Eigentumsverhältnisse auch die Untersuchung der Gesellschaftsunterlagen, der handelsrechtlichen Eintragung, der Regelungen in Gesellschaftsvertrag und Satzung, der vom Unternehmen geschlossenen Verträge und Vereinbarungen, arbeits- und dienstrechtliche Angelegenheiten und mögliche oder bereits laufende Rechtsstreitigkeiten und behördliche Verfahren. Hierzu wird meist ein rechtlicher Berater hinzugezogen. **Ziel der Legal Due Diligence** ist es, die rechtlichen Risiken und Chancen einer Transaktion zu überprüfen und Lösungsansätze für identifizierte Risiken aufzuzeigen.

- Die **Tax Due Diligence** beschäftigt sich mit Steuer- und Bilanzangelegenheiten, darunter Bilanzpolitik, ausstehende Steuerzahlungen, Steuerrisiken und die steuerliche Auswirkung der Transaktionsstruktur. **Die Analysen liefern Informationen für die Bemessung des Kaufpreises und die Gestaltung des Unternehmenskaufvertrags (Garantien, Freistellungen, etc.).**

Kernthema: „Anlässe, Grundsätze und Funktionen der Unternehmensbewertung"

Frage: Können Sie uns die Anlässe von Unternehmensbewertungen nennen?

Antwort: Ja, es können folgende Anlässe unterschieden werden (Schierenbeck/Wöhle, Grundzüge der Betriebswirtschaftslehre, 19. Aufl. 2016, S. 481):

„Anlässe **mit Neustrukturierung der Eigentumsrechte:**

- Kauf bzw. Verkauf von Unternehmen, Beteiligungen oder organisatorisch selbstständigen Gliedbetrieben sowie Fusionen,
- Gang an die Börse (Initial Public Offering, IPO),
- Ausgliederung bzw. Abspaltung von Unternehmensteilen (Carve-Out),
- Barabfindung oder Abfindung in Aktien für Minderheitsaktionäre (bei Abschluss von Gewinnabführungs- oder Beherrschungsverträgen, bei Eingliederung durch Mehrheitsbeschluss, bei Umwandlung durch Übertragung des Vermögens, bei rechtsformwechselnder Umwandlung, Ausschluss von Minderheitsaktionären im Rahmen des Squeeze-Out-Verfahrens, Verschmelzung),
- Ermittlung des Auseinandersetzungsguthabens bei Austritt und Eintritt von Gesellschaftern aus einer Personengesellschaft (wegen Kündigung, Ausschluss, Eröffnung des Insolvenzverfahrens über das Vermögen eines Gesellschafters),
- Entflechtung von Unternehmen (Realteilung).

Anlässe **ohne Neustrukturierung der Eigentumsrechte:**

- Sanierungsprüfung, Liquidation, Vergleich und Konkurs eines Unternehmens,
- Enteignung bzw. Vergesellschaftung von Unternehmensbesitz,
- steuerliche und regulatorische Vorschriften,
- Erbauseinandersetzungen und Zugewinnausgleich bei Ehescheidungen,
- im Rahmen der Rechnungslegung bei der Bewertung von Beteiligungen, der Kaufpreisallokation und bei Werthaltigkeitstests (Impairment Tests),
- Steuerung des Unternehmenswerts im Rahmen der wertorientierten Unternehmensführung (Value Based Management)."

Frage: Als Steuerberater sind Sie befugt Unternehmensbewertungen durchzuführen, da es sich nicht um eine sog. Vorbehaltsaufgabe für Wirtschaftsprüfer handelt. Welche Grundsätze würden Sie beachten?

Antwort: Zunächst würde ich die gesetzlichen Vorschriften der §§ 199–203 BewG beachten.

Frage: [...] Gut, aber in diesem Prüfungsabschnitt wollen wir uns mit der Betriebswirtschaftslehre beschäftigen und nicht mit der Bewertung nicht notierter Anteile an Kapitalgesellschaften für etwa Schenkungs- oder Erbschaftsteuerzwecke. Existieren im „außer-steuerrechtlichen" Bereich Grundsätze zur Unternehmensbewertung?

Antwort: Ja, das wäre der **IDW Standard: Grundsätze zur Durchführung von Unternehmensbewertungen (IDW S 1).**

Frage: [...] wofür steht IDW?

Antwort: Es handelt sich hierbei um das **Institut der Wirtschaftsprüfer in Deutschland e.V.** mit Sitz in Düsseldorf.

Frage: OK! Können Sie uns die Funktionen und die Zielsetzungen erläutern, in der Sie als Steuerberater (oder in der als Wirtschaftsprüfer) bei einer Unternehmensbewertung tätig werden können?

Antwort: Die Funktionen sind u.a. im IDW S1, Tz. 12 niedergelegt:

- In der **Funktion als neutraler Gutachter** wird der Wirtschaftsprüfer als Sachverständiger tätig, der mit **nachvollziehbarer Methodik** einen von den individuellen Wertvorstellungen betroffener Parteien unabhängigen Wert des Unternehmens – den **objektivierten Unternehmenswert** – ermittelt.
- **Berater:** In der **Beratungsfunktion** ermittelt der Wirtschaftsprüfer einen **subjektiven Entscheidungswert**, der z.B. angeben kann, was unter Berücksichtigung der vorhandenen individuellen Möglichkeiten und Planungen ein bestimmter Investor für ein Unternehmen höchstens anlegen darf (**Preisobergrenze**) oder ein Verkäufer mindestens verlangen muss (**Preisuntergrenze**), um seine ökonomische Situation durch die Transaktion nicht zu verschlechtern.
- In der **Schiedsgutachter-/Vermittlerfunktion** wird der Wirtschaftsprüfer tätig, der in einer Konfliktsituation unter Berücksichtigung der verschiedenen subjektiven Wertvorstellungen der Parteien einen **Einigungswert als Schiedsgutachter** feststellt oder als Vermittler vorschlägt.

Frage: Sie sprachen gerade von davon, dass Sie in der Funktion als neutraler Gutachter als Sachverständiger tätig werden, der mit **nachvollziehbarer Methodik** einen von den individuellen Wertvorstellungen betroffener Parteien unabhängigen Wert des Unternehmens – den **objektivierten Unternehmenswert** – ermittelt. Können Sie diese Notwendigkeit der „nachvollziehbaren Methodik" erläutern?

Antwort: Durch die funktionale Bewertungstheorie kann das Bewertungsergebnis je nach Bewertungsfunktion auf verschiedenen Annahmen beruhen und dadurch unterschiedlich ausfallen. Es ist daher umso wichtiger, dass die dadurch hervorgerufene **Komplexität** und Vielschichtigkeit **reduziert** wird. Aus diesem Grunde schreibt der IDW S1 im Grundsatz der Nachvollziehbarkeit der Bewertungsansätze vor, im Rahmen der Unternehmensbewertung ein sogenanntes **Bewertungsgutachten anzufertigen.**

Kernthema: „Gutachten zur und Prozess der Unternehmensbewertung"

Frage: OK! Können Sie uns erläutern, warum ein Bewertungsgutachten angefertigt werden soll und welche Zielsetzungen es verfolgt?

Antwort: Dem Grundsatz der Klarheit der Berichterstattung entsprechend, muss die vorgenommene Begutachtung gemäß IDW S1 **schriftlich in Form eines abschließenden Bewertungsgutachtens ausführlich und vollständig dokumentiert werden.**

Die Relevanz eines derartigen Bewertungsgutachtens ergibt sich aus der Tatsache, dass die Unternehmensbewertung der Anforderung unterliegt, treffsicher und schlüssig zu sein und am Ende zu einem Bewertungsergebnis zu kommen, **welches plausibel und aussagekräftig** ist. Es sind hier auch die stets vorhandenen Bewertungsspielräume zu erläutern. Aus diesem Grunde wird in Bewertungsgutachten häufig auch ein sog. „**Bewertungskorridor**" genannt.

Mit dem Bewertungsgutachten soll versucht werden, die Komplexität einer jeden Unternehmensbewertung ein Stück weit zu vermindern. Das soll dadurch erreicht werden, dass der Prozess einer Unternehmensbewertung auf eine Art und Weise transparent gemacht wird, **die es einem Dritten ermöglicht das Bewertungsergebnis nachzuprüfen und nachzuvollziehen.** Dabei ergibt sich für ein Bewertungsgutachten eine **Vielzahl an Mindestinhalten**, die u.a. im IDW S1 veröffentlicht wurden. Diese sind jedoch in einem gewissen Maße variabel und **hängen von dem jeweiligen konkreten Praxisfall** ab.

Frage: Gut! Sie sprachen gerade von einem Mindestinhalt eines Bewertungsgutachtens nach IDW S1. Ist Ihnen in diesem Zusammenhang eine Mustergliederung bekannt?

Antwort: Der IDW S1, Tz. 179 adressiert folgende wesentliche Oberpunkte:

1. Darstellung der Bewertungsaufgabe,
2. Darstellung der angewandten Bewertungsgrundsätze und -methoden,
3. Beschreibung des Bewertungsobjekts,
4. Darstellung der der Bewertung zugrunde liegenden Informationen,
5. Darstellung der Bewertung des betriebsnotwendigen Vermögens,
6. Darstellung der gesonderten Bewertung des nicht betriebsnotwendigen Vermögens,
7. Unternehmenswert,
8. Abschließende Feststellungen.

Hinweis: Die o.g. „Mustergliederung" adressiert in der Tat nur die jeweiligen Kapitelüberschriften. Innerhalb eines Kapitels existieren noch mehrere Teilabschnitte, die das Gutachten zur Unternehmensbewertung enthalten muss. Im Rahmen der mündlichen Steuerberaterprüfung kann dieses Wissen allerdings nicht vorausgesetzt werden. Gleichwohl werden die thematischen Inhalte in den nachfolgenden „Fragen und Antworten" teilweise aufgegriffen.

Frage: Das Bewertungsgutachten bildet also auch den Prozess der Unternehmensbewertung ab? Können Sie das näher erläutern?

Antwort: Es ist richtig, dass die Gliederungspunkte gleichzeitig die Arbeitsschritte im Rahmen der Unternehmensbewertung determinieren. Denn nur dann, wenn der Bewerter die Unternehmensbewertung nach den Maßstäben und Inhalten eines Bewertungsgutachtens durchführt, kann die Qualität der Unternehmensbewertung – **trotz teilweise subjektiv getroffener Annahmen und Prämissen** – gesichert und damit einhergehend das Problem der Ergebnisgüte gelöst werden.

Einen zentralen Grundsatz bildet die **Nachvollziehbarkeit der Bewertungsansätze.** Dieser Grundsatz beinhaltet, dass im Rahmen einer Unternehmensbewertung einem sachkundigen Dritten **der Umfang der durchgeführten Erhebungen und Analysen ersichtlich gemacht werden muss, um so die Nachvollziehbarkeit des Bewertungsergebnisses zu gewährleisten.** Demnach verfolgen die Dokumentation und die Berichterstattung das Ziel, den gesamten Prozess der Unternehmensbewertung **intersubjektiv nachprüfbar** zu machen.

Kernthema: „Vergangenheitsanalyse, Planungsrechnungen und Plausibilitätsbeurteilung"

Frage: Die ersten drei Punkte des Bewertungsgutachtens haben wir im Wesentlichen bereits besprochen, sodass wir direkt zu Punkt 4: „Darstellung der der Bewertung zugrunde liegenden Informationen" übergehen können. Was ist Inhalt dieses Gutachtenteils?

Antwort: Dieser Gutachtenteil ist sehr umfangreich, da er u.a. eine Vergangenheitsanalyse sowie die Planungsrechnungen und deren Plausibilitätsbeurteilung umfasst.

Im Vordergrund der **Vergangenheitsanalyse** steht die Identifikation der wesentlichen vergangenen **Werttreiber** (Key Value Drivers) der Unternehmung (wie beispielsweise die Entwicklung der Gesamtnachfrage und der Marktanteile auf dem Absatzmarkt, die Preiselastizität der Nachfrage, die Preisentwicklungen auf dem Beschaffungsmarkt etc.). **Zur Identifikation dieser Werttreiber werden Jahresabschlussdaten herangezogen, die den Gewinn- und Verlustrechnungen, Kapitalflussrechnungen, Bilanzen, internen Ergebnisrechnungen, sowie Plan-Ist-Analysen entnommen werden.**

Sinn und Zweck der Vergangenheitsanalyse ist es, **die identifizierten Werttreiber kritisch hinsichtlich ihrer Übertragbarkeit in die Zukunft zu würdigen.** Das bedeutet im Konkreten, dass eine umfassende Analyse des Unternehmens (rechtliche, steuerliche und wirtschaftliche Verhältnisse) und des Umfelds stattfinden muss, um auf der Grundlage der im Rahmen der Analyse gewonnenen Erkenntnisse, Aussagen über die Entwicklung der Werttreiber treffen zu können.

Es zeigt sich, dass die Vergangenheits- bzw. Lageanalyse erheblichen **Einfluss auf die Qualität der der Unternehmensbewertung zugrunde gelegten Prognosen** hat. Es werden innerhalb der Vergangenheitsanalyse Annahmen getroffen, die für den weiteren Verlauf der Unternehmensbewertung maßgeblich sind. Daher ist es umso wichtiger, dass sie nach den Maßstäben des Bewertungsgutachtens erfolgt **und demnach die verschiedenen Analyseansätze transparent und nachvollziehbar gemacht werden.**

Kernthema: „Bewertung des betriebsnotwendigen Vermögens"

Frage: Prima! Kommen wir dann zu Punkt 5: „Darstellung der Bewertung des betriebsnotwendigen Vermögens". Was ist Inhalt dieses Gutachtenteils?

Antwort: Es handelt sich bei diesem Gutachtenteil um den **Kernbereich der Unternehmensbewertung.** In diesem Abschnitt werden erstens die erwarteten finanziellen Überschüsse der jeweiligen Perioden ermittelt (**sog. Zählergröße**). Zweitens wird aus den Komponenten „Basiszinssatz", „Risikozuschlag" und „Wachstumsabschlag" der Kapitalisierungszinssatz abgeleitet (**sog. Nennergröße**). Im Ergebnis kann damit im dritten Schritt der Barwert der finanziellen Überschüsse ermittelt werden.

> **Frage:** [...] das scheint komplex zu sein. Dann sehen wir uns diese drei Schritte einmal getrennt voneinander an. Beginnen wir mit der von Ihnen angesprochenen „Zählergröße". Was ist Inhalt dieses Bewertungsabschnitts?

Antwort: Für die Prognose der künftigen finanziellen Überschüsse sind aus diesem Grund zum einen unternehmensorientierte Informationen zu beschaffen. Dabei sind insbesondere **interne Planungsdaten** sowie daraus entwickelte **Plan-Bilanzen, Plan-Gewinn- und Verlustrechnungen sowie Plan-Kapitalflussrechnungen** heranzuziehen. Zum anderen werden marktorientierte Informationen benötigt. Hierzu zählen insbesondere Informationen über branchenspezifische Märkte und volkswirtschaftliche Zusammenhänge. Des Weiteren ist die Beschaffung von vergangenheits- und stichtagsbezogenen Informationen wichtig, **auch wenn diese nur als Grundlage für die Schätzung künftiger Entwicklungen heranzuziehen sind**.

> **Frage:** [...] es existieren aber unterschiedliche Verfahren zur Unternehmensbewertung. Ist bei den Planungsdaten daher nicht zwischen den Verfahren zu differenzieren?

Antwort: Das Ertragswert- und die DCF-Verfahren basieren auf dem gleichen Bewertungskalkül, da beide Verfahren auf dem Konzept des Kapitalwertverfahrens basieren und sich demzufolge an zukünftigen finanziellen Überschüssen orientieren. Zwar grenzen das Ertragswert- und die DCF-Verfahren die zukünftigen finanziellen Überschüsse unterschiedlich ab, die grundsätzliche Vorgehensweise im Rahmen der Prognose ist jedoch identisch.

> **Frage:** OK! Wie gehen Sie mit der Prognoseunsicherheit bei der Unternehmensplanung um?

Antwort: Die Prognose der Zukunftserfolge stellt die zentrale Herausforderung im Rahmen der Unternehmensbewertung dar. Das Problem, welches sich ergibt, ist, dass die Zukunftsentwicklung eines Unternehmens in der Regel **nur sehr eingeschränkt plan- und vorhersehbar ist**.

Insbesondere mit **zunehmender zeitlicher Entfernung vom Bewertungsstichtag** wird es immer schwieriger, künftige Überschüsse plausibel zu beurteilen und sicher zu prognostizieren. Vor diesem Hintergrund hat sich in der Praxis die sogenannte **Phasenmethode** entwickelt. Bei dieser werden die finanziellen Überschüsse in unterschiedlichen Zukunftsphasen geplant und prognostiziert. Dabei werden in der Regel zwei Phasen unterschieden, die jedoch in Abhängigkeit von der Größe, Struktur und Branche des zu bewertenden Unternehmens unterschiedlich lange Zeiträume erfassen können. Die zwei Phasen gliedern sich in eine sog. **„Detailplanungsphase"** und die sog. **„Phase der ewigen Rente"**.

Aufgrund dessen, dass die Entwicklung der Einflussfaktoren, wie beispielsweise die Entwicklung künftiger Markt- und Absatzbedingungen, rechtlicher und politischer Rahmenbedingungen, relevanter Preise usw., nicht mit 100 %iger Sicherheit vorhersehbar sind, entstehen **erhebliche Prognoseprobleme**. Diese führen dazu, dass **einwertige Unternehmensplanungen** zumeist **nicht möglich und auch nicht erstrebenswert** sind. Um dieses Unsicherheitsproblem erkennbar zu machen, werden **verschiedene Szenarien** – Best-Case-Szenario, Worst-Case-Szenario und erwartetes Szenario – für künftig mögliche Entwicklungen der jeweiligen Einflussfaktoren entwickelt und die entsprechenden finanziellen Überschüsse für jede dieser Entwicklungen ermittelt.

Frage: [...] kommen wir also zur „Nennergröße". Was ist hierbei zu beachten?

Antwort: Bei der Unternehmensbewertung wird der Kapitalisierungszinssatz so ausgewählt, dass er die **Rendite einer zur Investition in das zu bewertende Unternehmen adäquaten Alternativinvestition** darstellt. Die Ermittlung des Kapitalisierungszinssatzes hängt davon ab, aus welcher Funktion heraus ein Unternehmenswert bestimmt wird. Somit kann ein **objektivierter** oder ein **subjektiver** Unternehmenswert ermittelt werden.

Um im Rahmen der Wertermittlung ein Höchstmaß an Objektivität zu gewährleisten, **muss die Vergleichsrendite intersubjektiv nachvollziehbar sein.** Aus diesem Grund setzt sich der Kapitalisierungszinssatz in der Regel aus den Komponenten **Basiszinssatz, Risikozuschlag, Ertragssteuerbelastung und Wachstumsabschlag** zusammen. Die adäquate Ermittlung der einzelnen Komponenten des Kapitalisierungszinssatzes ist von großer Bedeutung, da aufgrund des **Hebeleffektes** schon geringfügige Veränderungen des Kapitalisierungszinssatzes bei sonst gleichen Bewertungsprämissen, den Unternehmenswert erheblich beeinflussen können.

Kernthema: „Bewertung des nicht betriebsnotwendigen Vermögens"

Frage: OK! Im Ergebnis wird dann die „Zählergröße" mit der „Nennergröße" diskontiert, um so die Barwerte der einzelnen Perioden und in Summe den Unternehmens-

> wert im dritten Schritt zu bestimmen. Dann sehen wir uns im Folgenden den Punkt 6 „Darstellung der gesonderten Bewertung des **nicht** betriebsnotwendigen Vermögens" an. Was ist Inhalt dieses Abschnitts?

Antwort: Grundsätzlich gehören zum nicht betriebsnotwendigen Vermögen alle diejenigen Vermögensteile, welche die künftigen finanziellen Überschüsse eines Unternehmens gar nicht oder nur in einem sehr geringen Umfang verändern (wertbezogene Abgrenzung). Im Rahmen sowohl des Ertragswertverfahren als auch der DCF-Verfahren **können die nicht betriebsnotwendigen Vermögensteile jedoch nicht berücksichtigt werden, da lediglich nur solche Vermögensteile maßgeblich für die Wertermittlung sind, die finanzielle Überschüsse erzielen.**

Um dennoch das **nicht betriebsnotwendige Vermögen** in das Bewertungskalkül mit einzubeziehen, schreibt der IDW S1 die gesonderte Bewertung vor (Tz. 59–63). Im Rahmen der Bewertung des nicht betriebsnotwendigen Vermögens ist der Wert anzusetzen, der sich bei der **Liquidation dieser Vermögensteile** ergibt. Dabei sind die Kosten, die im Rahmen dieser Liquidation entstehen und die Ausgaben, die bei der Ablösung der den nicht betriebsnotwendigen Vermögensteilen zuzurechnenden Schulden von den Liquidationserlösen abzusetzen.

Der **Gesamtwert eines Unternehmens** setzt sich demnach aus dem **Wert der künftigen finanziellen Überschüsse** aus dem betriebsnotwendigen Vermögen **und dem Liquidationswert** des nicht betriebsnotwendigen Vermögens zusammen.

Kernthema: „Abschließende Überlegungen zum Gutachten zur Unternehmensbewertung"

> **Frage:** Abschließend können Sie uns bestimmt erläutern, was die Inhalte von Punkt 7 „Unternehmenswert" und Punkt 8 „Abschließende Feststellungen" sind?

Antwort: Jede Unternehmensbewertung ist in gewissem Maße mit Unsicherheit behaftet. Diese Unsicherheit führt zwangsläufig dazu, dass es im Rahmen der Wertermittlung für den Bewerter nicht möglich ist, einen Wert des Unternehmens zu ermitteln, **der zweifelsfrei und unwiderlegbar „richtig" ist**. Um dennoch die Ordnungsmäßigkeit der durchgeführten Unternehmensbewertung und die Validität des ermittelten Unternehmenswertes zu belegen, haben sich in der Praxis im Rahmen des Ertragswert- und des DCF-Verfahrens sogenannte **Plausibilitätsbeurteilungen** bewährt.

Die Durchführung der Plausibilitätsbeurteilungen erfolgt **auf Basis von Markt- und Vergleichsdaten**. Entstehen im Rahmen dieser Plausibilitätsüberlegungen größere

Differenzen zwischen dem ermittelten Unternehmenswert und dem jeweiligen Vergleichswert, können auf diese Weise die der Bewertung zugrunde gelegten Annahmen und Parameter überprüft und eventuell korrigiert werden. Die **Markt- und Vergleichsdaten** können auf unterschiedliche Art ermittelt werden. Sofern für das Unternehmen Börsenkurse zur Verfügung stehen, besteht die Möglichkeit, den Unternehmenswert direkt aus den **Börsenpreisen** des zu bewertenden Unternehmens abzuleiten. Zum anderen kann die Plausibilitätsbeurteilung **auch auf Basis einer vereinfachten Preisbildung mithilfe sogenannter Multiplikatoren** durchgeführt werden.

Wird der Börsenkurs des jeweiligen Unternehmens als Vergleichsmaßstab herangezogen, erfolgt die Wertermittlung des Unternehmens durch eine sogenannte **Börsenkapitalisierung**. Dabei wird der aktuelle Börsenkurs mit der Gesamtzahl der ausstehenden Aktien multipliziert. Der Börsenkurs kann für die Plausibilitätsbeurteilung insofern hilfreich sein, dass er das Urteil der Anleger bzw. des Marktes repräsentiert und Auskunft über die Werthaltigkeit der finanziellen Rückflüsse aus der Aktie gibt.

Im Rahmen der Plausibilitätsbeurteilung auf der Basis von Multiplikatoren werden Bewertungsrelationen, die man auf dem Kapitalmarkt bei Vergleichsunternehmen beobachtet, auf das zu bewertende Unternehmen übertragen. **Konkret beinhaltet dieser Vorgang, dass zunächst passende Vergleichsunternehmen gefunden werden müssen, welche mit dem zu bewertenden Unternehmen in Bezug auf Branche, Absatz, Wettbewerbssituation, Wachstumsaussichten sowie Kapitalstruktur übereinstimmen.** In einem weiteren Schritt wird der **Multiplikator** bestimmt. Dieser setzt sich zusammen aus dem Verhältnis zwischen dem Marktwert des Vergleichsunternehmens und einer ausgewählten Bezugsgröße des Vergleichsunternehmens. Diese **Bezugsgröße** kann in der Regel entweder der Umsatz oder Ergebnisgrößen wie beispielsweise das EBIT, das EBITDA oder der Gewinn sein. **Der Marktwert des zu bewertenden Unternehmens** errechnet sich anschließend aus der Multiplikation des ermittelten Multiplikators mit der Bezugsgröße für das zu bewertende Unternehmen.

Kernthema: „Besonderheiten der Bewertung bei kleinen und mittelgroßen Unternehmen"

Frage: Sie haben gerade dargestellt, dass es bei „börsennotierten Unternehmen" manche Besonderheit zu beachten gibt. Es ist einigermaßen unwahrscheinlich, dass Sie als (angehender) Steuerberater börsennotierte Unternehmen und Konzerne bewerten werden. Schauen wir uns daher mal ein „mittelständisches Unternehmen" an. Welche Besonderheiten gibt es dabei zu beachten?

Antwort: [...] kurze Nachfrage: Was verstehen Sie unter einem „mittelständischen Unternehmen"?

Frage: Guter Einwand! Eine „Legaldefinition" scheint es nicht zu geben. Gibt es „Leitlinien", die uns hier weiterhelfen könnten?

Antwort: Häufig wird der Begriff „mittelständische Unternehmen" als Synonym für „KMU", also „kleine und mittlere Unternehmen" bzw. „SME", also „small and medium-sized enterprises" verwendet. Aber auch das führt nicht zu eindeutigen Ergebnissen. KMU könnten daher z. B. anhand von § 267 HGB eingeteilt werden. Das schlägt aber fehl, da in der Definition von „mittleren" und nicht von „mittelgroßen" Unternehmen gesprochen wird.

Es existiert eine „Empfehlung der Kommission vom 6. Mai 2003 betreffend die Definition der Kleinstunternehmen sowie der kleinen und mittleren Unternehmen" (ABl. L 124 vom 20.5.2003, S. 36–41). Laut Art. 2 Abs. 1 des Anhangs zu o. g. Empfehlung gilt:

> „Die Größenklasse der Kleinstunternehmen sowie der kleinen und mittleren Unternehmen (KMU) setzt sich aus Unternehmen zusammen, die weniger als 250 Personen beschäftigen und die entweder einen Jahresumsatz von höchstens 50 Mio. € erzielen oder deren Jahresbilanzsumme sich auf höchstens 43 Mio. € beläuft."

In Art. 8 Abs. 1 des Anhangs zu o.g. Empfehlung werden die nachfolgenden Begrifflichkeiten bewusst als „gleichwertig" betrachtet:

> „Alle Vorschriften oder Programme der Gemeinschaft, die geändert oder noch verabschiedet werden und in denen die Begriffe „KMU", „Kleinstunternehmen", „kleines Unternehmen", „mittleres Unternehmen" **oder ähnliche Begriffe vorkommen, sollten sich auf die in der vorliegenden Empfehlung enthaltene Definition beziehen."**

Frage: OK! Das bringt uns aber für unsere Frage nach den Besonderheiten bei der Unternehmensbewertung bei „KMU" auch nicht weiter. Für die Unternehmensbewertung kann die Höhe der zu diskontierenden Zahlungsüberschüsse offenbar keine Rolle spielen. Worauf ist dann abzustellen?

Antwort: Eine Definition, die auch bei der Unternehmensbewertung von KMU herangezogen werden könnte, ist diejenige des IDW. Nach dem **IDW Prüfungshinweis: Besonderheiten der Abschlussprüfung kleiner und mittelgroßer Unternehmen (IDW PH 9/100/1)**, Tz. 3, ist ein KMU jedes Unternehmen, bei dem die folgenden Umstände typischerweise vorliegen:

- Eigentum bei einer kleinen Anzahl von Personen und
- Eigentümer mit geschäftsführender Funktion.

Ein KMU ist daher i.d.R. geprägt durch:

- wenige Geschäftsbereiche,
- ein einfaches Rechnungswesen,
- und einfache interne Kontrollen.

Frage: Gut! Wir lösen uns also von der quantitativen Definition eines KMU und stellen qualitative Aspekte in den Vordergrund. Welche Problembereiche bzw. Unternehmensrisiken sind damit verbunden?

Antwort: Folgende Unternehmensrisiken sind typisch für KMU:

- Abhängigkeit von nur wenigen Produkten, Dienstleistungen oder Kunden und daher starker Einfluss von Nachfrageänderungen und Konkurrenzentwicklungen,
- Auswirkungen ungünstiger Entwicklungen in der Branche,
- fehlende bzw. nicht dokumentierte Unternehmensplanung,
- ungenügende Eigenkapitalausstattung,
- eingeschränkte Finanzierungsmöglichkeiten.

Frage: [...] welche Besonderheiten können sich daraus für die Bewertung ergeben?

Antwort: Besonderheiten bei der Bewertung von kleinen und mittelgroßen Unternehmen können sich aus der Tatsache ergeben, dass sie im Gegensatz zu großen Unternehmen oftmals nicht über ein von den Unternehmenseignern weitgehend unabhängiges Management verfügen, sodass der **unternehmerischen Fähigkeit der Eigentümer** erhebliche Bedeutung zukommt. Bei der Ermittlung eines Unternehmenswerts für kleine und mittelgroße Unternehmen ist besonderes Augenmerk auf:

- die Abgrenzung des Bewertungsobjekts,
- die Bestimmung des Unternehmerlohns im Rahmen der Bewertung des Managementfaktors und
- die Zuverlässigkeit der vorhandenen Informationsquellen

zu richten.

Frage: [...] die Abgrenzung des Bewertungsobjekts stelle ich mir schwierig vor. Was ist dabei zu beachten?

Antwort: Zur Ermittlung der wirtschaftlichen Unternehmenseinheit ist bei personenbezogenen, von den Eigentümern dominierten Unternehmen **die Abgrenzung von betrieblicher und privater Sphäre** von besonderer Bedeutung. Dabei können z.B. **steuerliche Sonderbilanzen** zur Ermittlung von nicht bilanziertem, aber **betriebsnotwendigem**

Vermögen und von damit korrespondierenden künftigen finanziellen Überschüssen herangezogen werden.

Wesentliche Bestandteile des Anlagevermögens (insbesondere Patente, Grundstücke) werden **häufig im Privatvermögen gehalten**. Demgemäß ist für Zwecke der Unternehmensbewertung darauf zu achten, dass diese entweder in die **zu bewertende Vermögensmasse eingebracht** oder anderweitig **(z.B. durch Berechnung von Miet-, Pacht- oder Lizenzzahlungen)** berücksichtigt werden. In diesem Zusammenhang ist auch festzustellen, ob sämtliche Aufwendungen und Erträge betrieblich veranlasst und vollständig im Rechnungswesen erfasst sind.

Bei kleinen und mittelgroßen Unternehmen ist häufig ein nach betriebswirtschaftlichen Gesichtspunkten **angemessenes Eigenkapital nicht vorhanden**. Im Falle einer bei Nichtberücksichtigung der persönlichen Haftung von Gesellschaftern zu niedrigen Eigenkapitalausstattung sind künftige Maßnahmen zur Stärkung der Unternehmenssubstanz (z.B. Gewinnthesaurierungen, Kapitalerhöhungen) und **deren Auswirkungen auf die künftigen finanziellen Überschüsse zu berücksichtigen**. Dabei ist beschränkten Finanzierungsmöglichkeiten aufgrund fehlenden Zugangs zum Kapitalmarkt Rechnung zu tragen.

Frage: OK! Welche Besonderheiten bestehen bei der Bestimmung der „Zählergröße"?

Antwort: Da bei kleinen und mittelgroßen Unternehmen die Höhe der künftigen finanziellen Überschüsse **maßgeblich vom persönlichen Engagement und den persönlichen Kenntnissen, Fähigkeiten und Beziehungen der Eigentümer abhängig ist**, hat die Bewertung des Managementfaktors (**Unternehmerlohn unter Berücksichtigung sämtlicher personenbezogener Wertfaktoren**) besondere Bedeutung.

Bei der Analyse der Vergangenheitsergebnisse ist zu beachten, dass die **Jahresabschlüsse** kleiner und mittelgroßer Unternehmen **oftmals betont steuerlich ausgerichtet sind**. Ferner ist zu berücksichtigen, dass Investitionen häufig nur in langen Intervallen vorgenommen werden. Die Gewinn- und Verlustrechnungen der nächstzurückliegenden Perioden **spiegeln dann die durchschnittlichen Ergebnisse möglicherweise nicht zutreffend wider und müssen entsprechend korrigiert werden**.

Im Falle einer fehlenden oder nicht dokumentierten Unternehmensplanung ist die Unternehmensleitung aufzufordern, speziell für die Zwecke der Unternehmensbewertung eine Planung für den Zeitraum von ein bis fünf Jahren vorzulegen. Solche Planungsrechnungen sind im Hinblick auf ihre Zuverlässigkeit kritisch zu würdigen.

Oft wird die Unternehmensleitung **keine Planungsrechnung erstellen**, sondern lediglich **allgemeine Vorstellungen über die künftige Entwicklung des Unternehmens vortragen**.

9. Grundlagen des Prüfungswesens

9.1 Themenbereich im Überblick: Das sollen Sie lernen!

Als Steuerberater sind Sie zwar nicht befugt, handelsrechtliche Pflichtprüfungen durchzuführen, aber oftmals ist es so, dass Sie einen Jahresabschluss für einen Ihrer Mandanten erstellen, der dann durch einen Abschlussprüfer zu prüfen ist. Aus diesem Grunde sollten Sie nach Studiums dieses Kapitels wissen, welche Prüfungen Sie als Steuerberater durchführen dürfen und welche dem Wirtschaftsprüfer vorbehalten sind.

Daneben ist es wichtig, dass Sie wissen, ab welchen Größenkriterien Ihre Mandanten prüfungspflichtig werden und sich einer handelsrechtlichen Pflichtprüfung unterziehen müssen. Ferner sollten Sie Ihren Mandanten die Frage beantworten können, „was" Bestandteil einer handelsrechtlichen Jahresabschlussprüfung ist und welche übergeordneten Ziele diese verfolgt. Die „Details" und das „wie", d.h. insbesondere die Prüfungstechnik, müssen Sie natürlich **nicht** beherrschen. Mit diesen Vorüberlegungen macht es aber durchaus Sinn, dass Sie sich als angehender Steuerberater kurz den „Grundlagen des Prüfungswesens" widmen.

9.2 Fragen und Antworten

Kernthema: „Berufsbild und Aufgaben des Wirtschaftsprüfers"

Frage: Können Sie als Steuerberater Jahresabschlussprüfungen durchführen?

Antwort: Ja, sofern es sich um freiwillige Prüfungen handelt.

Frage: [...] und nicht freiwillige Prüfungen?

Antwort: Das ist nicht möglich, da es sich dabei um eine sog. Vorbehaltsaufgabe der Wirtschaftsprüfer handelt.

Frage: OK! Was sind denn sog. Vorbehaltsaufgaben der Wirtschaftsprüfer, die Sie als Steuerberater nicht ausüben dürfen.

Antwort: Es existiert **keine Legaldefinition** für den Begriff „Vorbehaltsaufgabe". Der Begriff kann aber aus § 48 Abs. 1 Satz 1 WPO abgeleitet werden. Dieser führt aus:

„Wirtschaftsprüfer und Wirtschaftsprüfungsgesellschaften sind verpflichtet, ein **Siegel zu benutzen, wenn sie Erklärungen abgeben, die den Berufsangehörigen gesetzlich vorbehalten sind.**"

Frage: Gut! Gibt es denn eine Liste, was alles zu den Vorbehaltsaufgaben der Wirtschaftsprüfer zählt, um sicherzustellen, dass Sie diese Tätigkeiten als Steuerberater nicht verbotenerweise ausüben.

Antwort: Die Wirtschaftsprüferkammer stellt auf ihrer Website einige Hinweise zu dem Thema unter „Service der WPK: Übersicht über die Vorbehaltsaufgaben des WP/vBP" bereit (https://www.wpk.de/neu-auf-wpkde/alle/2022/sv/service-der-wpk-aktualisierte-uebersicht-der-vorbehaltsaufgaben-der-wp-vbp-1/ (abgerufen am 15.08.2023)). Hier kann auch ein Merkblatt „Übersicht über die Vorbehaltsaufgaben der WP/vBP" heruntergeladen werden.

Frage: Prima! Dann können Sie im Zweifel in der Praxis dort nachlesen, wenn Sie sich unsicher sind. Kommen wir dann mal zu den Prüfungstätigkeiten, die Sie als Steuerberater vornehmen dürfen. Was fällt Ihnen dazu ein?

Antwort: Es können beispielsweise folgende Prüfungen vorgenommen werden:

- Freiwillige Jahresabschlussprüfungen,
- Gründungsprüfungen nach § 33 AktG,
- Prüfung einer Buchführung, einzelner Konten, einzelner Posten des Jahresabschlusses, eines Inventars, einer Überschussrechnung oder von Bescheinigungen i.S.v. § 36 StBVV,
- Rentabilitätsprüfungen.

Frage: [...] kennen Sie vielleicht noch eine Prüfung, die explizit von Steuerberatern durchgeführt werden kann?

Antwort: Ja, das wäre die Prüfung und Bestätigung von Vollständigkeitserklärungen gemäß § 11 VerpackG.

Kernthema: „Prüfungssubjekte"

Frage: Wir wechseln das Thema. Wer ist denn eigentlich prüfungspflichtig bzw. was sind die Prüfungssubjekte?

Antwort: Prüfungspflichtig sind Kapitalgesellschaften, die nicht klein i.S.d. Handelsgesetzbuchs sind. Die Prüfungspflicht regelt § 316 Abs. 1 HGB.

Frage: [...] das überzeugt mich noch nicht richtig, obwohl Sie § 316 Abs. 1 HGB richtig zitiert haben. Wollen Sie Ihre Antwort noch einmal überdenken?

Antwort: Ja, Sie haben Recht. Ich habe gerade die Personenhandelsgesellschaften i.S.d. § 264a HGB vergessen. Für diese sind die Vorschriften des Ersten bis Fünften Unterabschnitts des Zweiten Abschnitts des HGB auch anzuwenden.

> **Frage:** OK! Was sind denn Personenhandelsgesellschaften i.S.d. § 264a HGB? Können Sie dafür ein klassisches Beispiel nennen?

Antwort: Ja, das wäre z.B. die GmbH & Co. KG.

> **Frage:** [...] jede GmbH & Co. KG?

Antwort: Nein, nur solche bei denen nicht zusätzlich z. B. noch eine natürliche Person Vollhafter ist. Das ist in § 264a Abs. 1 Satz Nr. 1 HGB geregelt.

> **Frage:** OK! Dann fassen wir einmal zusammen. Prüfungspflichtig wären dann also Kapitalgesellschaften und Personenhandelsgesellschaften i.S.d. § 264a HGB, sofern Sie nicht klein sind. Was ist denn eine „kleine Gesellschaft"?

Antwort: Die Größenkriterien sind in § 267 HGB niedergelegt. Danach ist eine Gesellschaft „klein", wenn Sie zwei der folgenden Kriterien an zwei aufeinanderfolgenden Stichtagen nicht überschreitet. Bilanzsumme von 6 Mio. €, Umsatzerlöse von 12 Mio. € und im Jahresdurchschnitt 50 Mitarbeiter.

> **Frage:** Gut! Gehen wir einmal davon aus, dass Sie einen Mandanten in der Rechtsform der GmbH betreuen würden. Dieser hätte zum Abschlussstichtag 01 eine Bilanzsumme von 7 Mio. € und 51 Mitarbeiter im Jahresdurchschnitt. Bei der Erstellung des Jahresabschlusses zum Stichtag 02 liegen unstreitig Umsatzerlöse von 13 Mio. € vor und 60 Mitarbeiter. Ist dieser Mandant prüfungspflichtig?

Antwort: Ja, wenn ich richtig mitgeschrieben habe, ist der Mandant prüfungspflichtig, da er in 01 die Größenkriterien einer „kleinen" GmbH bei der Bilanzsumme und der Mitarbeiterzahl und in 02 bei den Umsatzerlösen und der Mitarbeiterzahl überschreitet.

> **Frage:** [...] aber es werden doch die **Bilanzsumme** „nur" in 01 und die **Umsatzerlöse** „nur" in 02 überschritten. Reicht das aus?

Antwort: Ja, das reicht aus, da das Gesetz nicht vorsieht, dass jeweils das identische Kriterium an zwei aufeinanderfolgenden Abschlussstichtagen überschritten wird.

Frage: OK! Zurück zu Ihrem Mandanten. Dann ist Ihr Mandant also in 03 prüfungspflichtig?

Antwort: Nein, direkt in 02, da die Rechtsfolgen nach § 267 Abs. 4 Satz 1 HGB am zweiten Stichtag eintreten.

Frage: Sehr gut! Treten die Rechtsfolgen einer geänderten Größenklasse immer am zweiten Stichtag ein oder auch später?

Antwort: Die Rechtsfolgen treten **spätestens** am zweiten Stichtag ein. Bei Neugründungen oder Umwandlungen treten die Rechtsfolgen **bereits** am ersten Stichtag ein (§ 267 Abs. 4 Satz 2 HGB).

Frage: Prima! Gehen wir mal davon aus, dass Sie Ihrem Mandanten nicht mitgeteilt haben, dass sein Jahresabschluss ab dem Abschlussstichtag 02 prüfungspflichtig ist. Welche Folgen kann das haben? Auf evtl. berufsrechtliche Folgen brauchen Sie nicht einzugehen.

Antwort: Sofern ein Jahresabschluss trotz bestehender Prüfungspflicht nicht geprüft wurde, kann er nicht festgestellt werden. Ohne festgestellten Jahresabschluss sind Gewinn-/Dividendenausschüttungen ohne Rechtsgrund erfolgt. Ein Herausgabeanspruch der gezahlten Gewinn-/Dividendenausschüttungen nach § 812 BGB könnte die Rechtsfolge sein.

Frage: [...] Anderes Szenario. Sie klären Ihren Mandanten über die Prüfungspflicht ab dem Stichtag 02 auf und dass dafür die Beauftragung eines Wirtschaftsprüfers erforderlich ist. Der ist mit dem ganzen Thema „so gar nicht" einverstanden und tobt: „Das kann nicht sein. Wir sind eine Familien-GmbH in dritter Generation, wir haben keine Bankverbindlichkeiten und hatten niemals welche. All unseren Zahlungsverpflichtungen kommen wir innerhalb der Skontofristen nach. Die sollen lieber einmal die „Wirecards & Co." prüfen." Was entgegnen Sie ihm?

Antwort: Ich würde ihm sagen, dass es (leider) keine Ausnahme von der Prüfungspflicht gibt. Und dass seine Argumente zwar verständlich sind, aber es keine Befreiung gibt für:
- Gesellschaften, die keine Publikumsgesellschaften sind, also z.B. „Ein-Mann-GmbHs" oder „Familien-GmbHs",
- Gesellschaften, die einen geringen Verschuldungsgrad aufweisen oder gar kein Fremdkapital haben und
- Gesellschaften, die über eine hohe Liquidität verfügen, um allen Zahlungsverpflichtungen innerhalb der Skontofrist nachzukommen.

Kernthema: „Prüfungsobjekte"

Frage: [...] Ihr Mandant hat sich nach ein paar Tagen „beruhigt" und ruft Sie an: „[...] Nun gut. Wir sind prüfungspflichtig. Naja, wir haben nichts zu verbergen. Was prüft denn ein Wirtschaftsprüfer so?". Können Sie ihm erläutern, welche „Prüfungsobjekte" Bestandteil der Jahresabschlussprüfung sind?

Antwort: Ich würde ihm mitteilen, dass die Buchführung, der Jahresabschluss und der Lagebericht zu den Prüfungsobjekten zählen (§ 317 Abs. 1 und 2 HGB).

Frage: [...] Ihr Mandant kennt einen „Lagebericht" noch nicht, da er noch nie prüfungspflichtig war. Kurzerhand erteilt er Ihnen aber den Auftrag den Lagebericht zu erstellen. Was halten Sie von diesem Auftrag?

Antwort: Der Auftrag kann so nicht angenommen werden, da eine (alleinige) Erstellung des Lageberichts durch den Steuerberater für den Mandanten nicht zulässig ist.

Frage: [...] das ist richtig. Können Sie uns das genauer erläutern?

Antwort: In einer **„Verlautbarung der Bundessteuerberaterkammer zu den Grundsätzen für die Erstellung von Jahresabschlüssen"** von 12./13. April 2010 stellt diese in Rz. 10 Folgendes fest:

> „Die Erstellung des Jahresabschlusses kann auch mit einer Beratung zur Abfassung des Lageberichts verbunden sein, **nicht jedoch mit dessen Erstellung.**"

In den Fragen und Antworten (ohne Datum) zu o. g. Verlautbarung werden nachfolgende umfangreiche Erläuterungen in Tz. 10 abgegeben:

> „Die Aufstellung des Lageberichts obliegt den **gesetzlichen Vertretern der Kapitalgesellschaft** (§§ 264 Abs. 1, 289 HGB). Der Steuerberater darf den Lagebericht **nicht selbst erstellen**, kann aber in begrenztem Umfang bei der Aufstellung des Lageberichts mitwirken. Anders als bei der Erstellung des Jahresabschlusses ist im Hinblick auf den Lagebericht **nicht abschließend geklärt**, in welchem Umfang Tätigkeiten bei der Aufstellung delegiert und damit Verantwortungsbereiche z.B. auf den Steuerberater übertragen werden können. Unstreitig dürfte jedoch sein, dass der Steuerberater bei der Abfassung des Lageberichts beratend mitwirken darf. Eine Abrechnung kann dann gemäß § 35 Abs. 1 Nr. 7c StbGebV erfolgen.

> Die komplette Erstellung des Lageberichts durch den Steuerberater **ohne die Mitwirkung des zur Aufstellung des Lageberichts Verpflichteten ist unzulässig.** Der Lagebericht enthält eine wirtschaftliche Gesamtbeurteilung **durch die geschäfts-**

führenden Organe hinsichtlich Vergangenheit und Zukunft des Unternehmens, diese höchstpersönliche Einschätzung des Unternehmens kann auch aus Haftungsgründen nicht durch den Steuerberater übernommen werden.

Eine redaktionelle, durch Formulierungshilfen geprägte Unterstützungsleistung, die die inhaltlichen Vorgaben des Kaufmanns zu den Bestandteilen des Lageberichts nicht verändert, **ist als beratende Mitwirkung zulässig.**"

Im Übrigen existiert auch kein Gebührentatbestand mehr, nach dem die Erstellung des Lageberichts durch den Steuerberater abgerechnet werde könnte. Der noch in der Steuerberatergebührenverordnung (StBGebV) enthaltene § 35 Abs. 1 Nr. 1c StBGebV vorgesehene Gebührentatbestand wurde mit der Verordnung zum Erlass und zur Änderung steuerlicher Vorschriften vom 11. Dezember 2012 durch Art. 5 Nr. 10 a) a)) gestrichen.

> **Frage:** Prima! Das war aber eine ausführliche Antwort. Ihr Mandant fragt Sie weiter, ob der Wirtschaftsprüfer auch die Geschäftsführung, also ihn, prüft. Was sagen Sie Ihrem Mandanten?

Antwort: Die Prüfung der Geschäftsführung zählt **nicht** zu den Inhalten einer handelsrechtlichen Jahresabschlussprüfung.

Würde allerdings einer Gebietskörperschaft z. B. die Mehrheit der Anteile eines Unternehmens in einer Rechtsform des privaten Rechts gehören, so kann sie nach § 53 Abs. 1 Nr. 1 HGrG verlangen, „dass das Unternehmen im Rahmen der Abschlussprüfung auch die Ordnungsmäßigkeit der Geschäftsführung prüfen lässt".

Bei der Prüfung einer Genossenschaft wäre die Prüfung der Geschäftsführung auch eingeschlossen (§ 53 Abs. 1 Satz 1 GenG).

> **Frage:** Gut! Lösen wir uns einmal für den Moment von dem Fall. Was ist Bestandteil der Prüfung der Buchführung?

Antwort: Bestandteil der Prüfung in diesem Bereich ist:

- die Finanzbuchhaltung,
- die Nebenbuchhaltung,
- die Betriebsbuchhaltung und
- die Einhaltung der Grundsätze ordnungsmäßiger Buchführung (kurz: GoB).

> **Frage:** [...] können Sie die „Nebenbuchhaltung" präzisieren?

Antwort: Ja, es handelt sich hierbei um die Anlagenbuchhaltung, die Lohn- und Gehaltsbuchführung sowie die Lagerbuchführung.

> **Frage:** [...] Die Betriebsbuchhaltung ist Teil der Jahresabschlussprüfung? Ich habe so eine Vermutung, dass das Ihrem Mandanten aber gar nicht gefallen wird, wenn der Abschlussprüfer interne Kalkulationen einsehen will bzw. gar muss. Warum muss er das eigentlich? Ich dachte, der Abschlussprüfer prüft das „externe Rechnungswesen" und nicht das interne?

Antwort: Ja, das interne Rechnungswesen bzw. genauer die Betriebsbuchführung ist nur **mittelbar Teil der Jahresabschlussprüfung**, da diese die **Grundlage für Ansatz und Bewertung des Vorratsvermögens innerhalb der Bilanz** bildet.

> **Frage:** OK! Ihr Mandant ist jetzt „neugierig" geworden. Er hat verstanden, dass die Buchführung, der Jahresabschluss und der Lagebericht zu den Prüfungsobjekten gehören. Er möchte jetzt aber etwas genauer wissen, was ein Abschlussprüfer bei diesen Prüfungsobjekten grundsätzlich prüft. Können Sie ihm da Auskunft geben?

Antwort: Ja. Die Buchführung und der Jahresabschluss sind daraufhin zu prüfen, ob sie den **gesetzlichen Vorschriften des Handelsgesetzbuches** entsprechen. Ferner ist die Einhaltung möglicher **rechtsformspezifischer Vorschriften**, z.B. für GmbHs, und evtl. ergänzende **Bestimmungen des Gesellschaftsvertrags**. Der Gesellschaftsvertrag kann Regelungen enthalten, die die gesetzlichen Fristen für die Aufstellung des Jahresabschlusses verschärfen oder den Verzicht auf größenabhängige Befreiungen. Diese Punkte sind dann ebenfalls in die Prüfung einzubeziehen.

Beim Lagebericht wird geprüft, ob er eine zutreffende Darstellung der Lage des Unternehmens vermittelt und ob die **Chancen und Risiken der künftigen Entwicklung** zutreffend dargestellt sind. Darüber hinaus ist eine Aussage dahingehend zu treffen, ob der Lagebericht mit dem Jahresabschluss sowie mit den bei der Prüfung gewonnenen Erkenntnissen des Abschlussprüfers in Einklang steht.

Kernthema: „Ziele und Ausrichtung der Abschlussprüfung"

> **Frage:** Prima! Wir haben jetzt schon viel u. a. über die Inhalte der handelsrechtlichen Jahresabschlussprüfung gesprochen. Was ist eigentlich das Ziel der Abschlussprüfung?

Antwort: Nach § 317 Abs. 1 Satz 3 HGB existiert folgendes Ziel:

> „Die Prüfung ist so anzulegen, dass Unrichtigkeiten und Verstöße gegen die in Satz 2 aufgeführten Bestimmungen, die sich auf die Darstellung des sich nach § 264 Abs. 2 ergebenden Bildes der Vermögens-, Finanz- und Ertragslage der Kapitalgesellschaft wesentlich auswirken, bei gewissenhafter Berufsausübung erkannt werden."

Nach Satz 2 hat sich die Prüfung darauf zu erstrecken, ob die gesetzlichen Vorschriften und sie ergänzende Bestimmungen des Gesellschaftsvertrags oder der Satzung beachtet worden sind.

> **Frage:** OK! Dabei handelt es sich um die gesetzliche Vorschrift, die auch etwas redundant zu den Inhalten Ihrer vorherigen Antwort ist. Gibt es auch eine berufsfachliche Aussage, was das Ziel der Jahresabschlussprüfung ist?

Antwort: Ja, das Institut der Wirtschaftsprüfer in Deutschland e.V. (IDW) hat sich in einem Prüfungsstandard dazu geäußert. Es handelt sich um den „IDW Prüfungsstandard: **Ziele und allgemeine Grundsätze der Durchführung von Abschlussprüfungen (IDW PS 200)**" vom 3. Juni 2015. Gemäß IDW PS 200, Tz. 8f. gilt Folgendes:

> „Durch die Abschlussprüfung soll die **Verlässlichkeit der in Jahresabschluss und Lagebericht enthaltenen Informationen bestätigt und insoweit deren Glaubhaftigkeit erhöht werden**. Die Verlässlichkeit dieser Informationen schließt auch deren **Ordnungsmäßigkeit** ein, da diese von den Adressaten bei ihrer Interpretation mit herangezogen wird. Die Adressaten des Bestätigungsvermerks sowie die Adressaten des Prüfungsberichts, insbesondere die Aufsichtsorgane, können die Ergebnisse der Abschlussprüfung bei ihren Entscheidungen berücksichtigen, **wobei sie sich der Grenzen der Aussagefähigkeit eines Jahresabschlusses und Lageberichts sowie der Erkenntnismöglichkeiten einer Abschlussprüfung bewusst sein müssen.**

Der Wirtschaftsprüfer führt die Abschlussprüfung mit dem Ziel durch, die **Aussagen über das Prüfungsergebnis (Prüfungsaussagen) unter Beachtung des Grundsatzes der Wirtschaftlichkeit mit hinreichender Sicherheit treffen zu können**. Die Prüfungsaussagen des Abschlussprüfers werden im **Prüfungsbericht** und im **Bestätigungsvermerk** getroffen und – sofern ein Aufsichtsrat besteht – in der **Bilanzsitzung des Aufsichtsrats** erläutert."

> **Frage:** OK! Ihr Mandant hat Ihren Ausführungen aufmerksam zugehört. Plötzlich findet er eine Abschlussprüfung sogar gut. Er führt aus: „Prima! Wenn ein Abschlussprüfer also den Abschluss geprüft und testiert hat und wir etwas falsch gemacht hätten, sind wir ja nicht mehr verantwortlich, sondern der. Das ist ja quasi eine Art Absolution." Was antworten Sie Ihrem Mandanten darauf?

Antwort: Eine Abschlussprüfung ändert (leider) nicht die Verantwortung für den Jahresabschluss und den Lagebericht. Diese liegt weiterhin bei den gesetzlichen Vertretern der Gesellschaft. Der IDW PS 200, Tz. 29–31 stellt hier Folgendes klar:

„Der Abschlussprüfer ist für die **Prüfungsaussagen im Prüfungsbericht und im Bestätigungsvermerk verantwortlich** sowie für alle Aussagen, die der Abschlussprüfer in der Bilanzsitzung des Aufsichtsrats trifft.

Durch die Abschlussprüfung, insbesondere durch den Prüfungsbericht, werden die zur Aufsicht berufenen Organe des Unternehmens in ihrer Funktion unterstützt (vgl. IDW PS 450, Tz. 1); **ihre Verantwortung für die Aufsicht bleibt jedoch unberührt.**

Die Durchführung der Abschlussprüfung schränkt die Verantwortlichkeit der gesetzlichen Vertreter für die gesamte Rechnungslegung des Unternehmens nicht ein. Sie sind verpflichtet, für eine ordnungsmäßige Buchführung sowie für die ordnungsgemäße Aufstellung des daraus abzuleitenden Jahresabschlusses und ggf. des Lageberichts zu sorgen. Die Verantwortlichkeit der gesetzlichen Vertreter erstreckt sich dabei auch auf die Einrichtung und Aufrechterhaltung eines rechnungslegungsbezogenen internen Kontrollsystems."

Frage: Gut! Können Sie uns abschließend kurz erläutern, was das Ergebnis der Abschlussprüfung ist?

Antwort: Ja. Ergebnis der Abschlussprüfung ist der Prüfungsbericht (§ 321 HGB) und der Bestätigungsvermerk (§ 322 HGB).

Frage: OK! Allerletzte Frage für diesen Prüfungsabschnitt. Können Sie diese beiden Ergebnisse kurz erläutern? Die genauen Inhalte brauchen Sie nicht zu beschreiben!

Antwort: Der Abschlussprüfer hat über Art und Umfang sowie das Ergebnis der zu berichten. Das ist der sog. **Prüfungsbericht**, der schriftlich abzugeben ist. Der Prüfungsbericht richtet sich an die gesetzlichen Vertreter der Gesellschafter und ggfs. zusätzlich an vorhandene Aufsichtsorgane. „Der **Bestätigungsvermerk** hat Gegenstand, Art und Umfang der Prüfung zu beschreiben und dabei die angewandten Rechnungslegungs- und Prüfungsgrundsätze anzugeben; er hat ferner eine Beurteilung des Prüfungsergebnisses zu enthalten" (§ 322 Abs. 1 Satz 1 und 2 HGB). Anders als der Prüfungsbericht ist der Bestätigungsvermerk nach § 325 HGB offenzulegen. Er richtet sich damit an die „anonyme Öffentlichkeit".

10. Berufsrecht

10.1 Themenbereich im Überblick: Das sollen Sie lernen!

Das Berufsrecht ist ein nicht zu unterschätzendes Prüfungsgebiet in der mündlichen Steuerberaterprüfung. Die Einteilung des Steuerberatungsgesetzes in „Vorschriften über die Hilfeleistung in Steuersachen", „Steuerberaterordnung" und „Zwangsmittel, Ordnungswidrigkeiten" sollte Ihnen nach dem folgenden simulierten Prüfungsgesprächs bekannt sein. Lassen Sie sich nicht verunsichern, wenn der „fiktive Prüfer" noch einmal „nachfasst" oder auch spontan Antworten von Ihnen für eine weitere Frage verwendet. Das berufsrechtliche Handbuch sollten Sie wenigstens einmal vor der Prüfung „durchgeblättert" haben. Es enthält eine gute Sammlung des geltenden Berufsrechts. Dabei ist neben den gesetzlichen Grundlagen auch auf die vielfältigen Hinweise und Verlautbarungen der Bundessteuerberaterkammer hinzuweisen.

Fragen zu den Rechten und Pflichten des Steuerberaters, den Berufsausübungsformen, der Vergütungsordnung sowie der Berufsorganisation und Berufsgerichtsbarkeit sind wahre „Dauerbrenner" in der mündlichen Steuerberaterprüfung. „Verschenken" Sie diese „Fußgängerpunkte" im eigenen Interesse nicht und beschäftigen Sie sich mit dem Berufsrecht.

10.2 Fragen und Antworten

Kernthema: „Neuerungen im Berufsrecht"

Frage: Starten wir mit den Neuerungen im Berufsrecht. Welche sind Ihnen bekannt?

Antwort: Mit dem **Gesetz zur Neuregelung des Berufsrechts der anwaltlichen und steuerberatenden Berufsausübungsgesellschaften sowie zur Änderung weiterer Vorschriften im Bereich der rechtsberatenden Berufe vom 07.07.2021** (BGBl. 2021 I, S. 2363) wurden zahlreiche Änderungen auf den Weg gebracht. Nach Art. 36 Abs. 1 dieses Gesetzes gelten die Änderungen ab dem **01.08.2022**. In diesem Zusammenhang wurde auch die Satzung über die Rechte und Pflichten bei der Ausübung der Berufe der Steuerberater und der Steuerbevollmächtigten-Berufsordnung (BOStB) einschließlich der Fachberaterordnung geändert.

Frage: Gut! Können Sie uns einige Neuerungen nennen?

Antwort: Ja. Die Änderungen führen z.B. den Oberbegriff **„Berufsausübungsgemeinschaft"** für alle beruflichen Zusammenschlüsse und die **Erhöhung der Mindestversicherungssumme bei der Berufshaftpflichtversicherung** ein.

Frage: OK. Können Sie uns erläutern was eine „Berufsausübungsgemeinschaft" ist und welche weiteren Änderungen in diesem Zusammenhang gelten?

Antwort: Nach § 49 Abs. 1 und 2 StBerG gilt Folgendes:

„(1) Steuerberater und Steuerbevollmächtigte **dürfen sich zu Berufsausübungsge-sellschaften verbinden**. Sie dürfen sich **zur Ausübung ihres Berufs auch in Berufs-ausübungsgesellschaften** organisieren, **deren einziger Gesellschafter sie sind.**

(2) Berufsausübungsgesellschaften zur gemeinschaftlichen Berufsausübung in der Bundesrepublik Deutschland können die **folgenden Rechtsformen** haben:

1. **Gesellschaften nach deutschem Recht einschließlich der Handelsgesell-schaften,**
2. **Europäische Gesellschaften** und
3. Gesellschaften, die zulässig sind nach dem Recht
4. eines Mitgliedstaats der Europäischen Union oder
5. eines Vertragsstaats des Abkommens über den Europäischen Wirtschaftsraum."

Im Ergebnis sind damit alle in- und ausländischen Rechtsformen für eine Berufsaus-übungsgesellschaft zulässig. Aus der Formulierung „zur Ausübung ihres Berufs" wird abgeleitet, dass **rein kapitalmäßige Beteiligungen nicht mehr ausreichend bzw. möglich sind**. Durch diese Maßnahme soll auch die Unabhängigkeit der Berufsträger geschützt werden.

Ferner werden die **Mehrheitserfordernisse in Steuerberatungsgesellschaften abge-schafft**. Zukünftig ist es ausreichend, wenn wenigstens ein Steuerberater an der Berufs-ausübungsgesellschaft beteiligt ist und dem Geschäftsführungsorgan angehört.

Nach § 50 StBerG wird auch der **zulässige Gesellschafterkreis erweitert**:

„(1) Die Verbindung zu einer Berufsausübungsgesellschaft nach § 49 ist Steuerbera-tern und Steuerbevollmächtigten auch gestattet

1. **mit Mitgliedern einer Steuerberaterkammer, einer Rechtsanwaltskammer oder der Patentanwaltskammer sowie mit Wirtschaftsprüfern und vereidig-ten Buchprüfern,**
2. **mit Angehörigen ausländischer Berufe**, die im Ausland einen Beruf ausüben, der in Bezug auf die Ausbildung zum Beruf und die Befugnisse des Berufsträgers dem Beruf des Steuerberaters oder des Steuerbevollmächtigten vergleichbar ist und bei dem die Voraussetzungen für die Berufsausübung den Anforderungen dieses Gesetzes im Wesentlichen entsprechen,
3. mit Rechtsanwälten, Patentanwälten, Wirtschaftsprüfern und vereidigten Buch-prüfern **anderer Staaten**, die nach der Bundesrechtsanwaltsordnung, der Patent-

anwaltsordnung oder der Wirtschaftsprüferordnung ihren Beruf mit Rechtsanwälten, Patentanwälten, Wirtschaftsprüfern oder vereidigten Buchprüfern in der Bundesrepublik Deutschland gemeinschaftlich ausüben dürfen,

4. **mit Personen, die in der Berufsausübungsgesellschaft einen freien Beruf nach § 1 Absatz 2 des Partnerschaftsgesellschaftsgesetzes ausüben**, es sei denn, dass die Verbindung mit dem Beruf des Steuerberaters oder Steuerbevollmächtigten, insbesondere seiner Stellung als unabhängigem Organ der Steuerrechtspflege, nicht vereinbar ist oder das Vertrauen in seine Unabhängigkeit gefährden kann."

Im Ergebnis sind damit **interprofessionelle Berufsausübungsgemeinschaften** möglich, um dem Bedürfnis der Mandanten nach einer umfassenden Beratung „aus einer Hand" Rechnung zu tragen. Damit können auch beratende Volks- und Betriebswirte oder auch sonstige Sachverständige, **z.B. vereidigte Sachverständige zur Bewertung von Arzt- und Zahnarztpraxen**, Gesellschafter einer Berufsausübungsgemeinschaft werden.

Frage: Das war aber eine ausführliche Antwort. Gibt es auch Neuerungen bei der „Bürogemeinschaft"?

Antwort: Ja, diese Form der Zusammenarbeit wurde in § 55h Abs. 1 StBerG geregelt:

„(1) Steuerberater oder Steuerbevollmächtigte können sich zu einer Gesellschaft verbinden, die der gemeinschaftlichen Organisation der Berufstätigkeit der Gesellschafter unter **gemeinschaftlicher Nutzung von Betriebsmitteln** dient, jedoch nicht selbst als Vertragspartner von steuerberatenden Mandatsverträgen auftreten soll (**Bürogemeinschaft**).

(2) Eine Bürogemeinschaft können Steuerberater oder Steuerbevollmächtigte **auch mit Personen eingehen, die nicht Steuerberater oder Steuerbevollmächtigte sind**, es sei denn, die Verbindung ist mit dem Beruf des Steuerberaters oder Steuerbevollmächtigten, insbesondere seiner Stellung als unabhängigem Organ der Steuerrechtspflege nicht vereinbar, und kann das Vertrauen in seine Unabhängigkeit gefährden. Eine Bürogemeinschaft nach Satz 1 kann insbesondere dann ausgeschlossen sein, wenn in der anderen Person ein Grund vorliegt, der bei einem Steuerberater nach § 40 Absatz 2 Nummer 2 zur Versagung der Bestellung führen würde.

(3) Die in der Bürogemeinschaft tätigen Steuerberater und Steuerbevollmächtigten **sind verpflichtet, angemessene organisatorische, personelle und technische Maßnahmen zu treffen, die die Einhaltung ihrer Berufspflichten gewährleisten.**"

Frage: Was ändert sich bei der Berufshaftpflichtversicherung ab dem 01.08.2022?

Antwort: Nach § 55f Abs. 3 und 4 StBerG gilt Folgendes:

„(3) Für Berufsausübungsgesellschaften, **bei denen rechtsformbedingt für Verbindlichkeiten der Berufsausübungsgesellschaft aus Schäden wegen fehlerhafter Berufsausübung keine natürliche Person haftet oder bei denen die Haftung der natürlichen Personen beschränkt wird,** beträgt die **Mindestversicherungssumme** der Berufshaftpflichtversicherung **eine Million €** für jeden Versicherungsfall.

(4) Für Berufsausübungsgesellschaften, **die keinen rechtsformbedingten Ausschluss der Haftung und keine Beschränkung der Haftung der natürlichen Personen vorsehen,** beträgt die **Mindestversicherungssumme 500.000 €** für jeden Versicherungsfall."

Im Ergebnis wird damit die Mindestversicherungssumme verdoppelt bzw. sogar vervierfacht.

Frage: Was ändert sich bei der Berufshaftpflichtversicherung ab dem 16.03.2023?

Antwort: Nach § 55f Abs. 5 StBerG gilt Folgendes:

„(5) Die Leistungen des Versicherers für alle innerhalb eines Versicherungsjahres verursachten Schäden können auf den Betrag der jeweiligen Mindestversicherungssumme, **vervielfacht mit der Zahl der Gesellschafter,** die Steuerberater, Steuerbevollmächtigte, Wirtschaftsprüfer oder vereidigte Buchprüfer sind, und der Geschäftsführer, die nicht Gesellschafter und Steuerberater, Steuerbevollmächtigte, Wirtschaftsprüfer oder vereidigte Buchprüfer sind, begrenzt werden. Ist eine Berufsausübungsgesellschaft Gesellschafter, so ist bei der Berechnung der Jahreshöchstleistung nicht die beteiligte Berufsausübungsgesellschaft, **sondern die Zahl ihrer Gesellschafter,** die Steuerberater, Steuerbevollmächtigte, Wirtschaftsprüfer oder vereidigte Buchprüfer sind, und der Geschäftsführer, die nicht Gesellschafter und Steuerberater, Steuerbevollmächtigte, Wirtschaftsprüfer oder vereidigte Buchprüfer sind, maßgeblich. **Die Jahreshöchstleistung muss sich jedoch in jedem Fall mindestens auf den vierfachen Betrag der Mindestversicherungssumme belaufen."**

Kernthema: „Vorschriften über die Hilfeleistung in Steuersachen"

Frage: Kennen Sie eine „Sammlung", welche die berufsrechtlichen Rechtsgrundlagen bzw. Verlautbarungen und Hinweise zur Berufsausübung enthält?

Antwort: Ja, das wäre z.B. das sog. „Berufsrechtliche Handbuch" der Bundessteuerberaterkammer.

Frage: OK! Was ist denn das „Berufsrechtliche Handbuch" genau?

Antwort: Das „Berufsrechtliche Handbuch", welches von der Bundessteuerberaterkammer herausgegeben wird, ist eine Sammlung von berufsrechtlichen Hinweisen. Es enthält u.a.:

- berufsrechtliche Rechtsgrundlagen,
- Verlautbarungen und Hinweise zur Berufsausübung,
- Verlautbarungen und Hinweise zur Facharbeit:
  - im Steuerrecht und
  - im Rechnungswesen.

In einem eigenen Kapitel finden sich zudem Hinweise zu vereinbaren Tätigkeiten, die darlegen, was bei der Übernahme dieser Tätigkeiten zu beachten ist.

Frage: Gut! Kennen Sie die Gliederung des „Berufsrechtlichen Handbuchs"?

Antwort: Ja, das „Berufsrechtliche Handbuch" besteht aus einem „berufsrechtlichen Teil", einem „berufsfachlichen Teil" und einem „organisatorischem Teil".

Frage: Prima! Bevor wir die einzelnen Bereiche des „Berufsrechtlichen Handbuchs" besprechen wollen, noch eine Frage: Wo ist das Handbuch „erhältlich"?

Antwort: Das „Berufsrechtliche Handbuch" war früher nur im „Mitgliederbereich" der Bundessteuerberaterkammer erhältlich oder als Fortsetzungslieferung einer Loseblattsammlung. Nunmehr ist es „digital" auch im Internet unter https://www.berufsrecht-handbuch.de/ abrufbar.

Frage: OK! Der „berufs**rechtliche** Teil" des Handbuchs, was enthält der?

Antwort: Der „berufsrechtliche Teil" enthält u.a. das Steuerberatungsgesetz, die Durchführungsverordnungen zum Steuerberatungsgesetz, die Satzung über die Rechte und Pflichten bei der Ausübung der Berufe der Steuerberater und der Steuerbevollmächtigten – Berufsordnung (BOStB), die Fachberaterordnung und die Vergütungsverordnung für Steuerberater, Steuerbevollmächtigte und Steuerberatungsgesellschaften (Steuerberatervergütungsverordnung – StBVV). Daneben enthält er noch Verlautbarungen und Hinweise für die Berufspraxis sowie zur Ausbildung und Fortbildung der Steuerfachangestellten.

Frage: Dann wollen wir mal weiter gehen! Der „berufs**fachliche** Teil" des Handbuchs, was sind dort die Inhalte?

Antwort: Der „berufsfachliche" Teil des berufsrechtlichen Handbuchs enthält u.a. folgende Dokumente:

- Verlautbarung der Bundessteuerberaterkammer zur **Qualitätssicherung** in der Steuerberaterkanzlei, beschlossen von der Bundeskammerversammlung am 19.04.2021 sowie
- Empfehlungen der Bundessteuerberaterkammer zur Erfüllung der **Fortbildungspflicht** der Steuerberaterinnen und Steuerberater gemäß § 57 Abs. 2a StBerG, beschlossen vom Präsidium der Bundessteuerberaterkammer am 10.03.2010.

Daneben enthält er Hinweise und Verlautbarungen aus der Facharbeit im Steuerrecht, im Rechnungswesen, in der Unternehmensberatung und in vereinbaren Tätigkeiten.

Frage: Zu guter Letzt! Es existiert noch ein „organisatorischer Teil". Können Sie den Inhalt kurz beschreiben?

Antwort: Der „organisatorische Teil" enthält u.a. Anschriften der Steuerberaterkammern und -verbände, von berufsständischen Organisationen, wie z.B. der Versorgungswerke. Daneben enthält es weitere nationale Berufsorganisationen (außerhalb der Steuerberater) sowie die Anschriften der Finanzbehörden.

Frage: Sie sprachen eben von einer Fachberaterordnung, kurz: FBO. Welche Fachberater kennen Sie?

Antwort: Nach § 1 FBO existieren derzeit zwei Fachberater. Zum einen der „Fachberater für Internationales Steuerrecht" und zum anderen der „Fachberater für Zölle und Verbrauchsteuern".

Frage: Gut. Darauf kommen wir gleich noch zurück. Zunächst aber eine andere Frage: Was regelt das Steuerberatungsgesetz?

Antwort: Das Steuerberatungsgesetz regelt im ersten Teil „Vorschriften über die Hilfeleistung in Steuersachen" etwa **Fragen zur geschäftsmäßigen Hilfeleistung in Steuersachen** (§§ 2–4 StBerG), **zur Werbung** (§ 8 StBerG), **zur Vergütung** (§§ 9, 9a StBerG) oder **zur Verarbeitung personenbezogener Daten im Sinne der Datenschutz-Grundverordnung** (§ 11 StBerG).

Der zweite Teil, d.h. die Steuerberaterordnung, beantwortet Fragen zur **Berufsausübung** (§§ 32–39a StBerG), zur **Bestellung** (§§ 40–48 StBerG), zur **Steuerberatungs-**

gesellschaft (§§ 49–55h StBerG), zu (weiteren) beruflichen Zusammenschlüssen und zu den **Berufspflichten** bzw. **Berufsgrundsätzen** (§§ 58–71 StBerG), wobei § 64 Abs. 1 StBerG die Vergütungsverordnung für Steuerberater, Steuerbevollmächtigte und Steuerberatungsgesellschaften) (**Steuerberatervergütungsverordnung – StBVV**) explizit einschließt. Die „**Berufsorganisation**" und die „**Berufsgerichtsbarkeit**" schließen den zweiten Teil inhaltlich ab.

Der dritte Teil beschäftigt sich mit „Zwangsmittel, Ordnungswidrigkeiten" und der vierte und letzte Teil mit den „Schlussvorschriften".

Frage: Was verstehen Sie unter „geschäftsmäßiger Hilfeleistung"?

Antwort: Geschäftsmäßige Hilfeleistung darf nur von Personen oder Vereinigungen ausgeübt werden, die dazu befugt sind. Die Rechtsgrundlage findet sich in § 2 StBerG.

Frage: OK! Darf ein Student der Betriebswirtschaftslehre, der Steuern im Schwerpunkt studiert, entgeltlich für eine mittelständische GmbH die Körperschaft- und Gewerbesteuererklärung fertigen. Er soll dafür 1.000 € erhalten.

Antwort: Nein, das darf er nicht [...].

Frage: [...] Sorry, wenn ich in Ihre Antwort „reinspringe". Wie ist es, wenn er das unentgeltlich macht?

Antwort: Auch dann nicht. § 2 StBerG gilt unabhängig davon, ob der Student das hauptberuflich, nebenberuflich, entgeltlich oder unentgeltlich macht (§ 2 Satz 2 StBerG).

Frage: Gut! Dann dürfen also nur Steuerberater geschäftsmäßig in Steuersachen Hilfe leisten?

Antwort: Nein, das ist so nicht zutreffend. Die geschäftsmäßige Hilfeleistung wird unterteilt in die Befugnis zur unbeschränkten und zur beschränkten Hilfeleistung (§§ 3, 4 StBerG).

Frage: OK! Aber die Befugnis zu unbeschränkter Hilfeleistung in Steuersachen haben dann aber nur Steuerberater?

Antwort: Nein, auch das ist so nicht zutreffend. Nach § 3 StBerG sind zur unbeschränkten Hilfeleistung in Steuersachen befugt:

- Steuerberater, Steuerbevollmächtigte, Rechtsanwälte, niedergelassene europäische Rechtsanwälte, Wirtschaftsprüfer und vereidigte Buchprüfer,

- Partnerschaftsgesellschaften, deren Partner ausschließlich die eben genannten Personen sind sowie
- Steuerberatungsgesellschaften, Rechtsanwaltsgesellschaften, Wirtschaftsprüfungsgesellschaften und Buchprüfungsgesellschaften.

Gesellschaften nach § 3 Satz 1 Nr. 2 und 3 StBerG handeln durch ihre Gesellschafter und Vertreter, in deren Person die für die Erbringung der geschäftsmäßigen Hilfeleistung in Steuersachen gesetzlich vorgeschriebenen Voraussetzungen im Einzelfall vorliegen müssen.

Frage: Prima! Das habe ich jetzt verstanden. Wer ist aber dann zur beschränkten Hilfeleistung in Steuersachen befugt? Einige Beispiele reichen aus.

Antwort: Die Befugnis zu beschränkter Hilfeleistung in Steuersachen ist in § 3 StBerG geregelt. Befugt sind z.B.:
- Notare im Rahmen ihrer Befugnisse nach der Bundesnotarordnung (Nr. 1),
- Patentanwälte und Patentanwaltsgesellschaften im Rahmen ihrer Befugnisse nach der Patentanwaltsordnung (Nr. 2),
- genossenschaftliche Prüfungs- und Spitzenverbände und genossenschaftliche Treuhandstellen, soweit sie im Rahmen ihres Aufgabenbereichs den Mitgliedern der Prüfungs- und Spitzenverbände Hilfe in Steuersachen leisten (Nr. 6) und
- Lohnsteuerhilfevereine, soweit sie für ihre Mitglieder Hilfe in Steuersachen leisten unter bestimmten Voraussetzungen (Nr. 11).

Frage: Nehmen wir mal an, ein Professor, der einen Lehrstuhl für Allgemeine Betriebswirtschaftslehre, insbesondere Betriebswirtschaftliche Steuerlehre, hätte, wollte in Steuersachen „beraten". Über ein Berufsexamen im Sinne des § 3 Nr. 1 StBerG verfügt er nicht. Dürfte er das?

Antwort: Grundsätzlich „Nein" [...]

Frage: [...] Gibt es Ausnahmen?

Antwort: Ja, die gibt es. Diese Ausnahmen sind in § 6 StBerG aufgeführt. Für den Fall unseres Professors u.a. die Ausnahme in Nr. 1, d.h. die Erstattung wissenschaftlich begründeter Gutachten.

Frage: Gut! Das reicht unserem „Professor" erst einmal. Er möchte zukünftig aber Steuererklärungen erstellen und internationale Konzerne im Steuerrecht beraten. Kann er das?

Antwort: Nein, es sei denn er legt das Steuerberaterexamen ab.

> **Frage:** Das möchte unser „Professor" nicht! Er fragt sich, ob es nicht noch eine andere Möglichkeit gäbe? O-Ton: „Ich bin schon seit fünfzehn Jahren Professor für Steuerrecht. Das ist ein Unding!" Gibt es dennoch einen „Ausweg" für ihn?

Antwort: Ja. § 38 Abs. 1 Nr. 1 StBerG sieht vor, dass Professoren, die an einer deutschen Hochschule mindestens zehn Jahre auf dem Gebiet der von den Bundes- oder Landesfinanzbehörden verwalteten Steuern als Professor gelehrt haben, von der Steuerberaterprüfung befreit werden.

> **Frage:** [...] Aha, ein Professorenprivileg also?

Antwort: Nein, das kann man so nicht sagen. U.a. gilt es unter bestimmten Voraussetzungen auch für ehemalige Finanzrichter (Nr. 2) oder ehemalige Beamte des höheren Dienstes (Nr. 3 lit. a) und gehobenen Dienstes (Nr. 3 lit. b) der Finanzverwaltung.

> **Frage:** Nehmen wir an – was wir alle hoffen – Sie bestehen heute die Prüfung als Steuerberater und lassen sich nächstmöglich von Ihrer zuständigen Steuerberaterkammer als Steuerberater bestellen. Im Anschluss wollen Sie sich selbstständig machen. Können Sie dann „Werbung" machen, um die ersten Mandanten zu akquirieren?

Antwort: Die Vorschriften zur Werbung eines Steuerberaters sind in § 8 StBerG bzw. in § 9 der BOStB geregelt. Demnach ist Werbung, die auf die Erteilung eines Auftrags zur geschäftsmäßigen Hilfeleistung in Steuersachen im Einzelfall gerichtet ist, verboten (§ 8 Abs. 2 Satz 1 StBerG). Ähnlich wird dieses bei den Berufspflichten in § 57a StBerG nochmals ausgeführt.

> **Frage:** OK! Nehmen wir an, Sie wollen „nur" mehrere Buchhaltungsmandate akquirieren. Halten Sie dann auch an Ihrer Aussage fest?

Antwort: Nein, es gibt Ausnahmen für bestimmte Tätigkeiten. Nach § 8 Abs. 2 Satz 2 StBerG gilt das z.B. nicht für das Buchen laufender Geschäftsvorfälle, die laufende Lohnabrechnung und das Fertigen der Lohnsteuer-Anmeldungen, die in § 6 Nr. 4 StBerG genannt sind.

> **Frage:** OK! Nehmen wir weiter an, dass Sie keine Ausbildung gemacht haben. Sie haben Abitur gemacht, studiert, dann bei einem Steuerberater gearbeitet und wären jetzt selbstständiger Steuerberater. Dürfen Sie dann für Buchhaltungsdienste „Werbung" machen?

Antwort: Nein, die Ausnahme nach § 8 Abs. 2 Satz 2 i.V.m. § 6 Nr. 4 StBerG gilt nur „soweit diese Tätigkeiten verantwortlich durch Personen erbracht werden, die nach Bestehen der Abschlussprüfung in einem kaufmännischen Ausbildungsberuf oder nach Erwerb einer gleichwertigen Vorbildung mindestens drei Jahre auf dem Gebiet des Buchhaltungswesens in einem Umfang von mindestens 16 Wochenstunden praktisch tätig gewesen sind".

Frage: Gehen wir mal davon aus, dass Sie in einigen Jahren auch erfolgreich eine Fortbildung z.B. zum „Fachberater für Vermögens- und Finanzplanung (DStV e.V.)" absolviert haben. Dürfen Sie damit werben?

Antwort: Ja, **unter Einhaltung enger Voraussetzungen**. Nach § 9 Abs. 2 BOStB dürfen „andere Bezeichnungen als amtlich verliehene Berufs-, Fachberater- und Fachanwaltsbezeichnungen, akademische Grade und staatliche Graduierungen, z.B. **Hinweise auf absolvierte Fortbildungen**", von Steuerberatern nur geführt werden, „**wenn eine klare räumliche Trennung von der zusammenhängenden Angabe des Namens und der Berufsbezeichnung „Steuerberater" besteht**".

Frage: OK! Das klingt aber jetzt nicht sehr operational. Was ist denn „eine klare räumliche Trennung" in diesem Zusammenhang?

Antwort: Die Steuerberaterkammer Köln hat auf Ihrer Website unter der Rubrik „Berufsrecht" einige Hinweise eingestellt (https://www.stbk-koeln.de/rechtlicher-service/berufsrecht/fuehren-von-fortbildungsbezeichnungen):

Sie führt u.a. aus:

„Andere Bezeichnungen, die zum Hinweis auf den Erwerb einer besonderen Fortbildungsqualifikation von privaten Anbietern oder auch Fachhochschulen nach erfolgreichem Abschluss eines Fortbildungslehrgangs vergeben werden (so **z. B. die vom Deutschen Steuerberaterverband (DStV) vergebenen Fachberaterbezeichnungen**), stellen keine Berufsbezeichnung dar und werden darüber hinaus auch nicht amtlich verliehen. Diese Fortbildungsbezeichnungen erfüllen daher nicht die Anforderungen des § 43 Abs. 2 und Abs. 3 StBerG und dürfen nicht als Zusatz zur Berufsbezeichnung geführt werden."

Ferner stellt sie klar:

„Ein Zusatz zur Berufsbezeichnung liegt jedoch dann nicht vor, **wenn eine klare räumliche Trennung zwischen der Berufsbezeichnung „Steuerberater" und der Fortbildungsbezeichnung besteht**. Andere Bezeichnungen als amtlich verliehene Berufs- und Fachberaterbezeichnungen dürfen, soweit in dem benannten Gebiet entsprechende theoretische Kenntnisse und praktische Erfahrungen nachgewiesen werden können (§ 9 Abs. 3 BOStB), gem. § 9 Abs. 2 S. 1 BOStB von Steuerberatern deshalb nur dann geführt werden, **wenn eine klare räumliche Trennung von der zusammenhängenden Angabe des Namens und der Berufsbezeichnung „Steuerberater" besteht.**

Eine erkennbare räumliche Trennung von der Berufsbezeichnung kann auf Geschäftspapieren dadurch hergestellt werden, dass die privat verliehene Fortbildungsbezeichnung in der Fußleiste oder deutlich von der Berufsbezeichnung abgesetzt in der Seitenleiste geführt wird (**z.B. durch Trennung der Berufsbezeichnung und der privaten Zusatzbezeichnung, indem letztere unterhalb der Kontaktdaten aufgeführt wird**). Eine ausreichende Trennung kann zudem erreicht werden, wenn zwischen Berufsbezeichnung und Fortbildungsbezeichnung der **Begriff „Zusatzqualifikation"** eingeführt wird. Darüber hinaus ist zu beachten, dass hinter der privat verliehenen Fortbildungsbezeichnung in Klammern die verleihende Institution mit Rechtsformzusatz aufgeführt werden muss."

Darüber hinaus hat die Steuerberaterkammer Köln auch einige Mustergeschäftspapiere und Mustervisitenkarten zum Download bereitgestellt.

> **Frage:** Prima! Die letzte Frage haben Sie aber umfassend beantwortet. Nehmen wir einmal an, Sie wären immer noch auf „Mandantensuche". Einige Personen – gleichgültig ob Berufsträger oder nicht – könnten sich vorstellen Ihnen einige Mandate zu „vermitteln". Dafür möchten diese Personen eine Vergütung im ersten Jahr von 50 %, im zweiten Jahr eine von 30 % und im dritten Jahr eine von 10 % des vermittelten Umsatzes erhalten. Wie ist das berufsrechtlich zu würdigen?

Antwort: Nach § 9 StBerG ist „die Abgabe oder Entgegennahme eines Teils der Gebühren oder sonstiger Vorteile für die Vermittlung von Aufträgen, gleichviel ob im Verhältnis zu einem Steuerberater oder Steuerbevollmächtigten oder zu einem Dritten gleich welcher Art" unzulässig.

> **Frage:** Gehen wir jetzt davon aus, dass Sie bereits eine gut ausgelastete Steuerberaterkanzlei Ihr Eigen nennen. Ein Mandant möchte sich nunmehr von Ihnen in Fragen des internationalen **und** ausländischen Steuerrechts beraten lassen. Es geht konkret um **Spanien, Frankreich, die Schweiz und die USA**. Ist das zulässig unter der Annahme, dass Sie über die notwendige Erfahrung und Fachkenntnis verfügen?

Antwort: Ja, das wäre möglich. Nach § 12 StBerG sind z. B. Steuerberater „in Angelegenheiten, die das Abgabenrecht fremder Staaten betreffen, zur geschäftsmäßigen Hilfe in Steuersachen befugt".

Frage: OK! Ihr Mandant möchte unstreitig von Ihnen beraten werden, allerdings gibt es noch Unstimmigkeiten über das Honorar. Ihr Mandant schlägt Ihnen vor für die Steuergestaltung sofort 20.000 € zu zahlen und wenn es bei einer späteren Betriebsprüfung nicht zu Nachzahlungen kommt, will er noch einmal einen „Bonus" von 30.000 € „drauflegen". Wie reagieren Sie als Berufsträger auf dieses „Vergütungsmodell"?

Antwort: Das „Vergütungsmodell" in Form eines „Erfolgshonorars" ist nicht zulässig. § 9a Abs. 1 StBerG führt hierzu aus:

> „Vereinbarungen, durch die eine Vergütung für eine Hilfeleistung in Steuersachen oder ihre Höhe vom Ausgang der Sache oder vom Erfolg der Tätigkeit abhängig gemacht wird oder nach denen der Steuerberater oder Steuerbevollmächtigte einen Teil der zu erzielenden Steuerermäßigung, Steuerersparnis oder Steuervergütung als Honorar erhält (Erfolgshonorar), sind unzulässig [...]".

Frage: OK! Können Sie als Steuerberater dann nie ein Erfolgshonorar vereinbaren?

Antwort: Hierzu existiert eine Regelung im Steuerberatungsgesetz. Nach § 9a Abs. 2 Satz 1 StBerG darf ein Erfolgshonorar „nur für den Einzelfall und nur dann vereinbart werden, wenn der Auftraggeber aufgrund seiner wirtschaftlichen Verhältnisse bei verständiger Betrachtung ohne die Vereinbarung eines Erfolgshonorars von der Rechtsverfolgung abgehalten würde."

Mit anderen Worten z.B. bei der Frage, ob eine Klage vor dem Finanzgericht erhoben werden soll oder nicht.

Frage: Gut! Gibt es beim Erfolgshonorar weitere Besonderheiten zu beachten?

Antwort: Ja, diese sind in § 9 Abs. 2 bis 5 StBerG geregelt. Nach § 9a Abs. 3 Satz 1 StBerG bedarf die Vereinbarung der Textform.

Frage: Was muss diese Vereinbarung genau enthalten?

Antwort: Sie muss zunächst als „Vergütungsvereinbarung" bezeichnet werden und nicht in einer anderen Vereinbarung oder in der Vollmacht enthalten sein (§ 9a Abs. 3 Satz 2). Nach § 9a Abs. 3 Satz 3 StBerG muss sie enthalten:

1. die voraussichtliche gesetzliche Vergütung und gegebenenfalls die erfolgsunabhängige vertragliche Vergütung, zu der der Steuerberater oder Steuerbevollmächtigte bereit wäre, den Auftrag zu übernehmen, sowie
2. die Angabe, welche Vergütung bei Eintritt welcher Bedingungen verdient sein soll.

Auch § 9a Abs. 3 Satz 3 StBerG bestimmt weitere Anforderungen an die Vereinbarung; im Einzelnen:

> „In der Vereinbarung sind außerdem die wesentlichen Gründe anzugeben, die für die Bemessung des Erfolgshonorars bestimmend sind. Ferner ist ein Hinweis aufzunehmen, dass die Vereinbarung keinen Einfluss auf die gegebenenfalls vom **Auftraggeber zu zahlenden Gerichtskosten, Verwaltungskosten und die von ihm zu erstattenden Kosten anderer Beteiligter hat.**"

Frage: OK! Mal was ganz Anderes. Können Sie die Bedeutung und Entwicklung von § 11 StBerG erläutern?

Antwort: Ja. Steuerberater erbringen neben der klassischen Steuerberatung auch andere Tätigkeiten, wie zum Beispiel die Lohnbuchführung eines Unternehmens. Für die Ausführung dieser Aufgaben müssen zwangsläufig **personenbezogene Daten** der Beschäftigten an den Steuerberater übermittelt werden. Die Einschätzung, wie derartige Übermittlungen datenschutzrechtlich zu bewerten ist, war umstritten. Mit der Neufassung von § 11 StBerG hat der Gesetzgeber hier Klarheit geschaffen.

Frage: [...] und was wurde dort genau klargestellt?

Antwort: Es war lange umstritten, ob Steuerberater, insbesondere bei der Lohnabrechnung für Ihre Mandanten, **Auftragsverarbeiter** i.S.d. DSGVO waren. Dies ist mit der Neufassung des § 11 StBerG klargestellt, dass Steuerberater **keine Auftragsverarbeiter i.S.d. § 4 Nr. 8 DSGVO** sind. Sie müssen daher auch keinen Auftragsverarbeitungsvertrag gemäß Art. 28 DSGVO mit ihren Mandanten abschließen. U. a. die Auffassung des LDI NRW Landesbeauftragte für Datenschutz und Informationsfreiheit Nordrhein-Westfalen, Düsseldorf, ist damit überholt, die die Lohn- und Gehaltsabrechnung als „eine Aufgabe ohne Entscheidungskompetenzen" einstufte.

Die Gesetzesbegründung führt hierzu im Detail aus (BT-Drs. 19/14909, S. 58 f.):

> „§ 11 Absatz 1 StBerG wird an die Begrifflichkeiten der Datenschutz-Grundverordnung, d.h. an den mit Datenschutz-Grundverordnung eingeführten datenschutzrechtlichen Verarbeitungsbegriff, angepasst. **Es wird klargestellt, dass zur Erfüllung der Aufgaben nach dem Steuerberatungsgesetz personenbezogene Daten verarbeitet werden dürfen.**
>
> In § 11 Absatz 2 Satz 1 StBerG wird ergänzt, dass die Verarbeitung personenbezogener Daten durch Personen und Gesellschaften nach § 3 StBerG **unter Beachtung der für sie geltenden Berufspflichten weisungsfrei erfolgt.** D.h. dies gilt auch für das **„Buchen laufender Geschäftsvorfälle", „laufende Lohnabrechnung"** und **„Fer-**

tigen der Lohnsteuer-Anmeldungen", denn die Leistung des mit der Lohnbuchfüh-rung beauftragten Steuerberaters umfasst die **eigenverantwortliche Prüfung und Anwendung der gesetzlichen Bestimmungen**. Mit dieser Regelung werden die berufsrechtlichen Pflichten des Steuerberaters als Berufsgeheimnisträger zur unab-hängigen, eigenverantwortlichen, gewissenhaften und verschwiegenen Berufsaus-übung sichergestellt.

§ 11 Absatz 2 Satz 2 StBerG, wonach gemäß Artikel 9 Absatz 2 Buchstabe g der Daten-schutz-Grundverordnung **besondere Kategorien personenbezogener Daten nach Artikel 9 Absatz 1 der Datenschutz-Grundverordnung in diesem Rahmen verar-beitet werden dürfen, dient ebenfalls der Anpassung an die Datenschutz-Grund-verordnung. Denn die Verarbeitung besonderer Datenkategorien wie etwa von Gesundheitsdaten durch einen Steuerberater bedarf regelmäßig einer gesetzlichen Grundlage.** Die Ergänzung dient dazu, unter Wahrung und Beachtung der besonderen Vertrauensstellung des Steuerberaters die notwendige Rechtssicher-heit für alle Beteiligten zu schaffen und so die ordnungsgemäße steuerliche Beratung zu gewährleisten."

Frage: OK! Was müssen Steuerberater noch im Hinblick auf die DSGVO beachten?

Antwort: Die Bundessteuerberaterkammer hat hierzu in ihrer Mitteilung „Daten-schutz-Grundverordnung der EU (DSGVO) Handlungsempfehlung für Steuerberater-kanzleien" am 6. März 2018 einige Hinweise gegeben.

Hiernach sind folgende Punkte zu bedenken:
- Einrichtung eines Datenschutz-Leitfadens,
- Erstellung eines Verarbeitungsverzeichnisses,
- Erstellung eines Aufbewahrungs- und Löschkonzepts,
- Einrichtung eines Meldesystems für Datenpannen,
- Erstellung einer Arbeitsanweisung zur Wahrung der Betroffenenrechte,
- Prüfung, ob ein Datenschutzbeauftragter bestellt werden muss,
- Erstellung einer Schulungsunterlage für Kanzleimitarbeiter.

Daneben kann angemerkt werden, dass die Bundessteuerberaterkammer damals in diesem Papier schon die Auffassung vertreten hatte, dass die Tätigkeit des Steuerbera-ters nach dem Steuerberatungsgesetz für seinen Mandanten in eigener Verantwortung erfolgt und **keine Auftragsverarbeitung** ist.

Frage: Gut! Sie sprachen gerade die Bundessteuerberaterkammer bzw. eine Mitteilung von ihr in Sachen Datenschutz an. Gibt es noch mehrere solcher „Handreichungen"?

Antwort: Ja. Das **berufsrechtliche Handbuch** enthält hier „Hinweise für den Umgang mit personenbezogenen Daten durch Steuerberater und Steuerberatungsgesellschaften".

Kernthema: „Steuerberater- und Fachberaterordnung"

Frage: Können Sie kurz das Berufsbild des Steuerberaters charakterisieren?

Antwort: Steuerberater leisten geschäftsmäßig Hilfe in Steuersachen nach dem Steuerberatungsgesetz. Nach § 32 Abs. 2 StBerG gilt:

- Sie sind ein unabhängiges **Organ der Steuerrechtspflege**.
- Sie bedürfen der **Bestellung**.
- Sie üben einen **freien Beruf** aus.
- Ihre Tätigkeit ist **kein Gewerbe**.

Ferner haben Sie unmittelbar nach der Bestellung eine berufliche Niederlassung zu begründen und zu unterhalten (§ 34 StBerG).

Frage: Können Sie den Inhalt der Tätigkeit des Steuerberaters kurz skizzieren?

Antwort: Ja, der Inhalt der Tätigkeit ist z.B. in § 33 StBerG aufgezählt. Im Einzelnen können folgende Aufgaben genannt werden:

- Beratung und Vertretung in Steuersachen,
- Hilfeleistung bei der Bearbeitung von Steuerangelegenheiten und bei der Erfüllung steuerlichen Pflichten,
- Hilfeleistung in Steuerstrafsachen und in Bußgeldsachen wegen einer Steuerordnungswidrigkeit sowie
- Hilfeleistung bei der Erfüllung von Buchführungspflichten, die aufgrund von Steuergesetzen bestehen, insbesondere die Aufstellung von Abschlüssen, die für die Besteuerung von Bedeutung sind, und deren steuerrechtliche Beurteilung.

Frage: Nehmen wir an, Sie bestehen heute die Prüfung zum Steuerberater. Dürfen Sie dann schon die Berufsbezeichnung „Steuerberater" führen?

Antwort: Nein, das ist erst nach erfolgter Bestellung möglich.

Frage: Welche Steuerberaterkammer ist denn für die Bestellung zuständig?

Antwort: Die Antwort auf diese Frage ist in § 40 Abs. 1 StBerG geregelt. Hier wird ausgeführt:

„Nach bestandener Prüfung oder nach der Befreiung von der Prüfung ist der Bewerber auf Antrag durch die zuständige Steuerberaterkammer als Steuerberater zu bestellen. **Die örtliche Zuständigkeit der bestellenden Steuerberaterkammer richtet sich nach der beabsichtigten beruflichen Niederlassung des Bewerbers.**"

Frage: OK! Gibt es weitere Voraussetzungen für die Bestellung?

Antwort: Ja, diese sind in § 40 Abs. 2 StBerG aufgeführt:

„Vor der Bestellung hat die Steuerberaterkammer zu prüfen, ob der Bewerber persönlich geeignet ist. Die Bestellung ist zu versagen, wenn der Bewerber

1. nicht in geordneten wirtschaftlichen Verhältnissen lebt;
2. infolge strafgerichtlicher Verurteilung die Fähigkeit zur Bekleidung öffentlicher Ämter nicht besitzt;
3. aus gesundheitlichen Gründen nicht nur vorübergehend unfähig ist, den Beruf des Steuerberaters ordnungsgemäß auszuüben;
4. sich so verhalten hat, dass die Besorgnis begründet ist, er werde den Berufspflichten als Steuerberater nicht genügen."

Frage: Prima! Gibt es weitere Ausschlussgründe für die Bestellung?

Antwort: Ja, sofern der Bewerber z.B. eine **unvereinbare Tätigkeit** ausübt oder solange nicht die vorläufige Deckungszusage auf den Antrag zum Abschluss einer (eigenen) **Berufshaftpflichtversicherung** oder der Nachweis der Mitversicherung bei einem Arbeitgeber vorliegt. Das ist in § 40 Abs. 3 Nr. 2 und 3 StBerG niedergelegt.

Frage: OK! Was ist denn die Rechtsfolge der Bestellung zum Steuerberater und wie läuft die Bestellung ab?

Antwort:

*   Die Bestellung zum Steuerberater wird erst mit der **Aushändigung der Urkunde** wirksam.
*   Die Urkunde darf erst ausgehändigt werden, wenn die Versicherung abgegeben wurde, **dass die Berufspflichten erfüllt werden**.
*   Mit der Bestellung wird der Steuerberater **Mitglied der bestellenden Steuerberaterkammer**.

Die Rechtsgrundlage findet sich hierzu in § 41 StBerG.

Frage: OK! Wie „unterschreiben" Sie dann zukünftig z.B. Geschäftsbriefe?

Antwort: Nach erfolgter Bestellung ist die Berufsbezeichnung „Steuerberater" als Berufsangehöriger im beruflichen Verkehr zu führen. Andere Personen dürfen die Bezeichnung „Steuerberater" nicht führen (§ 43 Abs. 1 und 4 StBerG).

Frage: Gut! Nehmen wir an, Sie wären zusätzlich „Rechtsanwalt". Dürfen Sie diese Berufsbezeichnung führen?

Antwort: Nach § 43 Abs. 2 StBerG ist das zulässig, da die Berufsbezeichnung „Rechtsanwalt" amtlich, d. h. von einer Rechtsanwaltskammer, verliehen wurde (§ 12 BRAO).

Frage: [...] und wie sieht es aus, wenn Sie zusätzlich schon „Wirtschaftsprüfer" wären? Dürfen Sie diese Berufsbezeichnung dann auch führen?

Antwort: Ja, das ist ebenso möglich, da es sich auch um eine amtlich verliehene Berufsbezeichnung nach § 43 Abs. 2 StBerG handelt. Die Berufsbezeichnung „Wirtschaftsprüfer" wird nach § 15 WPO von der Wirtschaftsprüferkammer verliehen.

Frage: OK! Nehmen wir mal an, dass Sie Betriebswirtschaftslehre studiert hätten. Ihr erster Abschluss lautet „Bachelor of Arts" und ihr zweiter Abschluss „Master of Science". Da Sie zu den Besten Ihres Master-Jahrgangs gehörten, haben Sie auch ein Angebot zur Promotion erhalten und dürfen nach erfolgreichem Abschluss des Promotionsverfahrens auch noch einen „Dr. rer. pol." führen. Können Sie diese Abschlüsse zusammen mit der Berufsbezeichnung „Steuerberater" auf Ihrer Visitenkarte nennen?

Antwort: Ja, auch das ist möglich, da es sich um akademische Grade handelt (§ 43 Abs. 3 StBerG).

Frage: OK! Dann komme ich noch einmal auf die „Fachberater" zu sprechen. Welche Hinweise auf eine Spezialisierung dürfen denn in „räumlicher Nähe" zur Berufsbezeichnung „Steuerberater" geführt werden?

Antwort: Aktuell können nur die Fachberatertitel, also der Fachberater für Internationales Steuerrecht und der Fachberater für Zölle und Verbrauchsteuern neben der Berufsbezeichnung geführt werden.

Frage: [...] Sie sprachen von „aktuell". Sind weitere Fachberaterbezeichnungen in Zukunft geplant?

Antwort: Nein. Nach den FAQ der Steuerberaterkammer Düsseldorf, S. 6 (https:// stbk-duesseldorf.de/download/ars62t4du8ljq0qjtlpmf1euoug/Haeufig_gestellte_

Fragen_zur_Fachberaterordnung__Aktueller_Stand_14.02.2011.pdf) sind derzeit keine
weitere Fachberaterbezeichnungen geplant.

Frage: Worin liegt der Vorteil einer Fachberaterbezeichnung?

Antwort: Laut Aussage der Steuerberaterkammer Düsseldorf (a.a.O., S. 1) ist der Fachberater:

> „eine durch die Steuerberaterkammern verliehene Bezeichnung, die zusammen mit
> der Berufsbezeichnung „Steuerberater" geführt werden darf und die auf eine Speziali-
> sierung im Bereich der Vorbehaltsaufgaben hinweist. Damit erhält der Steuerberater
> neue Möglichkeiten, seine besonderen Kenntnisse bestimmter Steuerrechtsgebiete
> gegenüber Mandanten und potentiellen Mandanten besser darstellen zu können."

Frage: OK! Gehen wir mal davon aus, dass Sie heute die Prüfung als Steuerberater
bestehen. Können Sie dann im Anschluss direkt z.B. die Fachberaterbezeichnung
„Fachberater für Internationales Steuerrecht" erwerben?

Antwort: Nein!

Frage: [...] Gut! Was sind die Voraussetzungen, die zu erfüllen sind?

Antwort: Die Voraussetzungen sind in § 2 Abs. 1 der Fachberaterordnung (kurz: FBO)
niedergelegt; im Einzelnen heißt es dort:

> „Für die Verleihung einer Fachberaterbezeichnung hat der Antragsteller nach Maß-
> gabe der folgenden Bestimmungen **besondere theoretische** Kenntnisse und **beson-
> dere praktische** Erfahrungen nachzuweisen."

Frage: [...] und wie weisen Sie die besonderen theoretischen Kenntnisse nach?

Antwort: Das passiert in der Regel durch die erfolgreiche Teilnahme an einem Lehrgang.
§ 4 Abs. 1 FBO führt hierzu aus:

> „Der Erwerb besonderer theoretischer Kenntnisse setzt in der Regel voraus, dass der
> Antragsteller an einem auf die Fachberaterbezeichnung vorbereitenden beratersspe-
> zifischen Lehrgang teilgenommen hat, der alle relevanten Bereiche des Fachgebiets
> umfasst. Die Gesamtdauer des Lehrgangs muss, Leistungskontrollen nicht eingerech-
> net, mindestens 120 Zeitstunden betragen. Der Lehrgangsveranstalter muss sich von
> der Steuerberaterkammer, in deren Bezirk er seinen Sitz hat, vor Beginn des Lehr-
> gangs bestätigen lassen, dass der Lehrgang zur Vermittlung der besonderen theoreti-
> schen Kenntnisse geeignet ist."

Frage: [...] und welche wären das genau für den „Fachberater für Internationales Steuerrecht"?

Antwort: Die nachzuweisenden Kenntnisse ergeben sich aus § 10 FBO i.V.m. der Anlage 1 zur FBO:

„Nachzuweisende besondere Kenntnisse im Internationalen Steuerrecht

A. Internationales Steuerrecht
1. Außensteuerrecht (Nationales).
2. Recht der Doppelbesteuerung.
3. Internationale Bezüge des Umwandlungssteuerrechts.
4. Grundsätze internationaler Einkünftezuordnung, soweit nicht in einem anderen Punkt erfasst.
5. Internationale Steuerplanung.
6. Besteuerung inländischer Steuerpflichtiger im Ausland, insbesondere Strukturierung von Auslandsinvestitionen.
7. Grenzüberschreitende Arbeitnehmerbesteuerung.
8. Internationales Erbschaftsteuerrecht und ggf. Vermögensteuerrecht.
9. Verrechnungspreise einschließlich der Dokumentationspflichten.
10. Verfahrensrechtliche Besonderheiten bei grenzüberschreitenden Sachverhalten.

B. Steuerrechtliche Bezüge des Europarechts
1. Grundzüge der AEUV, insbesondere die Grundfreiheiten, soweit sie für das Europäische und Internationale Steuerrecht relevant sind,
2. EU-Steuerrecht, EU-Richtlinien und EU-Verordnungen.

Gegenstand ist nicht die Umsatzsteuer.

Frage: [...] und für den „Fachberater für Zölle und Verbrauchsteuern"?

Antwort: Die nachzuweisenden Kenntnisse ergeben sich aus § 10 FBO i.V. m. der Anlage 2 zur FBO:

„Nachzuweisende besondere Kenntnisse im Bereich der Zölle und Verbrauchsteuern

A. Zölle
1. Grundlagen und Funktionen des Zollwesensrechts.
2. Rechtsquellen des deutschen und europäischen Zollrechts.
3. Zollabfertigungen zur Einfuhr und Ausfuhr (einschließlich Vereinfachungen, Zugelassenem Wirtschaftsbeteiligten sowie Verboten und Beschränkungen).
4. Zollverfahren freier Verkehr einschließlich Zollschuldentstehung.

5. Zolltarifrecht, Zollwertrecht, Warenursprung und Präferenzen.

6. Besondere Zollverfahren (Versand, Lagerung, Veredelung, Verwendung).

7. Zollverfahren Ausfuhr einschließlich Exportkontrolle und Wirtschaftssanktionen.

8. Einfuhrumsatzsteuer, Umsatzsteuer bei Ausfuhr und jeweils damit zusammenhängende Fragen des Vorsteuerabzuges.

9. Strafsachen und Ordnungswidrigkeiten im Zoll- und Außenwirtschaftsbereich.

10. Rechtsschutz in Zollstreitigkeiten.

B. Verbrauchsteuer- und Monopolrecht

1. Rechtsquellen.

2. Wesen der Verbrauchsteuern.

3. Art und Besonderheiten der jeweiligen Verbrauchsteuer.

4. Besondere verfahrensrechtliche Vorschriften einzelner Verbrauchsteuern, z.B. bezüglich der Buchführungs- und Anmeldepflichten.

5. Europarechtliche und internationale Fragestellungen im Zusammenhang mit den Verbrauchsteuern.

6. Rechtsprechung".

Hinweis: Es wird naturgemäß von keinem Kandidaten in der mündlichen Steuerberaterprüfung erwartet, dass er die o.g. Inhalte der Fachberaterausbildung vollständig wiedergeben kann. Aus didaktischen Gründen wurde im Rahmen dieses Vorbereitungslehrbuchs allerdings diese Darstellungs-/Vermittlungsform gewählt. Für den Einstieg in die Prüfung sollten einige Stichpunkte ausreichend sein.

Frage: [...] OK! Und welche besonderen praktischen Erfahrungen sind nachzuweisen?

Antwort: Die Voraussetzungen sind in § 5 Abs. 1 FBO niedergelegt:

„Der Erwerb besonderer praktischer Erfahrungen setzt voraus, dass der Antragsteller innerhalb der letzten drei Jahre vor der Antragstellung im Fachgebiet als Steuerberater persönlich und eigenverantwortlich bearbeitet hat:

a) Internationales Steuerrecht: mindestens 30 Fälle,

b) Zölle und Verbrauchsteuern: mindestens 30 Fälle".

Frage: Kommen wir mal auf die Prüfung zum Fachberater zurück. Wie darf ich mir diese vorstellen?

Antwort: Nach § 6 FBO sind drei Aufsichtsarbeiten vorgesehen; im Einzelnen:

„Der Antragsteller muss sich für den „Fachberater für Internationales Steuerrecht" und für den „Fachberater für Zölle und Verbrauchsteuern" jeweils **mindestens drei Leistungskontrollen** (Aufsichtsarbeiten) aus verschiedenen Bereichen des Lehrgangs erfolgreich unterzogen haben. Die schriftlichen Leistungskontrollen dauern **jeweils mindestens vier Zeitstunden.**" Die Leistungskontrollen können sowohl schriftlich als auch elektronisch durchgeführt werden.

Frage: [...] keine mündliche Prüfung?

Antwort: Von einer mündlichen Prüfung wird in der Fachberaterordnung nicht explizit gesprochen, sondern von einem Fachgespräch.

Frage: [...] und wie darf ich mir diese Fachgespräch vorstellen?

Antwort: Das Fachgespräch ist in § 8 FBO erläutert:

(1) Zum Nachweis der besonderen theoretischen Kenntnisse und der praktischen Erfahrungen führt der Ausschuss ein Fachgespräch mit dem Antragsteller. Er **kann davon absehen, wenn** er seine Stellungnahme gegenüber dem Vorstand hinsichtlich der besonderen theoretischen Kenntnisse und der besonderen praktischen Erfahrungen nach dem Gesamteindruck der vorgelegten Zeugnisse und schriftlichen Unterlagen auch ohne ein Fachgespräch abgeben kann.

(2) Bei der Ladung zum Fachgespräch sind **Hinweise auf die Bereiche zu geben, die Gegenstand des Fachgesprächs sein werden.** Die Fragen sollen sich an in diesen Bereichen in der Praxis überwiegend vorkommenden Fällen ausrichten. Die auf den einzelnen Antragsteller entfallende Befragungszeit soll nicht weniger als 45 und nicht mehr als 60 Minuten betragen. Über das Fachgespräch ist ein Inhaltsprotokoll zu führen."

Frage: Gut! Wie kamen wir eigentlich auf die Thematik „Fachberater"?

Antwort: Aufgrund der Frage, ob z.B. durch Verbände oder Lehrgangsanbieter verliehene Zertifikate neben dem Steuerberater geführt werden können. Das ist nur bei den o.g. Fachberaterbezeichnungen möglich, da diese von der Steuerberaterkammer verliehen werden.

Frage: Prima! Und wie darf der Titel nun geführt werden?

Antwort: Laut Aussage der Steuerberaterkammer Düsseldorf (a.a.O., S. 3) gilt Folgendes:

„Der von der Steuerberaterkammer verliehene Fachberater-Titel darf unmittelbar neben der Berufsbezeichnung „Steuerberater" geführt werden – zum Beispiel auf dem Briefpapier, auf Visitenkarten, dem Kanzleischild und Online-Publikationen.

Beispiel: Steuerberater und Fachberater für Internationales Steuerrecht Max Mustermann"

> **Frage:** Dann wechseln wir das Thema wieder. Kann die Bestellung zum Steuerberater auch erlöschen?

Antwort: Ja, die Gründe dafür sind in § 45 Abs. 1 StBerG ausgeführt. Die Bestellung erlischt durch:

„**1.** Tod,

   2. Verzicht gegenüber der zuständigen Steuerberaterkammer,

   3. rechtskräftige Ausschließung aus dem Beruf,

   4. rechtskräftige Rücknahme der Prüfungsentscheidung oder der Entscheidung über die Befreiung von der Prüfung nach § 39a Abs. 1."

> **Frage:** Können Sie die Gründe nennen, die zum Widerruf der Bestellung führen?

Antwort: Ja, das steht in § 46 Abs. 2 StBerG beschrieben; im Einzelnen sind folgende Gründe zu nennen, wenn der Steuerberater:

   1. „eine gewerbliche Tätigkeit oder eine Tätigkeit als Arbeitnehmer ausübt, die mit seinem Beruf nicht vereinbar ist (§ 57 Abs. 4 StBerG);

   2. infolge strafgerichtlicher Verurteilung die Fähigkeit zur Bekleidung öffentlicher Ämter verloren hat;

   3. nicht die vorgeschriebene Haftpflichtversicherung gegen die Haftpflichtgefahren aus seiner Berufstätigkeit unterhält;

   4. in Vermögensverfall geraten ist, es sei denn, dass dadurch die Interessen der Auftraggeber nicht gefährdet sind; ein Vermögensverfall wird vermutet, wenn ein Insolvenzverfahren über das Vermögen des Steuerberaters oder Steuerbevollmächtigten eröffnet oder der Steuerberater oder Steuerbevollmächtigte in das Schuldnerverzeichnis (§ 882b der Zivilprozessordnung) eingetragen ist;

   5. seine berufliche Niederlassung in das Ausland verlegt, ohne dass ein Zustellungsbevollmächtigter mit Wohnsitz im Inland benannt worden ist. Name und Anschrift sowie jede Änderung der Person oder der Anschrift des Zustellungsbevollmächtigten sind der zuständigen Steuerberaterkammer unverzüglich mitzuteilen. Der

Steuerberater oder Steuerbevollmächtigte bleibt Mitglied der Steuerberater-kammer, der er bisher angehört hat;

6. eine berufliche Niederlassung nicht unterhält oder

7. aus gesundheitlichen Gründen nicht nur vorübergehend unfähig ist, seinen Beruf ordnungsgemäß auszuüben."

Frage: [...] noch kurz eine Nachfrage zum Erlöschen der Bestellung. Können ehemalige Berufsträger dann z.B. die Bezeichnung „Steuerberater a.D.", also „außer Dienst" führen?

Antwort: Nein, nach § 47 Abs. 1 Satz 2 StBerG ist das nicht zulässig.

Frage: Nehmen wir mal an, dass Sie viele Jahre nach erfolgter Bestellung als Steuerberater in die Industrie als „Leiter Rechnungswesen und Steuern" gewechselt sind. Zu diesem Zweck haben Sie auf die Berufsbezeichnung „Steuerberater" nach § 45 Abs. 1 Satz 1 Nr. 2 StBerG verzichtet. Nach weiteren Jahren zieht es Sie allerdings wieder in die Selbstständigkeit als Steuerberater. Was ist zu tun?

Antwort: Ich müsste die **Wiederbestellung** nach § 48 Abs. 1 Nr. 1 StBerG beantragen.

Frage: [...] müssen Sie dann erneut die Prüfung als Steuerberater ablegen?

Antwort: Nein, da nur die Bestellung als Steuerberater erloschen war und nicht die Urkunde über die bestandene Steuerberaterprüfung.

Frage: Was wissen Sie über eine „Steuerberatungsgesellschaft"?

Antwort: Steuerberatungsgesellschaften erhalten hinsichtlich ihrer Anerkennung Bestandsschutz, solange sich auf Gesellschafterebene keine Änderungen ergeben haben (§ 157d StBerG n.F.).

Hinweis! Nachfolgend § 157d StBerG n.F. im Wortlaut:

„(1) Wenn eine Gesellschaft vor dem 1. August 2022 als Steuerberatungsgesellschaft anerkannt wurde, gilt diese Anerkennung als Anerkennung der Berufsausübungsgesellschaft im Sinne des § 53.

(2) Berufsausübungsgesellschaften, die

1. am 1. August 2022 bestanden,

2. nach § 53 Absatz 1 anerkennungsbedürftig sind und

3. nicht nach Absatz 1 als anerkannt gelten,

> müssen bis zum 1. November 2022 ihre Anerkennung beantragen. Ihnen stehen bis zur Entscheidung der zuständigen Steuerberaterkammer über den Antrag auf Anerkennung die Befugnisse nach § 3 Satz 1 Nr. 2 und Satz 2 sowie § 55d zu."

Frage: Prima! Welche Rechtsform darf denn eine Berufsausübungsgemeinschaft haben?

Antwort: Nach § 49 Abs. 2 StBerG können Berufsausübungsgesellschaften folgende Rechtsformen haben:

„**1.** Gesellschaften nach deutschem Recht einschließlich der Handelsgesellschaften,

2. Europäische Gesellschaften und

3. Gesellschaften, die zulässig sind nach dem Recht

   a) eines Mitgliedstaats der Europäischen Union oder

   b) eines Vertragsstaats des Abkommens über den Europäischen Wirtschaftsraum."

Hinweis! Zur „Bezeichnung als Steuerberatungsgesellschaft nach der Berufrechtsreform" sei der Beitrag von **Beyme**, in: Stbg 2022, Heft 7/8, S. 275 ff. empfohlen.

Frage: OK! Können Sie kurz die allgemeinen Berufspflichten und die Rechtsgrundlage nennen?

Antwort: Folgende Berufspflichten werden in § 57 Abs. 1 bis Abs. 2a StBerG genannt:

- Unabhängigkeit,
- Eigenverantwortlichkeit,
- Gewissenhaftigkeit,
- Verschwiegenheit,
- Verzicht auf berufswidrige Werbung,
- Berufswürdiges Verhalten auch außerhalb der beruflichen Tätigkeit,
- Verpflichtung zur Fortbildung.

Die §§ 1–9 BOStB konkretisieren das. Eine Definition oder Umschreibung der Berufsgrundsätze ist im Steuerberatungsgesetz nicht enthalten.

Frage: Gut! Dann sehen wir uns doch nacheinander einmal die Berufsgrundsätze an. Starten wir mit der „Unabhängigkeit". Was beinhaltet dieser Berufsgrundsatz?

Antwort: § 2 BOStB führt hierzu aus, dass sowohl die persönliche als auch die wirtschaftliche Unabhängigkeit zu gewährleisten ist. Dazu gehört, dass die berufliche Entscheidungsfreiheit nicht gefährdet sein darf. Absatz 3 führt drei Beispiele auf, in denen die Unabhängigkeit nicht gewährleistet ist, namentlich bei der:

- Annahme von Vorteilen jeder Art von Dritten,
- Vereinbarung und Annahme von Provisionen,
- Übernahme von Mandantenrisiken.

> **Frage:** [...] dann machen wir mal mit der „Eigenverantwortlichkeit" weiter. Was beinhaltet dieser Berufsgrundsatz?

Antwort: Nach § 3 BOStB hat der Steuerberater seine Tätigkeit in eigener Verantwortung auszuüben, sich selbst ein Urteil zu bilden und die Entscheidungen selbstständig zu treffen. Hierzu gehört auch, dass die Mandatsannahme durch einen Steuerberater eine andere Person nach § 3 Nr. 1 StBerG zu erfolgen hat und wesentliche – auch elektronische – Korrespondenz persönlich zu „unterschreiben" ist.

> **Frage:** [...] OK, weiter geht es mit dem Grundsatz der „Gewissenhaftigkeit". Was beinhaltet dieser Berufsgrundsatz?

Antwort: Nach § 4 BOStB dürfen Steuerberater z.B. einen Auftrag nur annehmen und ausführen, wenn sie über die dafür erforderliche Sachkunde und die zur Bearbeitung erforderliche Zeit verfügen. Daneben sind Steuerberater verpflichtet, sich in dem Umfange fortzubilden, wie dies zur Sicherung und Weiterentwicklung der für ihre berufliche Tätigkeit – im Einzelfall – erforderlichen Sachkunde notwendig ist.

> **Frage:** [...] und weiter geht es mit der „Verschwiegenheit". Was beinhaltet dieser Berufsgrundsatz?

Antwort: Nach § 5 BOStB bezieht sich die Pflicht zur Verschwiegenheit auf alles, was Steuerberatern in Ausübung ihres Berufs bekannt geworden ist. Sie gilt nicht für Tatsachen, die offenkundig sind oder ihrer Bedeutung nach keiner Geheimhaltung bedürfen.

Insofern haben Steuerberater gemäß § 62 StBerG ihre Mitarbeiter, die nicht selbst Steuerberater sind, zur Verschwiegenheit **schriftlich** zu verpflichten und sie über die einschlägigen Vorschriften (z.B. AO, StGB, StPO, ZPO und BDSG) sowie die jeweiligen landesrechtlichen Datenschutzbestimmungen zu unterrichten.

Auch dürfen Unbefugte keinen Einblick in Mandantenunterlagen erhalten. Dies gilt auch für **Bürogemeinschaften**.

> **Frage:** [...] OK, bald haben Sie es geschafft. Was beinhaltet der Berufsgrundsatz „Verzicht auf berufswidrige Werbung"?

Antwort: Nach § 9 BOStB liegt berufswidrige Werbung insbesondere bei **wettbewerbs-widriger Werbung** vor. Nach § 9 Abs. 1 BOStB gilt Folgendes:

> „Steuerberater haben ihren Beruf unter Verzicht auf berufswidrige Werbung auszu-üben. Berufswidrige Werbung liegt insbesondere bei wettbewerbswidriger Werbung vor. Es ist unzulässig, berufswidrige Werbung durch Dritte zu veranlassen oder zu dulden."

Frage: [...] und weiter geht es mit einer anderen Grundpflicht als Steuerberater, d.h. dem „berufswürdigen Verhalten auch außerhalb der beruflichen Tätigkeit". Was bein-haltet dieser Berufsgrundsatz?

Antwort: Nach § 7 BOStB sind Steuerberater zur Sachlichkeit und zur Kollegialität ver-pflichtet. Als „sachlich" ist ein Verhalten einzustufen, welches „bei gewissenhafter Berufs-ausübung geeignet ist, die anvertrauten Interessen in angemessener Form zu vertreten. Die Verpflichtung zur Kollegialität verbietet es, das Ansehen eines Steuerberaters durch unsachliche Angriffe oder leichtfertige Anschuldigungen zu gefährden" (§ 7 Abs. 1 Satz 2 und 3 BOStB).

Frage: [...] OK, kommen wir abschließend zur „Verpflichtung zur Fortbildung". Was beinhaltet dieser Berufsgrundsatz?

Antwort: Nach der BOStB wird dieser Grundsatz nicht näher thematisiert. Üblicher-weise wird die Fortbildungsverpflichtung (§ 57 Abs. 2a StBerG) unter die Berufspflicht „Gewissenhaftigkeit der Berufsausübung" subsumiert.

Das berufsrechtliche Handbuch enthält unter dem „berufsfachlichen Teil" jedoch „**Emp-fehlungen der Bundessteuerberaterkammer zur Erfüllung der Fortbildungspflicht der Steuerberaterinnen und Steuerberater gemäß § 57 Abs. 2a StBerG**", beschlossen vom Präsidium der Bundessteuerberaterkammer am 10.03.2010.

In dieser Empfehlung werden die Bereiche:

- Rechtlicher Rahmen,
- Notwendigkeit der Fortbildung,
- Fortbildungsformen,
- Fortbildung der Mitarbeiter,
- Fortbildungsumfang sowie
- Fazit und Appell

adressiert.

Frage: Widmen wir uns einmal einem anderen Thema. Können Sie uns erläutern, wie die Vergütung des Steuerberaters geregelt ist?

Antwort: Nach § 64 StBerG ist der Steuerberater an eine Gebührenordnung gebunden.

Frage: OK! Was sind denn allgemeine Grundsätze zur Bestimmung der Vergütung?

Antwort: Nach § 64 Abs. 1 Satz 2 StBerG müssen die Gebühren angemessen sein. Die Höhe der Gebühren muss sich nach:

1. Zeitaufwand,
2. Wert des Objekts und
3. Art der Aufgabe

richten.

Frage: Das klingt kompliziert. Gibt es da eine „Hilfestellung" für Steuerberater?

Antwort: Wie bereits erwähnt sind Steuerberater an eine Gebührenordnung gebunden. Genau handelt es sich um die „Vergütungsverordnung für Steuerberater, Steuerbevollmächtigte und Steuerberatungsgesellschaften (**Steuerberatervergütungsverordnung – StBVV**)" vom 17.12.1981, die letztmalig am 10.06.2022 (BGBl. I S. 877) geändert wurde.

Frage: [...] Denken Sie noch einmal nach. Es gibt einen kleinen Fehler in Ihrer Antwort.

Antwort: Ja, Sie haben Recht. Ab August 2022 lautet die Langüberschrift: „Vergütungsverordnung für Steuerberater, Steuerbevollmächtigte und **Berufsausübungsgesellschaften.**

Frage: OK! Dann steigen wir da mal ein. Welche **Vergütungs**arten kennen Sie?

Antwort: Die StBVV kennt drei Vergütungsarten:

1. Einzelvergütung (§§ 21–46 StBVV),
2. Pauschalvergütung (§ 14 StBVV),
3. höhere vereinbarte Vergütung (§ 4 StBVV).

§ 9a StBerG sieht zudem ein „Erfolgshonorar" vor.

Frage: OK! Welche **Gebühren**arten unterscheidet die StBVV?

Antwort: Die StBVV unterscheidet:

- Wertgebühren (§ 10 StBVV),
- Zeitgebühr (§ 13 StBVV) und die

- Betragsrahmengebühr (§ 34 StBVV)

Daneben hat der Steuerberater noch Anspruch auf den Ersatz von Auslagen.

> **Frage:** [...] Ersatz welcher Auslagen?

Antwort: Die StBVV unterscheidet:

- Entgelte für Post- und Telekommunikationsdienstleistungen (§ 16 StBVV),
- Dokumentenpauschale (§ 17 StBVV),
- Geschäftsreisen (§§ 18–20 StBVV).

§ 15 StBVV stellt klar, dass der Steuerberater auch einen Anspruch auf Zahlung der Umsatzsteuer durch den Mandanten hat.

> **Frage:** OK! Kommen wir mal auf die Wertgebühr zurück. Was ist das und wie werden diese Gebühren ermittelt?

Antwort: Die Wertgebühr wird nach dem sog. **Gegenstandswert** berechnet. Die meisten Gebührentatbestände der StBVV gehen grundsätzlich von Wertgebühren (§ 10) aus. Als Beispiele können die „Erstellung der Buchführung" nach § 33 StBVV oder die „Aufstellung des Jahresabschlusses (Bilanz und Gewinn- und Verlustrechnung)" nach § 35 Abs. 1 Nr. 1a StBVV genannt werden.

> **Hinweis!**
> Die Bezeichnung „Aufstellung des Jahresabschlusses (Bilanz und Gewinn- und Verlustrechnung)" nach der StBVV ist nicht präzise und zum Teil auch irreführend. Zum einen ist der Jahresabschluss bei Kapitalgesellschaften und bestimmten Personenhandelsgesellschaften **um einen Anhang zu erweitern** (§ 264 Abs. 1 Satz 1 HGB), der damit Bestandteil des Jahresabschlusses ist. Hierfür existiert in der StBVV allerdings ein gesonderter Gebührentatbestand (§ 35 Abs. 1 Nr. 1b StBVV). Zum anderen ist die Erstellungstätigkeit des Jahresabschlusses **nicht identisch** mit der „Aufstellung". Erstens ist die Erstellung der „Aufstellung" **zeitlich vorgelagert** und zweitens kann die „Aufstellung" nicht (an einen Steuerberater) delegiert werden, da diese in der **Verantwortung des Kaufmanns** liegt, der auch den Jahresabschluss unterzeichnet (§§ 242, 245 HGB). Der Steuerberater unterstützt damit den Kaufmann „handwerklich" bei der Erstellung des Jahresabschlusses; er macht sich damit aber nicht den Jahresabschluss des Mandanten zu Eigen d.h. er stellt ihn **nicht** auf.

> **Frage:** Gut! Wie ermittle ich die Gebühr aber konkret?

Antwort: Die konkrete Höhe einer Gebühr ergibt sich aus:

- dem Gegenstandswert der Tätigkeit des Steuerberaters,
- der Anwendung eines Zehntelsatzes für diese Tätigkeit und
- der entsprechenden Gebührentabelle der StBVV.

Frage: OK! Könnten Sie das an einem Beispiel konkretisieren?

Antwort: Für die „Aufstellung" eines Jahresabschlusses beträgt die Gebühr 10/10 bis 40/10 einer vollen Gebühr nach Tabelle B. Die Mittelgebühr liegt damit bei 25/10. Gegenstandswert ist das Mittel zwischen der berichtigten Bilanzsumme und der betrieblichen Jahresleistung (§ 35 Abs. 1 Nr. 1 und Abs. 2 Nr. 1 StBVV).

Frage: [...] Prima, dann rechne ich aus Gründen der Gewinnmaximierung immer „40/10" ab? Oder gibt es da „Vorgaben"?

Antwort: Die „Vorgaben" ergeben sich aus § 11 StBVV. Bei den Rahmengebühren sind demnach folgende Umstände – nach billigem Ermessen – zu berücksichtigen:
- Umfangs und Schwierigkeit der beruflichen Tätigkeit,
- Bedeutung der Angelegenheit sowie der
- Einkommens- und Vermögensverhältnisse des Auftraggebers.

Ein besonderes Haftungsrisiko des Steuerberaters **kann** bei der Bemessung herangezogen werden (§ 11 Satz 2 StBVV).

Hinweis!
Bei Rahmengebühren, die sich **nicht** nach dem Gegenstandswert richten, **ist** das Haftungsrisiko zu berücksichtigen (§ 11 Satz 3 StBVV).

Frage: Gut! Was ist eine „Zeitgebühr"?

Antwort: Die Zeitgebühr ist in § 13 StBVV festgelegt. Sie ist in den Fällen anzuwenden, in denen die StBVV es vorsieht. Konkret z.B. bei der **Prüfung von Steuerbescheiden** nach § 28 StBVV oder der **Teilnahme an Prüfungen und Nachschauen** (§ 29 StBVV). Daneben ist die Zeitgebühr anzuwenden, wenn keine genügenden Anhaltspunkte für einen Gegenstandswert vorliegen. Ausgenommen davon sind allerdings z.B. die Tätigkeiten nach § 23 StBVV.

Die Zeitgebühr berechnet sich nach dem für die Bearbeitung des Auftrages erforderlichen Zeitaufwand und beträgt, sofern nicht ein höherer Betrag gesondert vereinbart ist, zwischen 30 und 75 € je angefangene halbe Stunde.

Frage: OK! Kommen wir zur letzten Gebührenart, d.h. der Betragsrahmengebühr. Was ist das genau?

Antwort: Die **Betrags**rahmengebühren kommen in der derzeitigen Fassung der StBVV lediglich bei der Lohnbuchführung (§ 34 StBVV) in der Form von konkreten Euro-Beträge vor.

Frage: [...] können Sie uns hierfür ein Beispiel nennen?

Antwort: Ja. Nach § 34 Abs. 1 StBVV erhält der Steuerberater für die erstmalige Einrichtung von Lohnkonten und die Aufnahme der Stammdaten eine Gebühr von 5 bis 18 € je Arbeitnehmer.

Ein anderes Beispiel wäre die Führung von Lohnkonten und die Anfertigung der Lohnabrechnung. Hierfür erhält der Steuerberater eine Gebühr von 5 bis 28 € je Arbeitnehmer und Abrechnungszeitraum (§ 34 Abs. 2 StBVV).

Frage: OK! Sie sagten eben im Nebensatz bei der Frage zur Zeitgebühr „sofern nicht ein höherer Betrag gesondert vereinbart ist"? Ich dachte, dass Steuerberater an die StBVV nach § 64 Abs. 1 Satz 1 StBerG gebunden seien.

Antwort: Ja, das ist richtig. Allerdings sieht die StBVV in § 4 explizit vor, dass eine höhere Vergütung vereinbart werden kann.

Frage: Gut! Dann gibt es aber doch bestimmt wieder formale Kriterien zu beachten?

Antwort: Ja, auch das ist richtig. § 4 StBVV sieht einige Voraussetzungen vor:
- Textform (Abs. 1 Satz 1),
- Bezeichnung als Vergütungsvereinbarung (Abs. 1 Satz 1 Nr. 1),
- Gesondertes Schriftstück, in dem Art und Umfang des Auftrags zu bezeichnen ist (Abs. 1 Satz 1 Nr. 2),
- Angemessene Vergütung (Abs. 2).

Frage: OK! Sie sprachen vorhin noch von einer „Pauschalvergütung". Was ist das?

Antwort: Gemäß § 14 Abs. 1 Satz 1 StBVV kann „für einzelne oder mehrere für denselben Auftraggeber **laufend auszuführende Tätigkeiten**" eine Pauschalvergütung vereinbart werden.

„Die Vereinbarung ist in **Textform** und für einen **Zeitraum von mindestens einem Jahr** zu treffen. In der Vereinbarung sind die vom Steuerberater zu übernehmenden **Tätigkei-**

ten und die **Zeiträume**, für die sie geleistet werden, **im Einzelnen** aufzuführen" (§ 14 Abs. 1 Satz 1 und 2 StBVV).

Frage: [...] können alle Tätigkeiten pauschaliert werden?

Antwort: Nein, manche Tätigkeiten werden nach § 14 Abs. 2 StBVV von der Pauschalvergütung ausgeschlossen. Im Einzelnen sind das:

- die Anfertigung nicht mindestens jährlich wiederkehrender Steuererklärungen;
- die Ausarbeitung von schriftlichen Gutachten (§ 22 StBVV);
- die in § 23 StBVV genannten Tätigkeiten;
- die Teilnahme an Prüfungen (§ 29 StBVV);
- die Beratung und Vertretung im außergerichtlichen Rechtsbehelfsverfahren (§ 40 StBVV), im Verwaltungsvollstreckungsverfahren (§ 44 StBVV) und in gerichtlichen und anderen Verfahren (§ 45 StBVV).

Frage: Wir sprachen vorhin von Änderungen im Steuerberatungsgesetz. Gibt es auch Änderungen bei der StBVV?

Antwort: Ja, wie bereits erläutert ist die StBVV letztmalig zum 10.06.2022 geändert worden. Insbesondere wurde aus aktuellem Anlass § 24 StBVV angepasst.

Frage: OK! Welcher aktuelle Anlass?

Antwort: Die Grundsteuerreform und die Erklärungsfristen bis zum 31.10.2022, die bis zum 31.01.2023 verlängert wurden.

Frage: [...] und wie ist die Erklärung zur Feststellung oder Festsetzung für Zwecke der Grundsteuer abzurechnen?

Antwort: Es wurde ein eigener Gebührentatbestand in Nr. 11a (des § 24 StBVV) geschaffen, der wie folgt lautet:

„11a. der Erklärung zur Feststellung oder Festsetzung für Zwecke der Grundsteuer im Rahmen des ab dem Jahr 2025 anzuwendenden Grundsteuerrechts einer vollen Gebühr nach Tabelle A (Anlage 1); Gegenstandswert ist der Grundsteuerwert oder, sofern dessen Feststellung nicht vorgesehen ist, der jeweilige Grundsteuermessbetrag dividiert durch die Grundsteuermesszahl nach § 15 Absatz 1 Nummer 2 Buchstabe a des Grundsteuergesetzes, jedoch jeweils mindestens 25.000 Euro"

$1/20$ bis $9/20$

Hinweis! Zu weitergehenden Ausführungen wird auf: **Beyme:** Honorarfragen zur neuen Grundsteuer: Vierte Verordnung zur Änderung der StBVV, Zulässigkeit von Pauschalangeboten und sonstiger Vereinbarungen, in: Stbg 2022, Heft 6/22, S. 234–237 verwiesen.

Frage: Prima! Wir wechseln jetzt das Thema. Können Sie uns kurz etwas zur Organisation des Berufsstandes erzählen?

Antwort: Ja, die Organisation in der bestehenden Form durch Berufskammern feierte in 2021 ihr sechzigjähriges Jubiläum. Mit dem „Gesetz über die Rechtsverhältnisse der Steuerberater und Steuerbevollmächtigte" vom 16.08.1961 (BGBl. I, S. 1301–1322) wurde eine gesetzliche Grundlage für eine berufliche Selbstverwaltung durch Steuerberaterkammern und eine unabhängige Berufsgerichtsbarkeit geschaffen. Das Gesetz ist am 01.11.1961 (Tag der Verkündung) in Kraft getreten.

Frage: Gut! Welche Berufskammern kennen Sie denn?

Antwort: Die Bundessteuerberaterkammer und die Regionalkammern.

Frage: Gut! Wie viele Regionalkammern existieren?

Antwort: Grundsätzlich je Bundesland eine [...]

Frage: [...] Grundsätzlich? Das wären 16.

Antwort: Ja, grundsätzlich je Bundesland **mindestens** eine. Ausnahmen gelten für Nordrhein-Westfalen mit drei Kammern, Baden-Württemberg mit drei Kammern und Bayern mit zwei Kammern. Das macht in Summe 21.

Frage: Sehr gut! Können Sie auch einzelne Aufgaben der Bundessteuerberaterkammer nennen? Kurze Stichworte reichen aus.

Antwort: Die Aufgaben der Bundessteuerberaterkammer sind in § 86 Abs. 2 StBerG aufgeführt. Exemplarisch könnten genannt werden:

- Erlass der Berufsordnung (Nr. 2),
- Vertretung der Gesamtheit der Steuerberaterkammern gegenüber Behörden und Organisationen (Nr. 5),
- Förderung der beruflichen Fortbildung in den steuerberatenden Berufen (Nr. 7),
- Führung des Steuerberaterverzeichnisses (Nr. 9),
- **Führung der Vollmachtsdatenbank (Nr. 10).**

Frage: OK! Was machen die Regionalkammern denn dann (noch)? Kurze Stichworte reichen auch hier aus.

Antwort: Die Regionalkammern führen die Bezeichnung „Steuerberaterkammer" (§ 73 Abs. 1 Satz 2 StBerG). „Die Steuerberater und Steuerbevollmächtigten, die in einem Oberfinanzbezirk oder durch die Landesregierung bestimmten Kammerbezirk ihre berufliche Niederlassung haben, bilden eine Berufskammer" (§ 73 Abs. 1 Satz 1 StBerG). Aus der Aufzählung in § 76 Abs. 2 StBerG können exemplarisch genannt werden:

- Beratung und Belehrung der Mitglieder der Kammer in Fragen der Berufspflichten (Nr. 1),
- Überwachung der Erfüllung der den Mitgliedern obliegenden Pflichten (Nr. 4)
- Handhabung des Rechts der Rüge (Nr. 4),
- Einreichung der Vorschlagslisten der ehrenamtlichen Beisitzer bei den Berufsgerichten den Landesjustizverwaltungen (Nr. 5),
- Vorschlag der berufsständischen Mitglieder der Prüfungsausschüsse für die steuerberatenden Berufe (Nr. 9).

Frage: OK! Was verstehen Sie unter den Begriffen „Unterstützungsfunktion" und „Kontrollfunktion" der Steuerberaterkammer.

Antwort: Diese Begriffe sind der Generalnorm § 76 Abs. 1 StBerG zu entnehmen. Hier wird ausgeführt:

„Die Steuerberaterkammer hat die Aufgabe, die beruflichen Belange der Gesamtheit der Mitglieder zu wahren und die Erfüllung der beruflichen Pflichten zu überwachen."

Die Wahrung der beruflichen Belange sämtlicher Kammermitglieder, also beispielsweise die Vertretung der Berufsinteressen des Berufsstands, wird als sog. **„Unterstützungsfunktion"** bezeichnet. In der Überwachung der beruflichen Pflichten der Kammermitglieder wird die sog. **„Kontrollfunktion"** gesehen.

Frage: Gut! Schauen wir uns eine Aufgabe der Steuerberaterkammer einmal genauer an. Sie sprachen eben von einem „Rügerecht". Was ist das?

Antwort: Das Rügerecht des Vorstands der Steuerberaterkammer ist in § 81 StBerG geregelt. Sofern ein Kammermitglied die ihm obliegenden Pflichten verletzt hat und die Schuld gering ist, kann der Vorstand eine Rüge aussprechen (§ 81 Abs. 1 Satz 1 StBerG). Das gilt nicht, wenn die **Einleitung eines berufsgerichtlichen Verfahrens** erforderlich ist.

Bevor eine Rüge erteilt wird, ist das Mitglied allerdings zu hören (§ 81 Abs. 3 StBerG). Gemessen am Mitgliederbestand ist die Anzahl der ausgesprochenen Rügen allerdings gering.

> **Frage:** OK! Wenn Sie jetzt schon das „berufsgerichtliche Verfahren" ansprechen, dann schauen wir uns auch das einmal genauer an. Was ist das und welche berufsgerichtlichen Maßnahmen existieren?

Antwort: Wie bereits an anderer Stelle ausgeführt, wurde mit dem „Gesetz über die Rechtsverhältnisse der Steuerberater und Steuerbevollmächtige" vom 16.08.1961 (BGBl. I, S. 1301–1322) eine gesetzliche Grundlage für eine unabhängige Berufsgerichtsbarkeit geschaffen. Sofern ein Steuerberater seine Pflichten schuldhaft verletzt, wird eine berufsgerichtliche Maßnahme verhängt (§ 89 Abs. 1 StBerG).

Die berufsgerichtlichen Maßnahmen sind (§ 90 StBerG):

- „Warnung,
- Verweis,
- Geldbuße bis zu fünfzigtausend Euro,
- Berufsverbot für die Dauer von einem bis zu fünf Jahren,
- Ausschließung aus dem Beruf".

> **Frage:** Gut! Da es sich um eine „berufs**gerichtlichen** Maßnahme" handelt, welches Gericht ist dafür zuständig?

Antwort: Es gibt drei Instanzen:

1. **Kammer** für Steuerberater- und Steuerbevollmächtigtensachen **beim Landgericht** (§ 95 StBerG),
2. **Senat** für Steuerberater- und Steuerbevollmächtigtensachen beim **Oberlandesgericht** (§ 96 StBerG),
3. **Senat** für Steuerberater- und Steuerbevollmächtigtensachen beim **Bundesgerichtshof** (§ 97 StBerG).

> **Frage:** OK! Was können Sie zum Rang des Rügeverfahrens im Vergleich zum berufsgerichtlichen Verfahren sagen?

Antwort: Das berufsgerichtliche Verfahren hat gemäß § 81 Abs. 2 StBerG Vorrang vor dem Rügeverfahren. Im Übrigen wird eine Rüge des Vorstands der zuständigen Steuerberaterkammer unwirksam, wenn ein berufsgerichtliches Urteil ergeht (§ 91 Abs. 2 Satz 1 StBerG). Auch die Ablehnung der Eröffnung des Hauptverfahrens durch das Berufsgericht führt zur Unwirksamkeit der Rüge (§ 91 Abs. 2 Satz 2 i.V.m. § 115 StBerG).

Kernthema: „Zwangsmittel, Ordnungswidrigkeiten"

> **Frage:** Anderes Thema. Gehen wir mal davon aus, dass jemand geschäftsmäßig Hilfe in Steuersachen – ohne Befugnis – geleistet hätte. Was wären die Konsequenzen?

Antwort: Es würde sich um eine Ordnungswidrigkeit handeln. Diese kann mit einer Geldbuße bis zu 5.000 € geahndet werden (§ 160 StBerG).

> **Frage:** Gehen wir mal ferner davon aus, dass eine Unternehmensberatungsgesellschaft in der Rechtsform der GmbH plötzlich den Zusatz „Steuerberatungsgesellschaft" auf dem Firmenschild, der Website und den Geschäftspapieren führt. Was wären die Konsequenzen?

Antwort: Für den Fall, dass zwischenzeitlich keine Anerkennung als Steuerberatungsgesellschaft nach § 49 StBerG vorliegt, würde es sich auch um eine Ordnungswidrigkeit handeln. Diese kann ebenfalls mit einer Geldbuße bis zu 5.000 € geahndet werden (§ 161 StBerG).

11. Europarecht

11.1 Themenbereich im Überblick: Das sollen Sie lernen!

Das Europarecht ist in der mündlichen Steuerberaterprüfung mitunter ein „zähes Thema". Das liegt im Wesentlichen allerdings an einer mangelnden Vorbereitung der Examenskandidaten auf dieses Thema. Die Antworten auf gestellte Fragen im Europarecht zu „raten", ist in diesem Bereich nahezu ausgeschlossen. Entweder Sie können mit den Fragen „etwas anfangen" oder eben nicht. Das können Sie jetzt negativ oder positiv finden. Wenn Sie sich allerdings – im Gegensatz zu vielen anderen Examenskandidaten – mit diesem Thema im Vorfeld Ihrer mündlichen Prüfung beschäftigen, können Sie im entsprechenden Abschnitt der mündlichen Prüfung „punkten" und sich positiv von Ihren Mitbewerbern absetzen.

Dazu ist es allerdings erforderlich, sich im ersten Schritt mit den Rechtsgrundlagen des Europarechts, insb. dem EUV und dem AEUV vertraut zu machen. Bitte lesen Sie diese Verträge im Vorfeld (wenigstens) punktuell. Sie werden feststellen, dass sich viele Antworten des Europarechts direkt aus den Verträgen beantworten lassen. Begrifflichkeiten wie „EU", „EWR" und „EFTA" und deren Inhalte sollten Sie kennen. Gleiches gilt für die Organe der EU und deren wesentlichen Aufgaben. Häufig wird – insbesondere von Juristen – nach dem Sitz der entsprechenden Organe gefragt. Auch das sollte Ihnen geläufig sein. Zu guter Letzt sollten Sie die „Rechtsquellen des Europarechts und die Grundfreiheiten" auch problemlos beantworten können.

11.2 Fragen und Antworten

Kernthema: „Grundlagen des Europarechts und Mitglieder der EU"

Frage: Was verstehen Sie unter „Europarecht"?

Antwort: Das Europarecht **im engeren Sinne** umfasst insbesondere das Recht der Europäischen Union, also das sog. Unionsrecht, welches aus dem **Vertrag über die Europäische Union** (kurz: EUV) und dem **Vertrag über die Arbeitsweise der Europäischen Union** (kurz: AEUV) besteht.

Frage: [...] wenn Sie schon das Europarecht i.e.S. ansprechen. Was verstehen Sie denn unter einem „Europarecht im weiteren Sinne"?

Antwort: Das **Europarecht i.w.S.** umfasst neben dem Europarecht i.e.S. insbesondere:
*   den Europarat,

- die EFTA (= Europäische Freihandelsassoziation),
- die OSZE (= Organisation für Sicherheit und Zusammenarbeit in Europa),
- die EMRK (= Europäische Menschenrechtskonvention),
- die EGMR (= Europäischer Gerichtshof für Menschenrechte).

Frage: Was ist die EU eigentlich?

Antwort: Bei der EU handelt es sich um einen **Staatenverbund**.

Frage: OK! Wie viele Mitgliedsstaaten hat die EU aktuell (Stand: Juli 2023)?

Antwort: 27!

Frage: Das ist korrekt. Können Sie auch die Mitgliedstaaten aufzählen (Stand: Juli 2023)?

Antwort: Ja, das wären:

Belgien	Bulgarien	Dänemark
Deutschland	Estland	Finnland
Frankreich	Griechenland	Niederlande
Italien	Irland	Kroatien
Lettland	Litauen	Luxemburg
Malta	Österreich	Polen
Portugal	Rumänien	Schweden
Slowakei	Slowenien	Spanien
Tschechien	Ungarn	Zypern

Frage: [...] fehlen in Ihrer Aufzählung nicht „Norwegen", „Island" und „Lichtenstein"?

Antwort: Nein! Dabei handelt es sich nicht um Mitgliedstaaten der Europäischen Union.

Frage: [...] und um was handelt es sich dabei?

Antwort: Zusammen mit der Schweiz würde es sich seit 1995 um die EFTA (= European Free Trade Association), also um die Europäische Freihandelszone handeln.

Frage: [...] und ohne die Schweiz?

Antwort: Die EFTA-Staaten sind ohne die Schweiz Teil des Europäischen Wirtschaftsraums (kurz: „EWR").

Frage: OK! Zurück zur Ausgangsfrage. „Norwegen", „Island" und „Lichtenstein" sind also keine Mitgliedstaaten der EU, aber des EWR. Wer von beiden „Organisationen" hat zahlenmäßig mehr Mitgliedstaaten?

Antwort: Der EWR, denn er besteht aus den EU-Staaten und den EFTA-Staaten ohne die Schweiz.

Frage: [...] fällt Ihnen vielleicht eine „Gleichung" ein, die Sie in diesem Zusammenhang als „Eselsbrücke" nutzen können?

Antwort: Ja. EWR = EU + NIL, wobei NIL für „Norwegen", „Island" und „Lichtenstein" steht.

Frage: Können Sie uns die Gründungsstaaten der Vorläufer der heutigen EU nennen?

Antwort: Ja, das waren ab 1951 die sechs Länder Belgien, Deutschland, Frankreich, Italien, Luxemburg und die Niederlande.

Frage: Prima! Welche Mitgliedstaaten kamen in welchen Jahren dazu?

Antwort: Es hat bisher sieben sog. „Erweiterungsrunden" gegeben:

1. 01.01.1973: Beitritte von Dänemark, Irland und Großbritannien (Austritt am 31.1.2020).
2. 01.01.1981: Beitritt von Griechenland.
3. 01.01.1986: Beitritte von Portugal und Spanien.
4. 01.01.1995: Beitritte von Österreich, Schweden und Finnland.
5. 01.05.2004: Beitritte von Estland, Lettland, Litauen, Malta, Polen, Slowenien, Slowakei, Tschechische Republik, Ungarn, Zypern.
6. 01.01.2007: Beitritte von Bulgarien und Rumänien.
7. 01.07.2013: Beitritt von Kroatien.

Frage: [...] können Sie uns die wichtigsten Gründungsverträge der Europäischen Union nennen?

Antwort: Ja. Es existieren folgende Gründungsverträge:

- Vertrag über die Gründung der Europäischen Gemeinschaft über Kohle und Stahl (Inkrafttreten: 23.07.1952, Ausgelaufen: 23.07.2002),

- Römische Verträge: EWG-Vertrag und Euratom-Vertrag (Inkrafttreten: 01.01.1958),
- Fusionsvertrag – Brüsseler Vertrag (Inkrafttreten: 01.07.1967),
- Einheitliche Europäische Akte (Inkrafttreten: 01.07.1987),
- Vertrag über die Europäische Union – Vertrag von Maastricht (Inkrafttreten: 01.11.1993),
- Vertrag von Amsterdam (Inkrafttreten: 01.05.1999),
- Vertrag von Nizza (Inkrafttreten: 01.02.2003),
- Vertrag von Lissabon (Inkrafttreten: 01.12.2009).

Frage: Gut! Wieso sollten Sie als (angehender) Steuerberater eigentlich wissen, welche Staaten zur EU oder zum EWR zählen? Können Sie uns ein Beispiel nennen?

Antwort: Das ist beispielsweise für die Umsatzsteuer relevant, wenn es um Steuerbefreiungen geht. Nach § 4 Nr. 1b UStG sind Lieferungen steuerfrei, wenn es sich um sog. innergemeinschaftliche Lieferungen handelt. Hierfür ist nach § 6a Abs. 1 Satz 1 Nr. 1 UStG erforderlich, dass der Gegenstand **in das übrige Gemeinschaftsgebiet befördert oder versendet wurde**. Ohne Kenntnis der Mitgliedstaaten der EU wäre diese Prüfung nicht möglich.

Frage: [...] fällt Ihnen vielleicht noch ein ertragsteuerliches Beispiel ein?

Antwort: Ja. Ein ertragsteuerliches Beispiel wäre die Hinzurechnungsbesteuerung nach dem Außensteuergesetz. Hier kann **nur eine ausländische Gesellschaft, die ihren Sitz oder ihre Geschäftsleitung in einem Mitgliedstaat der Europäischen Union oder einem Vertragsstaat des EWR-Abkommens hat**, eine aktive Tätigkeit nach § 8 Abs. 2 AStG nachweisen, sodass sie nicht als Zwischengesellschaft qualifiziert wird (§ 8 Abs. 3 AStG).

Ein weiteres Beispiel aus dem Internationalen Steuerrecht wäre der **Progressionsvorbehalt** bei Freistellung der ausländischen Einkünfte durch ein **Doppelbesteuerungsabkommen** nach § 32b Abs. 1 Satz 1 Nr. 3 EStG. Dieser Progressionsvorbehalt gilt nach § 32b Abs. 1 Satz 2 Nr. 1 bis 4 EStG ausschließlich für Drittstaaten **und damit nicht für Einkünfte aus EU-/EWR-Staaten**.

Kernthema: „Organe der EU"

Frage: OK! Wechseln wir das Thema. Können Sie die Organe der EU benennen?

Antwort: Ja. Die Organe sind abschließend in Art. 13 Abs. 1 Abs. 2 EUV aufgezählt. Die Organe können nicht ohne eine Änderung von Art. 13 EUV erweitert werden. Es handelt sich damit um einen **numerus clausus** der Organe der EU. Im Einzelnen können folgende Organe genannt werden:

- Europäisches Parlament (Art. 14 EUV),
- Europäischer Rat (Art. 15 EUV),
- Rat (Art. 16 EUV),
- Kommission (Art. 17 EUV),
- Gerichtshof der Europäischen Union (Art. 19 EUV),
- Europäische Zentralbank (Art. 282 ff. AEUV),
- Rechnungshof (Art. 285 ff. AEUV).

> **Frage:** Gut! Dann wollen wir uns diese Organe einmal genauer ansehen. Können Sie uns kurz die Aufgaben des Europäischen Parlaments erläutern und den Sitz nennen?

Antwort: Ja. Nach Art. 14 Abs. 1 EUV hat das Europäische Parlament mit Hauptsitz in Straßburg folgende Aufgaben:

> „Das Europäische Parlament wird gemeinsam mit dem Rat als **Gesetzgeber** tätig und übt gemeinsam mit ihm die Haushaltsbefugnisse aus. Es erfüllt Aufgaben der **politischen Kontrolle und Beratungsfunktionen** nach Maßgabe der Verträge. Es wählt den Präsidenten der Kommission."

> **Frage:** [...] machen wir mit dem Europäischen Rat weiter! Können Sie uns hier auch kurz die Aufgaben erläutern und den Sitz nennen?

Antwort: Ja. Nach Art. 15 Abs. 1 EUV hat der Europäische Rat mit Sitz in Brüssel folgende Aufgaben:

> „Der Europäische Rat gibt der Union die für ihre **Entwicklung erforderlichen Impulse** und legt die **allgemeinen politischen Zielvorstellungen und Prioritäten** hierfür fest. Er wird **nicht** gesetzgeberisch tätig".

> **Frage:** [...] und weiter geht es mit dem Rat! Können Sie uns hier auch kurz die Aufgaben erläutern und den Sitz nennen?

Antwort: Ja. Nach Art. 16 Abs. 1 EUV hat der Rat mit Sitz in Brüssel und Luxemburg folgende Aufgaben:

> „Der Rat wird **gemeinsam mit dem Europäischen Parlament als Gesetzgeber** tätig und übt gemeinsam mit ihm die Haushaltsbefugnisse aus. Zu seinen Aufgaben gehört die Festlegung der Politik und die Koordinierung nach Maßgabe der Verträge."

Frage: [...] kommen wir nun zur Europäischen Kommission. Können Sie uns hier auch kurz die Aufgaben erläutern und den Sitz nennen?

Antwort: Ja. Nach Art. 17 Abs. 1 EUV hat die Kommission mit Sitz in Brüssel folgende Aufgaben:

„Die Kommission fördert die allgemeinen Interessen der Union und ergreift geeignete Initiativen zu diesem Zweck. **Sie sorgt für die Anwendung der Verträge sowie der von den Organen kraft der Verträge erlassenen Maßnahmen. Sie überwacht die Anwendung des Unionsrechts unter der Kontrolle des Gerichtshofs der Europäischen Union.** Sie führt den Haushaltsplan aus und verwaltet die Programme. Sie übt nach Maßgabe der Verträge Koordinierungs-, Exekutiv- und Verwaltungsfunktionen aus. Außer in der Gemeinsamen Außen- und Sicherheitspolitik und den übrigen in den Verträgen vorgesehenen Fällen nimmt sie die Vertretung der Union nach außen wahr. Sie leitet die jährliche und die mehrjährige Programmplanung der Union mit dem Ziel ein, interinstitutionelle Vereinbarungen zu erreichen.“

Frage: Bald haben Sie es geschafft. Können Sie uns kurz die Aufgaben des Gerichtshofs der Europäischen Union erläutern und den Sitz nennen?

Antwort: Ja. Nach Art. 19 Abs. 1 EUV hat der Gerichtshof der Europäischen Union mit Sitz in Luxemburg folgende Aufgaben:

„Der Gerichtshof der Europäischen Union umfasst den Gerichtshof, das Gericht und Fachgerichte. Er sichert die **Wahrung des Rechts bei der Auslegung und Anwendung der Verträge.**“

Frage: Nennen Sie uns bitte zwei Rechtsinstitute des EuGH, um zu verhindern, dass nationale Vorschriften dem Europarecht widersprechen.

Antwort: OK. Das wären die richtlinienkonforme Auslegung **und** die unmittelbare Anwendung von Richtlinien.

Frage: OK! Können Sie uns auch noch die Aufgaben der Europäischen Zentralbank erläutern und den Sitz nennen?

Antwort: Ja. Nach Art. 282 Abs. 1 AEUV hat die Europäische Zentralbank mit Sitz in Frankfurt am Main folgende Aufgaben:

„Die Europäische Zentralbank und die nationalen Zentralbanken bilden das Europäische System der Zentralbanken (ESZB). Die Europäische Zentralbank und die nationalen Zentralbanken der Mitgliedstaaten, deren Währung der Euro ist, **bilden das Eurosystem und betreiben die Währungspolitik der Union.**"

Frage: Prima! Abschließend kommen wir dann zum Europäischen Rechnungshof. Können Sie uns hier auch die Aufgaben erläutern und den Sitz nennen?

Antwort: Ja. Nach Art. 285 Satz 1 AEUV hat der Rechnungshof mit Sitz in Luxemburg folgende Aufgaben:

„Der Rechnungshof nimmt die Rechnungsprüfung der Union wahr."

Frage: Sie haben die sog. Organe der EU genannt. Gibt es noch andere „Einrichtungen" innerhalb der EU?

Antwort: Es gäbe z.B. noch folgende Institutionen:

- Hohe Vertreterin bzw. Hoher Vertreter der Union für Außen- und Sicherheitspolitik,
- Europäischer Wirtschafts- und Sozialausschuss,
- Ausschuss der Regionen und die
- Europäische Investitionsbank.

Frage: OK! Dann schauen wir uns diese Institutionen einmal der Reihe nach an. Starten wir also mit dem „Hohen Vertreter der Union für Außen- und Sicherheitspolitik". Was können Sie uns dazu sagen?

Antwort: Der Hohe Vertreter der Union für Außen- und Sicherheitspolitik ist in Art. 18 EUV genannt und nimmt an der politischen Arbeit des Europäischen Rates teil (Art. 15 Abs. 2 S. 2 EUV) und leitet im Ergebnis die gemeinsame Außen- und Sicherheitspolitik der Union (Art. 18 Abs. 2 S. 1 EUV).

Frage: Danke! [...] und der europäische Wirtschafts- und Sozialausschuss?

Antwort: Der Europäische Wirtschafts- und Sozialausschuss wird in Art. 301–305 AEUV beschrieben. Der Ausschuss hat lediglich beratende Funktion und nimmt Stellung zu wichtigen Aspekten neuer EU-Initiativen.

Frage: [...] dann machen wir mit dem Ausschuss der Regionen weiter.

Antwort: Der Ausschuss der Regionen, der auch die Bezeichnung „die Versammlung der Regional- und Kommunalvertreter der EU" trägt, wird in Art. 306–307 AEUV erläutert. Über diesen Ausschuss werden die kommunalen und regionalen Behörden gehört.

> **Frage:** Können Sie uns abschließend noch etwas zur Europäischen Investitionsbank sagen?

Antwort: Gerne. Art. 308–309 AEUV enthält Vorschriften zur Europäischen Investitionsbank. Die genauen Aufgaben können Art. 309 AEUV entnommen werden:

„Aufgabe der Europäischen Investitionsbank ist es, zu einer ausgewogenen und reibungslosen Entwicklung des Binnenmarkts im Interesse der Union beizutragen; hierbei bedient sie sich des Kapitalmarkts sowie ihrer eigenen Mittel. In diesem Sinne erleichtert sie ohne Verfolgung eines Erwerbszwecks durch Gewährung von Darlehen und Bürgschaften die Finanzierung der nachstehend bezeichneten Vorhaben in allen Wirtschaftszweigen:

a) Vorhaben zur Erschließung der weniger entwickelten Gebiete;

b) Vorhaben zur Modernisierung oder Umstellung von Unternehmen oder zur Schaffung neuer Arbeitsmöglichkeiten, die sich aus der Errichtung oder dem Funktionieren des Binnenmarkts ergeben und wegen ihres Umfangs oder ihrer Art mit den in den einzelnen Mitgliedstaaten vorhandenen Mitteln nicht vollständig finanziert werden können;

c) Vorhaben von gemeinsamem Interesse für mehrere Mitgliedstaaten, die wegen ihres Umfangs oder ihrer Art mit den in den einzelnen Mitgliedstaaten vorhandenen Mitteln nicht vollständig finanziert werden können.

In Erfüllung ihrer Aufgabe erleichtert die Bank die Finanzierung von Investitionsprogrammen in Verbindung mit der Unterstützung aus den Strukturfonds und anderen Finanzierungsinstrumenten der Union."

Kernthema: „Rechtsquellen des Europarechts"

> **Frage:** Anderes Thema. Können Sie uns die Rechtsquellen des Europarechts benennen?

Antwort: Ja. Die Rechtsquellen des Europarechts werden in das **Primärrecht** und das **Sekundärrecht** eingeteilt.

> **Frage:** Gut! Können Sie beide Begriffe bitte näher erläutern?

Antwort: Ja. Zum **Primärrecht** zählen neben der EUV und der AEUV auch alle Anhänge und Protokolle sowie die Änderungen der Verträge. Ferner gehören zum primären Unionsrecht z.B. auch die allgemeinen Rechtsgrundsätze des Gerichtshofs der Europäischen Union. Auch die über Art. 6 Abs. 1 EUV den Verträgen im Rang gleichgestellte Charta der

Grundrechte der Europäischen Union vom 07.12.2000 in der am 12.12,2007 in Straßburg angepassten Fassung gehört zum Primärrecht.

Das **Sekundärrecht** ergibt sich aus Art. 288 Satz 1 AEUV. Danach gilt:

> „Für die Ausübung der Zuständigkeiten der Union nehmen die Organe **Verordnungen**, **Richtlinien**, **Beschlüsse**, **Empfehlungen** und **Stellungnahmen** an".

> **Frage:** Erläutern Sie uns bitte, wie „verbindlich" die Instrumente sind!

Antwort: Der jeweilige Verbindlichkeitsgrad wird in den Sätzen 2 bis 5 von Art. 288 AEUV anschaulich beschrieben:

> „Die **Verordnung hat allgemeine Geltung**. Sie ist in allen ihren Teilen **verbindlich** und **gilt unmittelbar** in jedem Mitgliedstaat.

> Die **Richtlinie ist** für jeden Mitgliedstaat, an den sie gerichtet wird, **hinsichtlich des zu erreichenden Ziels verbindlich**, überlässt jedoch den innerstaatlichen Stellen **die Wahl der Form und der Mittel**.

> **Beschlüsse sind** in allen ihren Teilen **verbindlich**. Sind sie an bestimmte Adressaten gerichtet, so sind sie nur für diese verbindlich.

> Die **Empfehlungen** und **Stellungnahmen** sind **nicht verbindlich**."

> **Frage:** Wir haben bisher über das „Primärrecht" und das „Sekundärrecht" gesprochen. Gibt es auch ein sog. „Tertiärrecht"?

Antwort: Zum Tertiärrecht gehören einerseits nach Art. 290 Abs. 1 AEUV von der Kommission erlassene Rechtsakte **ohne** Gesetzgebungscharakter mit allgemeiner Geltung und andererseits nach Art. 291 Abs. 2 AEUV Durchführungsbefugnisse des Rats zur Schaffung **einheitlicher Bedingungen** für die Durchführung verbindlicher Rechtsakte der Europäischen Union.

Kernthema: „Grenzen des Europarechts" und „Europäisches Steuerrecht"

> **Frage:** Das EU-Recht ist bekanntermaßen „begrenzt". Können Sie uns bitte drei Grenzen nennen?

Antwort: Ja. Es gibt Grenzen, die sich in den drei folgenden Grundsätzen niederschlagen:
- Grundsatz der begrenzten Einzelermächtigung,
- Grundsatz der Subsidiarität und
- Grundsatz der Verhältnismäßigkeit.

Frage: Sehr gut! Dann starten wir mit dem „Grundsatz der begrenzten Einzelermächtigung". Was wissen Sie dazu?

Antwort: Der Grundsatz der begrenzten Einzelermächtigung ist in Art. 4 Abs. 1, Art. 5 Abs. 1 Satz 1 und Abs. 2 EUV niedergelegt. Nach Art. 4 Abs. 1 EUV gilt Folgendes:

> „Alle der Union nicht in den Verträgen übertragenen Zuständigkeiten verbleiben gemäß Artikel 5 bei den Mitgliedstaaten."

> „Für die Abgrenzung der Zuständigkeiten der Union gilt der **Grundsatz der begrenzten Einzelermächtigung**" (Art. 5 Abs. 1 Satz 1 EUV). „Nach dem Grundsatz der begrenzten Einzelermächtigung wird die Europäische Union nur innerhalb der Grenzen der Zuständigkeiten tätig, die die Mitgliedstaaten ihr in den Verträgen zur Verwirklichung der darin niedergelegten Ziele übertragen haben. Alle der Union nicht in den Verträgen übertragenen Zuständigkeiten verbleiben bei den Mitgliedstaaten" (Art. 5 Abs. 2 EUV). Im Ergebnis muss daher jede Rechtshandlung der Europäischen Union auf einer im Einzelfall eingeräumten Kompetenz beruhen. Die EU hat somit keine „allumfassende Kompetenz". Handlungen der EU außerhalb ihrer Zuständigkeiten sind damit kompetenzwidrig, d.h. **„ultra vires"**, also „jenseits der Gewalten".

Frage: [...] und zum „Grundsatz der Subsidiarität"?

Antwort: Der Grundsatz der Subsidiarität ist in Art. 5 Abs. 3 EUV beschrieben; im Einzelnen:

> „Nach dem Subsidiaritätsprinzip wird die Union in den Bereichen, die nicht in ihre ausschließliche Zuständigkeit fallen, nur tätig, **sofern und soweit** die Ziele der in Betracht gezogenen Maßnahmen von den Mitgliedstaaten weder auf zentraler noch auf regionaler oder lokaler Ebene ausreichend verwirklicht werden können, sondern vielmehr wegen ihres Umfangs oder ihrer Wirkungen auf Unionsebene besser zu verwirklichen sind.

> Die Organe der Union wenden das Subsidiaritätsprinzip nach dem Protokoll über die Anwendung der **Grundsätze der Subsidiarität und der Verhältnismäßigkeit** an. Die nationalen Parlamente achten auf die Einhaltung des Subsidiaritätsprinzips nach dem in jenem Protokoll vorgesehenen Verfahren."

Frage: Kommen wir dann zum Abschluss zum „Grundsatz der Verhältnismäßigkeit". Was fällt Ihnen dazu ein?

Antwort: Der Grundsatz der Verhältnismäßigkeit ist in Art. 5 Abs. 4 EUV wie folgt definiert:

„Nach dem Grundsatz der Verhältnismäßigkeit gehen die Maßnahmen der Union inhaltlich wie formal **nicht über das zur Erreichung der Ziele der Verträge erforderliche Maß hinaus.**

Die Organe der Union wenden den Grundsatz der Verhältnismäßigkeit nach dem Protokoll über die Anwendung der Grundsätze der Subsidiarität und der Verhältnismäßigkeit an."

Frage: Es wird im Europarecht oder im Internationalen Steuerrecht auch von einem „Europäisches Steuerrecht" gesprochen. Was ist das?

Antwort: Der Begriff „Europäisches Steuerrecht" wird häufig gleichbedeutend mit dem Primär-, Sekundär- und Tertiärrecht der Europäischen Union verwendet. Es ist damit kein eigenes Steuersystem, sondern ein Sammelbegriff für EU-rechtliche Regelungen, die sich auf das nationale Steuerrecht der EU-Mitgliedstaaten auswirken.

Frage: [...] also gibt es keine „eigene" EU-Steuer?

Antwort: Darüber wurde nachgedacht [...]

Frage: [...] mit welchem Ergebnissen?

Antwort: [...] mit dem Ergebnis, dass eine Finanzmarkttransaktionssteuer, eine neue EU-Verbrauchssteuer, eine Luftfahrtgebühr und eine eigene CO2-Abgabe intensiv diskutiert, aber bis heute nicht verwirklicht wurden.

Frage: OK! Wurde denn überhaupt etwas verwirklicht?

Antwort: Das Europäische Parlament hat im Jahre 2020 eine sog. **„Plastiksteuer"** beschlossen, die eine Abgabe auf nicht recycelte Altverpackungen aus Kunststoff zum Gegenstand hat. Es handelt sich hierbei um sog. EU-Eigenmittel mit eigentlich ökologischer Lenkungswirkung. Die entsprechenden Einnahmen werden aber eher für die Rückzahlung der Mittel des „Aufbauinstruments Next Generation EU" verwendet.

Frage: Wie hoch ist das Steueraufkommen aus dieser Plastiksteuer in Deutschland?

Antwort: Bisher 0 €, da die Plastiksteuer bisher deutschlandweit noch nicht umgesetzt wurde. Lediglich die Stadt Tübingen hat mit ihrem Oberbürgermeister Boris Palmer zum 01.01.2022 eine Plastiksteuer eingeführt. Der Verwaltungsgerichtshof Baden-Württemberg hatte die Steuer allerdings im März 2022 für ungültig erklärt. Laut Beschluss des Gemeinderats aus Mai 2022 wird die Steuer allerdings weiterhin erhoben, und nach der

Entscheidung des Bundesverwaltungsgerichts mit Urteil vom 24.05.2023 (BVerwG 9 CN 1.22) (https://www.bverwg.de/de/pm/2023/40) auch eingezogen.

> **Hinweis!** Einen guten Überblick über die verschiedenen Ansätze zur Plastiksteuer und deren Einführung innerhalb der EU geben: **Kapff/Blanco de Tord/Lim:** Plastic tax – different approaches vom 12.04.2022 (https://www.cossma.com/marketing/article/plastic-tax-different-approaches-36555.html, abgerufen am 07.08.2023).

> **Frage:** Da Sie es bisher noch nicht angesprochen haben. Was ist eine „Digitalsteuer"?

Antwort: Ganz allgemein wird der Begriff „Digitalsteuer" verwendet um (neuartige) Konzepte der digitalen Wirtschaft zu besteuern.

> **Frage:** […] warum ist das wichtig? Im Internationalen Steuerrecht existieren doch vielfältige Anknüpfungspunkte zu Besteuerung. Daneben existieren auch Doppelbesteuerungsabkommen. Betrifft das nicht nur „Amazon" und Co.?

Antwort: Die Diskussion zur Digitalsteuer ist allgemein für alle Branchen relevant, da digitale Geschäftsmodelle die tradierten Besteuerungsprinzipien auf den Prüfstand stellen.

> **Frage:** OK! Inwiefern?

Antwort: Im Internationalen Steuerrecht stellt sich grundsätzlich die Frage, ob „Gewinne" im Ansässigkeitsstaat oder im Quellenstaat besteuert werden. Häufig wurde dem Quellenstaat das Besteuerungsrecht zugewiesen, etwa bei der Besteuerung von Betriebsstätten (Art. 5 OECD-MA) oder der Besteuerung von unbeweglichem Vermögen (Art. 6, 13 OECD-MA). Digitale Geschäftsmodelle kommen aber in der Regel **ohne Anknüpfungspunkte** im Quellenstaat aus. Hauptkriterium für die Besteuerung ist **de lege lata** nach wie vor die physische Präsenz in einem Markt, wie etwa durch eine Betriebsstätte oder einen ständigen Vertreter nach Art. 5 OECD-MA.

> **Hinweis!** Nach Art. 5 Abs. 1 OECD-MA wird immer noch auf eine „**feste**" Geschäftseinrichtung abgestellt; im Einzelnen:
>
> „Im Sinne dieses Abkommens bedeutet der Ausdruck „Betriebstätte" eine feste Geschäftseinrichtung, durch die die Geschäftstätigkeit eines Unternehmens ganz oder teilweise ausgeübt wird."

> **Frage:** Welche Unternehmen könnten von der Regelung betroffen sein?

Antwort: [...] letztlich alle Unternehmen, die eine (internationale) Bestellplattform betreiben.

Frage: Gibt es die Digitalsteuer in Deutschland schon?

Antwort: Nein, es handelt sich immer noch um ein Konzept. Es gibt vielfältige „Ideen", z.B. auf OECD- oder EU-Ebene, aber eine gemeinsame Lösung ist derzeit noch nicht absehbar.

Frage: Führt eine Digitalsteuer eigentlich zu einem höheren Steueraufkommen?

Antwort: Weltweit grundsätzlich „Nein". Es geht eher um die Frage einer „gerechteren" Aufteilung des Besteuerungssubstrats zwischen dem Ansässigkeits- und dem Quellenstaat.

Kernthema: „Grundfreiheiten und deren mögliche Einschränkungen"

Frage: Sehen wir uns abschließend für diesen Prüfungsabschnitt einmal die Grundfreiheiten an. Was sind „Grundfreiheiten" und welche kennen Sie?

Antwort: Die Grundfreiheiten sind allgemein in Art 26. Abs. 1 bis Abs. 3 AEUV niedergelegt:

> „(1) Die Union erlässt die erforderlichen Maßnahmen, um nach Maßgabe der einschlägigen Bestimmungen der Verträge **den Binnenmarkt zu verwirklichen beziehungsweise dessen Funktionieren zu gewährleisten.**
>
> (2) Der Binnenmarkt umfasst einen Raum **ohne Binnengrenzen**, in dem der **freie Verkehr von Waren, Personen, Dienstleistungen und Kapital** gemäß den Bestimmungen der Verträge gewährleistet ist.
>
> (3) Der Rat legt auf Vorschlag der Kommission die Leitlinien und Bedingungen fest, die erforderlich sind, um in allen betroffenen Sektoren einen ausgewogenen Fortschritt zu gewährleisten."

Frage: OK! Wie viele Grundfreiheiten existieren also?

Antwort: Vier!

Frage: [...] Dann starten wir mit der Warenverkehrsfreiheit. Was können Sie uns dazu erläutern?

Antwort: Die Warenverkehrsfreiheit ist u.a. in Art. 28 Abs. 1 AEUV geregelt:

„Die Union umfasst eine Zollunion, die sich auf den gesamten Warenaustausch erstreckt; sie umfasst das **Verbot, zwischen den Mitgliedstaaten Ein- und Ausfuhrzölle und Abgaben gleicher Wirkung zu erheben**, sowie die Einführung eines Gemeinsamen Zolltarifs gegenüber dritten Ländern."

Frage: [...] und was wissen Sie über die Niederlassungsfreiheit?

Antwort: Die Niederlassungsfreiheit ergibt sich aus Art. 49 AEUV:

„**Die Beschränkungen der freien Niederlassung von Staatsangehörigen eines Mitgliedstaats im Hoheitsgebiet eines anderen Mitgliedstaats sind nach Maßgabe der folgenden Bestimmungen verboten.** Das Gleiche gilt für Beschränkungen der Gründung von Agenturen, Zweigniederlassungen oder Tochtergesellschaften durch Angehörige eines Mitgliedstaats, die im Hoheitsgebiet eines Mitgliedstaats ansässig sind. Vorbehaltlich des Kapitels über den Kapitalverkehr **umfasst die Niederlassungsfreiheit die Aufnahme und Ausübung selbstständiger Erwerbstätigkeiten sowie die Gründung und Leitung von Unternehmen**, insbesondere von Gesellschaften im Sinne des Artikels 54 Absatz 2, nach den Bestimmungen des Aufnahmestaats für seine eigenen Angehörigen."

Frage: [...] kurze Nachfrage: von „Niederlassungsfreiheit" ist in Art. 26 Abs. 2 AEUV keine Rede. Können Sie diesen vermeintlichen Widerspruch auflösen?

Antwort: Der in Art. 26 Abs. 2 AEUV genannte freie Personenverkehr schlägt sich einerseits in der Niederlassungsfreiheit (Art. 49 AEUV) und andererseits in der Arbeitnehmerfreizügigkeit (Art. 45 Abs. 1 AEUV) wieder. Wir haben also gerade einen Teilbereich des „freien Personenverkehrs" besprochen.

Frage: Prima! Dann kommen wir jetzt zur vorletzten Frage in diesem Prüfungsabschnitt. Was verstehen Sie unter dem Begriff „Dienstleistungsfreiheit"?

Antwort: Die Dienstleistungsfreiheit wird in Art. 56 AEUV normiert:

„Die **Beschränkungen des freien Dienstleistungsverkehrs** innerhalb der Union für Angehörige der Mitgliedstaaten, die in einem anderen Mitgliedstaat als demjenigen des Leistungsempfängers ansässig sind, **sind** nach Maßgabe der folgenden Bestimmungen **verboten**".

Was als „Dienstleistung" anzusehen ist, ergibt sich aus Art. 57 AEUV:

„Dienstleistungen im Sinne der Verträge sind Leistungen, die in der Regel gegen Entgelt erbracht werden, soweit sie nicht den Vorschriften über den freien Waren- und Kapitalverkehr und über die Freizügigkeit der Personen unterliegen.

Als Dienstleistungen gelten insbesondere:

a) gewerbliche Tätigkeiten,

b) kaufmännische Tätigkeiten,

c) handwerkliche Tätigkeiten,

d) freiberufliche Tätigkeiten."

Frage: Die letzte Frage betrifft die Kapitalverkehrsfreiheit. Was verstehen Sie darunter?

Antwort: Art. 63 Abs. 1 AEUV definiert die Kapitalverkehrsfreiheit:

„Im Rahmen der Bestimmungen dieses Kapitels sind **alle Beschränkungen des Kapitalverkehrs** zwischen den Mitgliedstaaten sowie zwischen den Mitgliedstaaten und dritten Ländern **verboten**".

Frage: Sie haben uns die Grundfreiheiten erläutert. Es existiert allerdings auch Rechtsprechung, die sich mit beschränken oder gar diskriminierende deutschen Steuernormen auseinandergesetzt hat. Existieren denn auch denkbare Rechtfertigungsgründe für die Einschränkung der Grundfreiheiten?

Hinweis! Eine Übersicht über potenziell EU-rechtswidrige Normen des deutschen direkten Steuerrechts findet sich bei **Kessler/Spengel**: Checkliste potenziell EU-rechtswidriger Normen des deutschen direkten Steuerrechts – Update 2021, DB 2021, Beilage 1, S. 1–34.

Hinweis! Auf der Website der Europäischen Kommission finden sich Informationen über die Rechtsprechung des EuGH und eine Liste entschiedener und anhängiger Verfahren bei EuGH unter https://curia.europa.eu/jcms/jcms/j_6/de/ (abgerufen am 15.08.2023).

Antwort: Zunächst einmal ist anzumerken, dass die direkten Steuern grundsätzlich in die Zuständigkeit der Mitgliedstaaten fallen. In ständiger Rechtsprechung weist der EuGH darauf hin, dass die Mitgliedstaaten ihre Befugnisse unter Wahrung des Unionsrechts auszuüben haben (z.B. EuGH, Urteil vom 07.09.2004, Rs. C-319/02, Manninen, Rn. 19 m.w.N.).

> **Hinweis!** Der EuGH im Wortlaut:
>
> „19. Vorab ist darauf hinzuweisen, dass nach ständiger Rechtsprechung die direkten Steuern zwar in die Zuständigkeit der Mitgliedstaaten fallen, dass diese ihre Befugnisse jedoch unter Wahrung des Gemeinschaftsrechts ausüben müssen (Urteile vom 11. August 1995 in der Rechtssache C-80/94, Wielockx, Slg. 1995, I-2493, Randnr. 16, vom 16. Juli 1998 in der Rechtssache C-264/96, ICI, Slg. 1998, I-4695, Randnr. 19, und vom 29. April 1999 in der Rechtssache C-311/97, Royal Bank of Scotland, Slg. 1999, I-2651, Randnr. 19)."

Frage: OK! Das haben Sie gut „einsortiert". Welche Rechtfertigungsgründe für Einschränkungen der Grundfreiheiten gibt es denn?

Antwort: Rechtfertigungsgründe ergeben sich z.B. aus dem Primärrecht aus Art. 36 AEUV, der ausführt:

> „Die Bestimmungen der Artikel 34 und 35 **stehen Einfuhr-, Ausfuhr- und Durchfuhrverboten oder -beschränkungen nicht entgegen**, die aus Gründen der öffentlichen Sittlichkeit, Ordnung und Sicherheit, zum Schutze der Gesundheit und des Lebens von Menschen, Tieren oder Pflanzen, des nationalen Kulturguts von künstlerischem, geschichtlichem oder archäologischem Wert oder des gewerblichen und kommerziellen Eigentums **gerechtfertigt sind**. Diese Verbote oder Beschränkungen dürfen jedoch **weder** ein Mittel zur **willkürlichen Diskriminierung noch** eine **verschleierte Beschränkung** des Handels zwischen den Mitgliedstaaten darstellen."

Frage: Gut! Soviel zu Einschränkungen aus der Legislative. Wie sieht es mit der Rechtsprechung, also der Judikative, aus. Wurden hier auch Rechtfertigungsgründe für Einschränkungen der Grundfreiheiten entwickelt?

Antwort: Rechtfertigungsgründe ergeben sich in ständiger Rechtsprechung des EuGH „aus zwingenden Gründen des Allgemeininteresses".

Frage: [...] da würde mir als Staat sofort die Sicherung der Steueraufkommens als Rechtfertigungsgrund einfallen.

Antwort: Nein, das wäre ein Rechtfertigungsgrund, den der EuGH ausdrücklich abgelehnt hat. Gleiches gilt für das Thema Vorteilsausgleich bzw. Kompensationsverbot.

Frage: Ich merke, dass das Thema offenbar schwieriger als gedacht ist. Dann erläutern Sie uns bitte, wie bei einer möglichen Beeinträchtigung vorzugehen ist.

Antwort: Nach der sog. **Gebhard-Formel** (EuGH, Urteil vom 30.11.1995, C-55/94, Gebhard) müssen nationale Vorschriften, die die Grundfreiheiten einschränken, vier Voraussetzungen erfüllen:

1. sie müssen in nichtdiskriminierender Weise angewandt werden,
2. sie müssen aus zwingenden Gründen des Allgemeininteresses gerechtfertigt sein,
3. sie müssen geeignet sein, die Verwirklichung des mit ihnen verfolgten Zieles zu gewährleisten und
4. sie dürfen nicht über das hinausgehen, was zur Erreichung dieses Zieles erforderlich ist.

Frage: [...] was wäre denn „ein zwingender Grund des Allgemeininteresses"?

Antwort: Ein zwingender Grund des Allgemeinwohls kann sein (**Dürrschmidt:** Mündliche StB-Prüfung 2022, 30 wichtige Fragen und Antworten zum Europarecht und zum Europäischen Steuerrecht, in: Steuer und Studium 2022, S. 95–104, hier: S. 102):

- „Kohärenz des Steuersystems,
- Territorialitätsprinzip und Wahrung der Aufteilung der Besteuerungsbefugnis,
- Bekämpfung der Steuerflucht,
- Gefahr doppelter Verlustberücksichtigung,
- Wirksamkeit steuerlicher Kontrollen und
- Missbrauchsvermeidung und Verhinderung der Steuerumgehung."

Frage: Prima! Juristen und auch Steuerberater als Organe der Steuerrechtspflege mögen bekanntlich Prüfungsschemata. Existiert ein solches auch für die Eingriffe in EU-Grundfreiheiten?

Antwort: Ja. Zunächst ist zu prüfen, ob durch das EU-Recht für Steuerausländer ein **Schutzbereich** besteht, danach ist zu prüfen, ob und wenn ja, welche **Diskriminierung** bzw. welche sonstige Einschränkung besteht (sog. „**Eingriff**"), um abschließend die Frage zu beantworten, ob es dafür für die Einschränkung eine **Rechtfertigung** existiert.

Frage: Gut! Das ist mir allerdings noch zu abstrakt. Können Sie das an einem Fall aus der Rechtsprechung erläutern? Sie können sich das Beispiel frei auswählen!

Antwort: OK! Dann werde ich das Lehrbuchbeispiel „Schumacker" (EuGH, Urteil vom 14.02.1995, Rs. C-279/93, Schumacker) erläutern.

Bei dem Fall handelte es um den belgischen Staatsbürger Roland Schumacker, welcher unter Beibehaltung seines Wohnsitzes in Belgien eine nichtselbständige Arbeit in Deutschland ausübte. In Belgien wohnte er zusammen mit seiner Frau und seinen

Kindern und erzielte dort keine weiteren Einkünfte. Seine Frau war nicht erwerbstätig. Die Einkünfte durften nach dem einschlägigen Doppelbesteuerungsabkommen (Art. 15 DBA-Belgien) nur in Deutschland besteuert werden.

Beschränkt Steuerpflichtige kamen nach deutschem Recht nicht in den Genuss bestimmter steuerlicher Vorteile wie Grundfreibetrag, Splittingtarif und Kinderfreibetrag. Insofern war die Frage zu beantworten, ob diese für Steuerausländer abweichende Steuerrecht mit den Grundfreiheiten vereinbar war.

> **Hinweis!** Die im Folgenden dargestellte Diskriminierung wurde längst vom deutschen Gesetzgeber durch Einführung des § 1 Abs. 3 EStG und von § 1a EStG beseitigt. Aus didaktischen Gründen wurde im Rahmen dieses Vorbereitungslehrbuchs allerdings dieses Beispiel als Darstellungs-/Vermittlungsform gewählt.

> **Frage:** Sehr gut! Das wird jetzt langsam viel konkreter und anschaulicher. Wie wurde das Prüfungsschema nun von EuGH „abgearbeitet"?

Antwort: Wie eben bereits ausgeführt, musste zunächst der **Schutzbereich** des EU-Rechts bestimmt werden. Art. 45 Abs. 2 AEUV (bzw. Art. 39 Abs. 2 EG) verbietet die Diskriminierung von Arbeitnehmern anderer Mitgliedstaaten gegenüber Arbeitnehmern des eigenen Mitgliedstaates (sog. „Arbeitnehmerfreizügigkeit"). Konkret geht es um die Aufnahme einer unselbständigen Tätigkeit in einem anderen Mitgliedstaat (sog. „grenzüberschreitendes Moment").

Anschließend wurde der sog. **„Eingriff"** beraten. Es handelte sich zwar nicht um eine offene Diskriminierung nach Art. 45 Abs. 2 AEUV, allerdings um eine verdeckte. Laut dem Urteil des EuGH liegt eine verdeckte Diskriminierung vor, wenn eine nachteilige Regelung an Merkmale anknüpft, die – statistisch gesehen – Steuerausländer häufiger erfüllen, mit der Folge, dass ähnliche Ergebnisse eintreten wie bei einer offenen Unterscheidung nach der Staatsangehörigkeit. Schon die Anknüpfung an Merkmale wie „Wohnsitz" oder den „gewöhnlichen Aufenthalt" können eine verdeckte Diskriminierung darstellen, wenn bestimmte vorteilhafte Regelungen für beschränkt Steuerpflichtige nicht gelten. Grundsätzlich sind nach dieser Entscheidung des EuGH Ansässige und Gebietsfremde nicht in einer vergleichbaren Lage. Etwas anderes sollte allerdings gelten, wenn der Gebietsfremde im Wohnsitzstaat keine nennenswerten Einkünfte erzielt. Das dürfte laut Auffassung der EuGH jedenfalls dann der Fall sein, wenn der Gebietsfremde mehr als 90 % seiner Einkünfte im Tätigkeitsstaat erzielt.

Abschließend wurde geprüft, ob evtl. **Rechtfertigungsgründe** vorliegen. Laut EuGH war eine Rechtfertigung nicht ersichtlich. Die Nichtgewährung bestimmter vorteilhafter

Regelungen kann nicht auf den Rechtfertigungsgrund der Kohärenz des Steuersystems gestützt werden. Zwar ist grundsätzlich der Wohnsitzstaat verpflichtet, die persönlichen Verhältnisse eines Steuerpflichtigen zu berücksichtigen (durch vorteilhafte steuerliche Regelungen wie in Deutschland den Grundfreibetrag). Dies bedeutet für andere Staaten, dass sie die persönlichen Verhältnisse des Steuerpflichtigen nicht berücksichtigen müssen. Andernfalls wäre das Steuersystem der anderen Staaten nicht mehr in sich stimmig (kohärent), da solche Umstände ein weiteres Mal berücksichtigt würden, obwohl nur eine einmalige Berücksichtigung sachgerecht wäre.

Ist eine Berücksichtigung der persönlichen Verhältnisse im Wohnsitzstaat jedoch nicht möglich, rechtfertigt es die Stimmigkeit (Kohärenz) des Steuersystems des anderen Staates nicht, die persönlichen Verhältnisse des Steuerpflichtigen in diesem Staat unberücksichtigt zu lassen. Auch Schwierigkeiten bei der Durchführung der Besteuerung können nicht als Rechtfertigung dienen, da die Mitgliedstaaten untereinander zur Amtshilfe verpflichtet sind (Amtshilfe- und Beitreibungsrichtlinie).

Hinweis! Insbesondere „BWL'ern" seien folgende juristische Publikationen empfohlen, die auf herausragende Weise das Europarecht mit seinen Grundfreiheiten veranschaulichen. Die Beiträge gehen zwar weit über das Wissen hinaus, dass im mündlichen Steuerberaterexamen von den Kandidaten im Prüfungsgebiet „Europarecht" erwartet wird, sie sind aber bereits aus didaktischen Gründen in diesem Vorbereitungslehrbuch zu erwähnen: **Sauer:** Die Grundfreiheiten des Unionsrechts. Eine Handreichung für die Fallbearbeitung, in: JuS 2017, S. 310–317 sowie **Ruffert/Grischek/Schramm:** Europarecht im Examen. Die Grundfreiheiten, in: JuS 2021, S. 407–413. Nach Ruffert/Grischek/Schramm (S. 311) können die Grundfreiheiten „**in vielfältigen Klausurkonstellationen abgeprüft werden und eignen sich daher hervorragend als Prüfungsstoff**". Diese Aussage sollte alle Kandidaten im Steuerberaterexamen „aufhorchen" lassen.

Stichwortverzeichnis

Weitere Bücher des HDS-Verlags

Merten/Orlowski, Beratung in Krise und Insolvenz

Umfang: 102 Seiten
Preis: 49,90 €
ISBN: 978-3-95554-766-0
1. Auflage

Lucas, Lohnsteuer, Steuern und Finanzen in Ausbildung und Praxis, Bd. 11

Umfang: 272 Seiten
Preis: 49,90 €
ISBN: 978-3-95554-705-9
4. Auflage

Seefelder, Geschäftsordnung für die Geschäftsführung,
Die Leitung von Unternehmen, Bd. 2

Umfang: 106 Seiten
Preis: 29,90 €
ISBN: 978-3-95554-412-6
1. Auflage

Tonner u.a., Kurzvorträge für das Wirtschaftsprüferexamen

Umfang: 304 Seiten
Preis: 59,90 €
ISBN: 978-3-95554-862-9
5. Auflage

Neu 2023

Perbey, Körperschaftsteuererklärung 2021 Kompakt

Umfang: 988 Seiten
Preis: 109,90 €
ISBN: 978-3-95554-784-4
13. Auflage 2022

13. Aufl. 2022

Albert/Schröder/Schulz, Einkommensteuer, Steuern und Finanzen in Ausbildung und Praxis, Bd. 1

Umfang: 520 Seiten
Preis: 54,90 €
ISBN: 978-3-95554-857-5
8. Auflage

Neu 2023

Seefelder, Haftungs- und strafrechtliche Risiken bei der Unternehmensführung, Die Leitung von Unternehmen, Bd. 3

Umfang: 120 Seiten
Preis: 39,95 €
ISBN: 978-3-95554-495-9
1. Auflage

Seefelder, Beschlüsse der Gesellschafter einer GmbH, Die Leitung von Unternehmen, Bd. 1

Umfang: 118 Seiten
Preis: 49,90 €
ISBN: 978-3-95554-843-8
2. Auflage

2. Aufl. 2022

Seefelder, Außergerichtliche Sanierung von Unternehmen, Finanzierung, Bewertung und Sanierung von Unternehmen, Bd. 4

Umfang: 152 Seiten
Preis: 29,90 €
ISBN: 978-3-95554-342-6
1. Auflage

Paket Falltraining 2023
Fälle und Lösungen zum Steuerrecht

Umfang: 8 Bücher
mit 2.012 Seiten
Preis: 364,30 €
ISBN: 978-3-95554-850-6
7. Auflage

7. Aufl. 2023

Dauber, Sozialversicherung für Vereine

Umfang: 140 Seiten
Preis: 39,90 €
ISBN: 978-3-95554-630-4
1. Auflage

Seefelder, Die Aktiengesellschaft (AG), Rechtsformen und Musterverträge im Gesellschaftsrecht, Bd. 2

Umfang: 130 Seiten
Preis: 39,90 €
ISBN: 978-3-95554-749-3
2. Auflage

2. Aufl. 2022

Neudert, Falltraining Abgabenordnung und Finanzgerichtsordnung, Fälle und Lösungen zum Steuerrecht, Bd. 3

Umfang: 176 Seiten
Preis: 49,90 €
ISBN: 978-3-95554-758-5
3. Auflage

Seefelder, Bewertung von Unternehmen, Finanzierung, Bewertung und Sanierung von Unternehmen, Bd. 1

Umfang: 108 Seiten
Preis: 29,90 €
ISBN:978-3-95554-339-6
1. Auflage

Seefelder, Kreditsicherheiten, Finanzierung, Bewertung und Sanierung von Unternehmen, Bd. 3

Umfang: 134 Seiten
Preis: 29,90 €
ISBN: 978-3-95554-341-9
1. Auflage

Mutschler/Scheel, Umsatzsteuer, Steuern und Finanzen, Band 4

Umfang: 446 Seiten
Preis: 54,90 €
ISBN: 978-3-95554-849-0
7. Auflage

Dauber/Pientka/Perbey, Spendenrecht und Sponsoring für Vereine

Umfang: 104 Seiten
Preis: 39,90 €
ISBN: 978-3-95554-627-4
1. Auflage

Herzberg/Dauber, Abgabenordnung und Steuerbegünstigte Zwecke für Vereine

Umfang: 176 Seiten
Preis: 44,90 €
ISBN: 978-3-95554-796-7
2. Auflage

2. Aufl. 2022

Seefelder, Die Finanzierung von Unternehmen, Finanzierung, Bewertung und Sanierung von Unternehmen, Bd. 2

Umfang: 132 Seiten
Preis: 29,90 €
ISBN: 978-3-95554-340-2
1. Auflage

Barzen u.a., Vorbereitung auf die mündliche Steuerberaterprüfung/ Kurzvortrag 2023/2024 mit Fragen und Fällen aus Prüfungsprotokollen

Umfang: 330 Seiten
Preis: 54,90 €
ISBN: 978-3-95554-868-1
11. Auflage

11. Aufl. 2023

Radeisen, Praktiker-Lexikon Umsatzsteuer

Umfang: 894 Seiten
Preis: 99,90 €
ISBN: 978-3-95554-881-0
14. Auflage

14. Aufl. 2023

Nagel/Dauber, Umsatzsteuer für Vereine

Umfang: 180 Seiten
Preis: 39,90 €
ISBN: 978-3-95554-719-6
3. Auflage

3. Aufl. 2022

Seefelder, Die GmbH, Rechtsformen und Musterverträge im Gesellschaftsrecht, Bd. 1

Umfang: 148 Seiten
Preis: 39,90 €
ISBN: 978-3-95554-748-6
2. Auflage

2. Aufl. 2022

Grobshäuser u.a., Die mündliche Steuerberaterprüfung 2023/2024

Umfang: 524 Seiten
Preis: 59,90 €
ISBN: 978-3-95554-870-4
16. Auflage

16. Aufl. 2023

Paket Vorbereitung auf die mündliche Steuerberaterprüfung 2023/2024

Umfang: 4 Bücher mit
insg. 1.500 Seiten
Preis: 204,90 €
ISBN: 978-3-95554-871-1
7. Auflage

Seefelder, Betriebserwerb durch Auffanggesellschaft

Umfang: 106 Seiten
Preis: 39,95 €
ISBN: 978-3-95554-289-4
1. Auflage

von Cölln, Veräußerung einer Immobilie im Umsatzsteuerrecht

Umfang: 136 Seiten
Preis: 39,90 €
ISBN: 978-3-95554-672-4
1. Auflage

Ossola-Haring, Vererbung von GmbH-Anteilen

Umfang: 108 Seiten
Preis: 39,90 €
ISBN: 978-3-95554-765-3
2. Auflage

Ratjen/Sager/Schimpf, Abgabenordnung und Finanzgerichtsordnung, Steuern und Finanzen, Band 7

Umfang: 544 Seiten
Preis: 49,90 €
ISBN: 978-3-95554-740-0
5. Auflage

Dauber u.a., Vereinsbesteuerung Kompakt

Umfang: 988 Seiten
Preis: 109,90 €
ISBN: 978-3-95554-762-2
13. Auflage

Seefelder, Sanierungsplan, Finanzierung, Bewertung und Sanierung von Unternehmen, Bd. 5

Umfang: 120 Seiten
Preis: 29,90 €
ISBN: 978-3-95554-343-3
1. Auflage

Radeisen, Erbschaftsteuer und Bewertung, Steuern und Finanzen in Ausbildung und Praxis, Bd. 3

Umfang: 372 Seiten
Preis: 49,90 €
ISBN: 978-3-95554-597-0
4. Auflage

Seefelder, Die Wahl der richtigen Rechtsform, Rechtsformen und Musterverträge im Gesellschaftsrecht, Bd. 9

Umfang: 158 Seiten
Preis: 29,95 €
ISBN: 978-3-95554-255-9
1. Auflage

Voos, Betriebswirtschaft und Recht in der mündlichen Steuerberaterprüfung 2023/2024

Umfang: 188 Seiten
Preis: 44,90 €
ISBN: 978-3-95554-872-8
3. Auflage

Seefelder, Wie Sie Ihre Kanzlei vernichten ohne es zu merken

Umfang: 204 Seiten,
Preis: 49,90 €
ISBN: 978-3-95554-816-2
3. Auflage

Seefelder, Die GmbH & Co. KG auf Aktien, Rechtsformen und Musterverträge im Gesellschaftsrecht, Bd. 5

Umfang: 104 Seiten
Preis: 29,95 €
ISBN: 978-3-95554-252-8
1. Auflage

Seefelder, Die Partnerschafts-gesellschaft, Rechtsformen und Musterverträge im Gesellschaftsrecht, Bd. 7

Umfang: 134 Seiten
Preis: 29,95 €
ISBN: 978-3-95554-254-2
1. Auflage

Hans-Hinrich von Cölln, Brennpunkte der Umsatzsteuer bei Immobilien

Umfang: 328 Seiten
Preis: 79,90 €
ISBN: 978-3-95554-702-8
4. Auflage

Dauber u.a., Recht, Buchführungs-pflichten, Haftung und Datenschutz für Vereine

Umfang: 106 Seiten
Preis: 44,90 €
ISBN: 978-3-95554-624-3
1. Auflage

Ulbrich/Dauber, Lohnsteuer für Vereine

Umfang: 168 Seiten
Preis: 44,90 €
ISBN: 978-3-95554-803-2
2. Auflage

2. Aufl. 2022

Seefelder, Die Offene Handelsgesell-schaft, Rechtsformen und Musterverträge im Gesellschaftsrecht, Bd. 6

Umfang: 138 Seiten
Preis: 29,95 €
ISBN: 978-3-95554-253-5
1. Auflage

Paket Steuerveranlagungsbücher Kompakt 2022

Umfang: 1.628 Seiten
Preis: 147,80 €
ISBN: 978-3-95554-791-2
13. Auflage

13. Aufl. 2022

Arndt, Einkommensteuererklärung 2022 Kompakt

Umfang: 754 Seiten
Preis: 49,90 €
ISBN: 978-3-95554-844-5
14. Auflage

14. Aufl. 2023

Fränznick u.a., Der Kurzvortrag in der mündlichen Steuerberaterprüfung 2023/2024

Umfang: 456 Seiten
Preis: 59,90 €
ISBN: 978-3-95554-869-8
15. Auflage

15. Aufl. 2023

Seefelder, Nachfolge von Unterneh-men, Unternehmenskauf, Unternehmens-verkauf, Unternehmensnachfolge, Bd. 3

Umfang: 124 Seiten
Preis: 29,95 €
ISBN: 978-3-95554-288-7
1. Auflage

Fränznick u.a., Besteuerung der Personengesellschaften, Steuern und Finanzen in Ausbildung und Praxis, Bd 8.

Umfang: 416 Seiten
Preis: 49,90 €
ISBN: 978-3-95554-718-9
3. Auflage

Arndt, Einkommensteuererklärung 2021 Kompakt

Umfang: 656 Seiten
Preis: 47,90 €
ISBN: 978-3-95554-760-8
13. Auflage

13. Aufl. 2022

Fuldner, Fristenkontrolle für Steuerberater und Rechtsanwälte

Umfang: 120 Seiten
Preis: 49,90 €
ISBN: 978-3-95554-750-9
1. Auflage

Neu 2022

Uppenbrink/Frank, Neue Krisenfrüh-erkennungspflichten für Steuerberater, Wirtschaftsprüfer und vereidigte Buch-prüfer gemäß SanInsFoG und StaRUG

Umfang: 96 Seiten
Preis: 49,90 €
ISBN: 978-3-95554-727-1
1. Auflage

Neu 2022

Traub, Abenteuer Steuerberater-prüfung

Umfang: 96 Seiten
Preis: 29,90 €
ISBN: 978-3-95554-709-7
1. Auflage

Jauch, Ausbildungstraining zum Finanzwirt Laufbahnprüfung 2023/2024, Steuern und Finanzen in Ausbildung und Praxis, Bd. 13

Umfang: 172 Seiten
Preis: 39,95 €
ISBN: 978-3-95554-882-7
7. Auflage

Fränznick (Hrsg.), Die schriftliche Steuerberaterprüfung 2023/2024

Umfang: 410 Seiten
Preis: 69,90 €
ISBN: 978-3-95554-859-9
14. Auflage

Seefelder, Die Stille Gesellschaft, Rechts-formen und Musterverträge im Gesellschafts-recht, Bd. 8

Umfang: 118 Seiten
Preis: 29,95 €
ISBN: 978-3-95554-251-1
1. Auflage

Schneider, Familie und Steuern

Umfang: 152 Seiten
Preis: 39,90 €
ISBN: 978-3-95554-708-0
1. Auflage

Bernhagen u.a., Falltraining Einkommensteuerrecht, Fälle und Lösungen zum Steuerrecht, Bd. 1

Umfang: 236 Seiten
Preis: 49,90 €
ISBN: 978-3-95554-861-2
5. Auflage

Blankenhorn, Gewerbesteuer, Steuern und Finanzen in Ausbildung und Praxis, Bd. 14

Umfang: 188 Seiten
Preis: 44,90 €
ISBN: 978-3-95554-802-5
4. Auflage

Dauber/Ulbrich, Körperschaftsteuer und Gewerbesteuer für Vereine

Umfang: 124 Seiten
Preis: 39,90 €
ISBN: 978-3-95554-711-0
2. Auflage

Hoffmann, Lernstrategien für das Jura-Studium

Umfang: 188 Seiten
Preis: 49,90 €
ISBN: 978-3-95554-730-1
1. Auflage

Durm u.a., Prüfungstraining zum Diplom-Finanzwirt Laufbahnprüfung 2023/2024, Steuern und Finanzen in Ausbildung und Praxis, Bd. 12

Umfang: 200 Seiten
Preis: 39,95 €
ISBN: 978-3-95554-880-3
7. Auflage

Rhode/Krennrich-Böhm, Teilung einer Arztzulassung/Jobsharing

Umfang: 80 Seiten
Preis: 49,90 €
ISBN: 978-3-95554-618-2
1. Auflage

Preißer u.a., Umwandlungsrecht

Umfang: 122 Seiten
Preis: 29,90 €
ISBN: 978-3-95554-721-9
1. Auflage

Fritz, Wie Sie Ihre Familie zerstören ohne es zu merken

Umfang: 168 Seiten
Preis: 39,90 €
ISBN: 978-3-95554-117-0
2. Auflage

Fritz, Wie Sie Ihr Vermögen vernichten ohne es zu merken

Umfang: 238 Seiten
Preis: 39,90 €
ISBN: 978-3-95554-510-9
4. Auflage

Preißer u.a., Umwandlungsrecht/ Umwandlungssteuerrecht, Steuern und Finanzen in Ausbildung und Praxis, Bd. 15

Umfang: 310 Seiten
Preis: 49,90 €
ISBN: 978-3-95554-671-7
1. Auflage

Birgel, Datenzugriffsrecht auf digitale Unterlagen

Umfang: 90 Seiten
Preis: 49,90 €
ISBN: 978-3-95554-845-2
2. Auflage

2. Aufl. 2023

Seefelder, Die GmbH & Co. KG, Rechtsformen und Musterverträge im Gesellschaftsrecht, Bd. 4

Umfang: 112 Seiten
Preis: 29,95 €
ISBN: 978-3-95554-250-4
1. Auflage

Ackermann/Petzoldt, Erbrecht, Grundzüge des Rechts für Finanzwirte/ Diplom-Finanzwirte/Bachelor of Laws, Bd. 1

Umfang: 108 Seiten
Preis: 29,90 €
ISBN: 978-3-95554-494-2
1. Auflage

Hoffmann, Effektive und effiziente Vorbereitung auf die Steuerberater- prüfung, Vorbereitung auf die Steuerbera- terprüfung, Bd. 6

Umfang: 188 Seiten
Preis: 49,90 €
ISBN: 978-3-95554-438-6
1. Auflage

Elvers, Abrechnung für Zahnarztpraxen Kompakt

Umfang: 106 Seiten
Preis: 49,90 €
ISBN: 978-3-95554-550-5
2. Auflage

Fleischhauer, Die Erfolgsspaltung vor und nach BilRUG

Umfang: 102 Seiten
Preis: 49,90 €
ISBN: 978-3-95554-242-9
1. Auflage

Kamchen, Besteuerung und Bilanzierung von Bitcoin & Co.

Umfang: 120 Seiten
Preis: 24,90 €
ISBN: 978-3-95554-619-9
1. Auflage

Zielke, Wissenschaftliches Arbeiten durch plagiatfreies Ableiten

Umfang: 156 Seiten
Preis: 15,90 €
ISBN: 978-3-95554-806-3
1. Auflage

Neu 2022

Zielke, Übungsbuch Wissenschaftliches Arbeiten durch plagiatfreies Ableiten

Umfang: 108 Seiten
Preis: 15,90 €
ISBN: 978-3-95554-807-0
1. Auflage

Neu 2022

Paket Wissenschaftliches Arbeiten durch plagiatfreies Ableiten

Umfang: 2 Bücher mit 264 Seiten
Preis: 29,90 €
ISBN: 978-3-95554-808-7
1. Auflage

Neu 2022

Szczesny, Körperschaftsteuer, Steuern und Finanzen in Ausbildung und Praxis, Bd. 5

Umfang: 436 Seiten
Preis: 54,90 €
ISBN: 978-3-95554-843-6
4. Auflage

4. Aufl. 2023

Seefelder, Kauf und Verkauf von Unternehmen, Unternehmenskauf, Unternehmensverkauf, Unternehmensnachfolge, Bd. 2

Umfang: 138 Seiten
Preis: 29,95 €
ISBN: 978-3-95554-287-0
1. Auflage

Güllemann, Kreditsicherungsrecht

Umfang: 182 Seiten
Preis: 24,90 €
ISBN: 978-3-95554-601-4
2. Auflage

Hüffmeier, Internationales Steuerrecht, Steuern und Finanzen in Ausbildung und Praxis, Bd. 10

Umfang: 208 Seiten
Preis: 49,90 €
ISBN: 978-3-95554-401-0
1. Auflage

Hoffmann, Lernstrategien für das erfolgreiche Bachelor-Studium

Umfang: 184 Seiten
Preis: 39,90 €
ISBN: 978-3-95554-475-1
1. Auflage

Hendricks, Bilanzsteuerrecht und Buchführung, Steuern und Finanzen in Ausbildung und Praxis, Bd. 2

Umfang: 412 Seiten
Preis: 54,90 €
ISBN: 978-3-95554-794-3
8. Auflage

8. Aufl. 2022

Feindt, Businesspläne Kompakt

Umfang: 112 Seiten
Preis: 49,90 €
ISBN: 978-3-95554-183-5
1. Auflage

von Eitzen/Elsner, Buchführung und Bilanzierung

Umfang: 234 Seiten
Preis: 44,90 €
ISBN: 978-3-95554-427-0
1. Auflage

Patt, Checkliste Besonderheiten bei der Gewerbesteuer in Umwandlungs- und Einbringungsfällen

Umfang: 74 Seiten
Preis: 29,90 €
ISBN: 978-3-95554-636-6
1. Auflage

Perbey, Körperschaftsteuererklärung 2022 Kompakt

Umfang: 988 Seiten
Preis: 119,90 €
ISBN: 978-3-95554-846-9
14. Auflage

14. Aufl. 2023

Rhode/Krennrich-Böhm, Betriebswirtschaftliche Problemstellungen für Apotheker/n

Umfang: 130 Seiten
Preis: 49,90 €
ISBN: 978-3-95554-569-7
2. Auflage

Patt, Checkliste Einbringung eines Betriebs, Teilbetriebs oder Mitunternehmeranteils in eine Kapitalgesellschaft oder Genossenschaft (§ 20 UmwStG)

Umfang: 92 Seiten
Preis: 49,90 €
ISBN: 978-3-95554-864-3
2. Auflage

2. Aufl. 2023

Dauber/Ossola-Haring, Due Diligence

Umfang: 88 Seiten
Preis: 49,90 €
ISBN: 978-3-95554-763-9
1. Auflage
Neu 2023

Fränznick, Falltraining Besteuerung der Personengesellschaften, Fälle und Lösungen zum Steuerrecht, Bd. 4

Umfang: 370 Seiten
Preis: 49,90 €
ISBN: 978-3-95554-866-7
3. Auflage

3. Aufl. 2023

Müller, Forderungsmanagement für KMU nach dem Minimalprinzip

Umfang: 168 Seiten
Preis: 29,90 €
ISBN: 978-3-95554-170-5
1. Auflage

Patt, Checkliste Einbringung eines Betriebs, Teilbetriebs oder Mitunternehmeranteils in eine Personengesellschaft (§ 24 UmwStG)

Umfang: 78 Seiten
Preis: 29,90 €
ISBN: 978-3-95554-633-5
1. Auflage

Patt, Checkliste Spaltung einer Körperschaft

Umfang: 64 Seiten
Preis: 29,90 €
ISBN: 978-3-95554-635-9
1. Auflage

Fränznick, Falltraining Bilanzsteuerrecht, Fälle und Lösungen zum Steuerrecht, Bd. 2

Umfang: 392 Seiten
Preis: 49,90 €
ISBN: 978-3-95554-815-5
6. Auflage

Schinkel, Wirtschaftsmediation und Verhandlung

Umfang: 264 Seiten
Preis: 59,90 €
ISBN: 978-3-95554-176-7
2. Auflage

Dauber, Verträge für Arztpraxen

Umfang: 126 Seiten
Preis: 49,90 €
ISBN: 978-3-95554-575-8
1. Auflage

Benz, Wie Apotheken funktionieren

Umfang: 266 Seiten
Preis: 49,90 €
ISBN: 978-3-95554-498-0
1. Auflage

Grobshäuser/Metzing, Falltraining Internationales Steuerrecht, Fälle und Lösungen zum Steuerrecht, Bd. 8

Umfang: 100 Seiten
Preis: 49,90 €
ISBN: 978-3-95554-429-4
1. Auflage

Patt, Checkliste Umwandlung einer Personengesellschaft in eine Kapitalgesellschaft oder Genossenschaft (§§ 20, 25 UmwStG)

Umfang: 78 Seiten
Preis: 29,90 €
ISBN: 978-3-95554-634-2
1. Auflage

Feindt, Businesspläne für Ärzte und Zahnärzte Kompakt

Umfang: 128 Seiten
Preis: 49,90 €
ISBN: 978-3-95554-184-2
2. Auflage

Neumann, Falltraining Lohnsteuer, Fälle und Lösungen zum Steuerrecht, Bd. 7

Umfang: 124 Seiten
Preis: 49,90 €
ISBN: 978-3-95554-798-1
2. Auflage

Wermke u.a., Praxishandbuch Mediation

Umfang: 232 Seiten
Preis: 34,90 €
ISBN: 978-3-95554-171-2
3. Auflage

Radeisen, Falltraining Umsatzsteuer, Fälle und Lösungen zum Steuerrecht, Bd. 6

Umfang: 272 Seiten
Preis: 49,90 €
ISBN: 978-3-95554-704-2
5. Auflage

Wermke u.a., Exzellente Kommunikation im Wirtschaftsleben

Umfang: 170 Seiten
Preis: 44,90 €
ISBN: 978-3-95554-371-6
1. Auflage

Gieske, Gesetzliche Betreuung – Fluch oder Segen?

Umfang: 170 Seiten
Preis: 24,90 €
ISBN: 978-3-95554-620-5
1. Auflage

Seefelder, Die Gesellschaft bürgerlichen Rechts (GbR), Rechtsformen und Musterverträge im Gesellschaftsrecht, Bd. 3

Umfang: 132 Seiten
Preis: 39,90 €
ISBN: 978-3-95554-793-6
2. Auflage

Hoffmann, Mandanten gewinnen – Akquisitionsstrategien für Steuerberater, Rechtsanwälte und Wirtschaftsprüfer

Umfang: 194 Seiten
Preis: 59,90 €
ISBN: 978-3-95554-519-2
1. Auflage

von Eitzen/Zimmermann, Bilanzierung nach HGB und IFRS

Umfang: 384 Seiten
Preis: 44,90 €
ISBN: 978-3-95554-623-6
4. Auflage

Uppenbrink/Frank, Haftungsrisiken für Steuerberater und Wirtschaftsprüfer bei insolvenzgefährdeten Mandaten

Umfang: 104 Seiten
Preis: 49,90 €
ISBN: 978-3-95554-497-3
1. Auflage

Laoutoumai, Gewinnspiele auf Websites und Social-Media-Plattformen

Umfang: 174 Seiten
Preis: 99,95 €
ISBN: 978-3-95554-283-2
1. Auflage

Ossola-Haring, Vermögensübertragung und Nießbrauch

Umfang: 96 Seiten
Preis: 39,90 €
ISBN: 978-3-95554-431-7
1. Auflage

Hoffmann, Lernstrategien für die erfolgreiche Prüfungsvorbereitung

Umfang: 184 Seiten
Preis: 54,90 €
ISBN: 978-3-95554-848-3
2. Auflage

Uppenbrink, Sanierungsmandate aus Bankensicht: MaRisk – (Problem-) Kreditbearbeitung

Umfang: 122 Seiten
Preis: 49,90 €
ISBN: 978-3-95554-407-2
1. Auflage

Laoutoumai/Sanli, Startups und Recht

Umfang: 230 Seiten
Preis: 49,90 €
ISBN: 978-3-95554-386-0
1. Auflage

Deussen, Jahresabschluss und Lagebericht

Umfang: 248 Seiten
Preis: 49,90 €
ISBN: 978-3-95554-363-1
4. Auflage

Ewerdwalbesloh, Betriebswirtschaftliche Grundlagen und Finanzierung für Arztpraxen, Zahnarztpraxen und Heilberufler Kompakt

Umfang: 132 Seiten
Preis: 49,90 €
ISBN: 978-3-95554-319-8
2. Auflage

Hendricks/Preuss, Die Betriebsaufspaltung

Umfang: 166 Seiten
Preis: 54,90 €
ISBN: 978-3-95554-381-5
1. Auflage

Formularsammlung zur Bearbeitung von Sanierungs-/Insolvenzmandaten

Umfang: 540 Seiten
Preis: 199,90 €
ISBN: 978-3-95554-190-3
2. Auflage

Ackermann, Verluste bei beschränkter Haftung nach § 15a EStG

Umfang: 184 Seiten
Preis: 69,90 €
ISBN: 978-3-95554-355-6
1. Auflage

Dauber, Investitionen und Investitionsplanung für Ärzte, Zahnärzte und Heilberufler

Umfang: 82 Seiten
Preis: 49,90 €
ISBN: 978-3-95554-393-8
1. Auflage

Hellerforth, Immobilienmanagement Kompakt

Umfang: 270 Seiten
Preis: 59,90 €
ISBN: 978-3-95554-284-9
1. Auflage

Posdziech, Aktuelle Schwerpunkte der GmbH-Besteuerung

Umfang: 380 Seiten
Preis: 69,90 €
ISBN: 978-3-95554-425-6
3. Auflage

Held/Stoffel, Die Besteuerung der Zahnärzte Kompakt

Umfang: 168 Seiten
Preis: 49,90 €
ISBN: 978-3-941480-86-5
2. Auflage

Ackermann, Sachenrecht,
Grundzüge des Rechts für Finanzwirte/Diplom-Finanzwirte/Bachelor of Laws, Bd. 2

Umfang: 138 Seiten
Preis: 29,90 €
ISBN: 978-3-95554-365-5
1. Auflage

Uppenbrink/Frank, Sanierung von Arzt-, Zahnarzt-, Heilberuflerpraxen und Apotheken Kompakt

Umfang: 116 Seiten
Preis: 49,90 €
ISBN: 978-3-95554-306-8
2. Auflage

Hild, Steuerabwehr aufgrund eines Steuerstrafverfahren

Umfang: 254 Seiten
Preis: 69,90 €
ISBN: 978-3-95554-432-4
1. Auflage

Poll u.a., Die Bewertung von Krankenhäusern Kompakt

Umfang: 186 Seiten
Preis: 69,90 €
ISBN: 978-3-95554-129-3
2. Auflage

Hendricks/Schlegel, Die Partnerschaftsgesellschaft für Arztpraxen

Umfang: 66 Seiten
Preis: 29,90 €
ISBN: 978-3-95554-413-3
1. Auflage

Wendland, Die wichtigsten Buchungssätze für Ärzte (SKR 03)

Umfang: 118 Seiten
Preis: 29,90 €
ISBN: 978-3-95554-324-2
1. Auflage

Neudert, Steuerstrafrecht Kompakt

Umfang: 94 Seiten
Preis: 29,90 €
ISBN: 978-3-95554-227-6
1. Auflage

Patt, Umstrukturierungen von betrieblichen Unternehmen

Umfang: 214 Seiten
Preis: 49,90 €
ISBN: 978-3-95554-259-7
1. Auflage